Eye
Love
You;

통계로 보는 일본경제

김경근

박영사

머리말

최근 일본 민영방송(TBS)에서 방영한 "Eye Love You"라는 드라마가 일본뿐 아니라 우리나라를 비롯한 많은 나라에서 인기를 끌었다. 이 드라마는 마음의 소리를 들을 수 있는 능력을 가진 여자주인공이 연하의 한국인 유학생과 사랑에 빠지는 판타지 러브스토리이다.

이 드라마의 성공요인으로 일본 방송 및 매체들은 여러 가지를 제기하고 있다. 우선 연기파 일본 여배우인 니카이도 후미(二階堂ふみ)와 한국인 꽃미남 남자배우인 채종협의 케미이다. 두 배우 모두 연기력이 뛰어나고 외모 또한 수려하다.

두 번째 요인으로는 일본 시청자, 특히 한국 드라마를 좋아하는 일본 내 한류팬들이 좋아하는 요소를 대본에 다수 반영했다. 한국 남성의 섬세한 배려심, 소소하지만 한국 문화를 간접 체험하게 하는 요소들이 그러하다.

마지막으로 한글 대사이다. 지금까지 일본 드라마에 등장한 한국 배우들은 일본어 대사가 일반적이었다. 그러나 이번 드라마에는 한국인 남자배우가 종종 한국어로 말하는 반면 방송에는 일본어 자막조차 없다. 이는 시청자들에게 궁금증을 증폭시킨다. 이로 인해 시청자들은 한글 자막이 있는 넷플릭스 등 OTT를 통해 다시 시청하거나 한국어 뜻을 검색하곤 했다고 한다. 실제로 일본 방송 시청률보다 넷플릭스 시청률이 더 높게 나오는 특이한 현상까지 나타났다. 이와 같은 요인들이 복합적으로 작용하여 "Eye Love You"라는 일본 드라마는 대히트를 기록하였고 일본 드라마지만 한국 드라마 같은 느낌을 주었다.

저자는 이 드라마를 보면서 드라마 속 재미와 더불어 이 드라마의 인기비결에 대해 다시 생각하게 되었다. 일본 특유의 분석과 활용이 드라마 성공의 비결이라는 판단이다. 이에 일본인들에게 음악, 드라마, 영화 등에서 한류는 하나의 문화로 자리잡고 있다. 이에 일본 드라마 제작자들은 그동안 부진한 일본 드라마의 원인을 파악하고 한국 드라마의 성공비결을 다각도로 분석하여 한류 드라마의 성공요소를 일본 드라마 속에 가미한 것이다.

우리는 과연 일본 사회, 일본 경제에 대해 얼마나 알고 있을까? 우리의 이웃이지만 한·일 관계가 악화되면 감정이 앞서게 되는 나라. 세계 세·네 번째 경제규모의 국가이며 우리나라와 글로벌 벨류체인 관계에 있는 나라. 우리가 일본에 대해 그리고 일본인에 대해 알고 있는 상식들이 정말 맞는 것일까? 정작 일본에 대한 우리의 상식은 상당히 단편적이고 감정적인 경우가 많다. 특히 일부 대중매체나 유튜브를 통해 전달되는 편향된 내용은 일본의 참모습을 오해하게 만들기도 한다.

이 책은 저자가 대학 재학 중 일본 교환학생을 하면서 맺게 된 일본과의 인연, 일본 유학과정, 한국은행에서 일본경제 관련 조사연구 업무를 하면서 틈틈이 모아왔던 자료와 작성했던 보고서 등을 기초로 작성한 일본경제에 대한 개설서이다. 일본에서의 교환학생·석사(연구생 포함)·박사과정 총 7년 반, 한국은행 동경사무소 근무 3년 등의 시간을 정리하며, 통계에 기반한 일본경제를 이해하기 쉽게 작성한 책이다. 저자는 많은 사람들로부터 일본경제 관련 통계나 자료를 요청받아왔다. 일본은 통계나 자료가 일본어로 작성된 부분이 많고 통계도 우리가 익숙한 캘린더 기준(1월 1일부터 12월 31일)이 아닌 일본의 회계기준(4월 1일부터 다음 해 3월 31일)으로 작성된 것도 많다. 이에 통계를 명확히 알고 통계를 통해 일본경제를 살펴본다는 의미의 해설서이다.

구체적으로 책의 내용구성은 다음과 같다.

우선 1장에서는 일본의 지방소멸과 지역활성화에 대해 서술하였다. 우리나라보다 저출산·고령화가 먼저 진행되어 인구절벽과 지방소멸을 우려하고 있는 일본을 통해 우리나라의 지방소멸 리스크에 대해 점검하고 지역경제 활성화를 위한 대응책을 모색해보려 하였다.

2장에서는 포스트 코로나 시대를 맞아 일본 정부의 경제정책 방향과 現 일본의 혁신활동을 분석해 보았다. 일본의 디지털화와 탈탄소화 정책 추진, 벤처 창업활동을 통해 우리나라에의 시사점을 도출하려 하였다.

3장에서는 일본 노동시장의 특징을 설명하였다. 일본의 실업률이 상대적으로 낮은 요인이 무엇인지, 일본의 임금상승이 더딘 요인은 무엇인지를 통계에 기반하여 알기 쉽게 설명하였다.

4장에서는 일본의 부동산, 물가 및 소비변화에 대해 설명하였다. 코로나 시기 일본의 부동산의 특징과 일본의 상대적 저물가의 원인에 대해 서술하였다. 또한 일본의 소비세율 인상의 영향에 대해서도 설명하였다.

5장에서는 일본의 중소기업과 중소기업을 지원하는 신용보증제도의 특징에 대해 소개하였다. 일본의 신용보증제도는 우리나라와 비슷한 공적신용보증제도를 도입하고 있어 우리나라의 신용보증 운용에도 도움을 줄 것으로 생각된다.

6장에서는 한·일 관계 악화 시 일본경제에의 영향에 대해 개괄하였다. 일본의 우리나라로의 반도체 소재 수출규제 시행의 경제적 영향과 더불어 한·일 관계 악화 당시 방일 한국인 관광객 변화를 통해 당시 상황을 되짚어 보고자 하였다.

7장은 일본의 주요 경제지표에 대한 해설 부분이다. 일본경제를 분석할 때 자주 이용하는 대표적인 경제지표의 특징, 내용 등을 알기 쉽게 설명하였다. 이들 통계에 대한 이해는 일본경제 동향을 파악하고 관련 조사연구를 수행할 때, 큰 도움이 될 것이라고 생각된다.

이 책이 목표로 하는 독자층은 일본경제에 대해 관심이 있거나 공부하고 싶은 관련 대학생 및 일반인이다. 또한 저출산·고령화 진전에 따른 지방소멸 리스크에 먼저 직면한 일본의 사례를 연구하고 지역경제 활성화를 모색하는 지자체 및 연구자들에게도 참고자료로서 가치가 클 것으로 생각한다. 이미 일본경제 관련 책들이 시중에 나와 있다. 많은 정보를 충실히 전달한다는 측면에서 이런 책들은 장점을 가지지만 분량이 너무 방대하고 어렵다는 점은 다소 아쉽다. 그런 점을 감안하여 이 책을 쓰면서 가장 역점을 둔 부분은 일본경제의 궁금한 부분에 대해 통계에 기반하여 알기 쉽게 설명한다는 점이다. 그러므로 각 장은 독립되어 있어 필요한 부분만 발췌하여 읽어도 해당 부분에 대한 궁금증을 해소하는 데 큰 도움이 될 것이다.

끝으로 일본에서 공부하고 일본에서 살면서 'Uchi(内)'와 'Sotto(外)'의 관계, 'Meiwaku(迷惑)' 문화에 대해 이해할 수 있었다. Uchi란 쉽게 말하면 너랑 나랑은 공동체라는 선 긋기이며, Meiwaku문화는 남으로부터 피해를 당하고 싶지 않은 만큼 나도 남에게 피해를 주지 않겠다는 어쩌면 이기주의적인 문화이다. 일본 사회, 일본경제를 이해하는 데 각종 통계가 숨어져 있거나 자료가 일본어로만 되어 있는 것도 어쩌면 이러한 일본 특유의 문화가 숨어져 있기 때문은 아닐까?

책을 쓰면서 많은 분들의 도움을 받았다. 우선 한국은행 동경사무소에서 근무할 기회를 준 한국은행과 책 출판을 격려해준 한국은행 직원분들께 감사를 표하고 싶다. 책을 낼 수 있는 자리를 마련해 준 박영사 직원분들의 노고에도 감사한다.

또한 일본 유학중 항상 따뜻한 격려와 지도를 해주신 Yamori Nobuyoshi(家森信善) 고베대 경제학연구과 교수, Arayama Yuko(荒山裕行) 나고야대 경제학연구과 명예교수님께 감사드린다. 마지막으로 항상 나를 믿고 지지해준 부모님, 아내 황선례와 두 아들 김윤수, 김윤우에게 고맙고 사랑한다는 말을 하고 싶다. 저자가 유학을 하고 책을 집필할 수 있었던 것은 거의 전적으로 가족의 사랑 덕분이다.

2024년 8월

김 경 근

목 차

CHAPTER 01

일본의 지방소멸과 지역활성화

CHAPTER 02

포스트 코로나 시대, 일본의 경제정책과 혁신활동

CHAPTER 03

일본의 노동시장의 특징

CHAPTER 04

일본의 부동산, 물가 및 소비 변화

CHAPTER 05

일본의 중소기업과 신용보증

CHAPTER 06

한·일 관계 악화 시 일본경제에의 영향

CHAPTER 07

일본 주요 경제지표 해설

CHAPTER

01

일본의 지방소멸과 지역활성화

들어가기

지방소멸이란 일본 마스다 히로야(增田寬也, 前 일본 총무장관, 도쿄대 교수, 現 일본우정주식회사 사장)가 처음 창안한 용어이며, 우리나라도 저출산·고령화가 빠르게 진행되면서 지방소멸에 대한 우려가 제기되고 있다. 지방소멸은 비단 지방만의 문제가 아니라 수도권을 포함한 국가 전체의 문제라는 인식이 필요하다.

1장에서는 일본의 인구감소와 지방소멸 리스크 뿐 아니라 중국, 미국 및 유럽, 베트남 등 주요국의 사례를 분석하고 같은 분석틀을 우리나라에 적용하여 그 원인과 시사점을 모색하였다.

또한 지역활성화를 위한 일본의 다양한 시책들을 소개하였다. 지역활성화를 위한 선언적 구호가 아니라 일본의 지역별 구체적 시책들을 열거하였다. 이를 통해 우리나라 지자체 환경에 맞춘 맞춤식 정책의 적용가능성을 점검할 수 있을 것으로 보인다.

Chapter 01

일본의 지방소멸과 지역활성화

1. 일본의 인구감소와 지방소멸

1 일본의 인구와 지방소멸 리스크

일본 인구는 2008년 1억 2,808만 명으로 정점에 달한 후 감소로 전환하였으며 2050년 9,708만 명, 2100년 4,959만 명에 이를 전망이다.

일본의 생산가능인구(15~64세)도 1995년 8,717만 명으로 최고점에 이른 후 감소로 전환되어 2100년에는 2,473만 명으로 줄어들 것으로 보인다.

일본의 고령화율을 살펴보면, 1945년에는 고령화율이 5.1%였으나 그 비율이 지속적으로 상승하여 2008년에는 22.1%에 이르렀고 2050년에는 38.8%, 2100년에는 41.1%에 이를 것으로 전망된다.

그림 1 | 일본의 인구

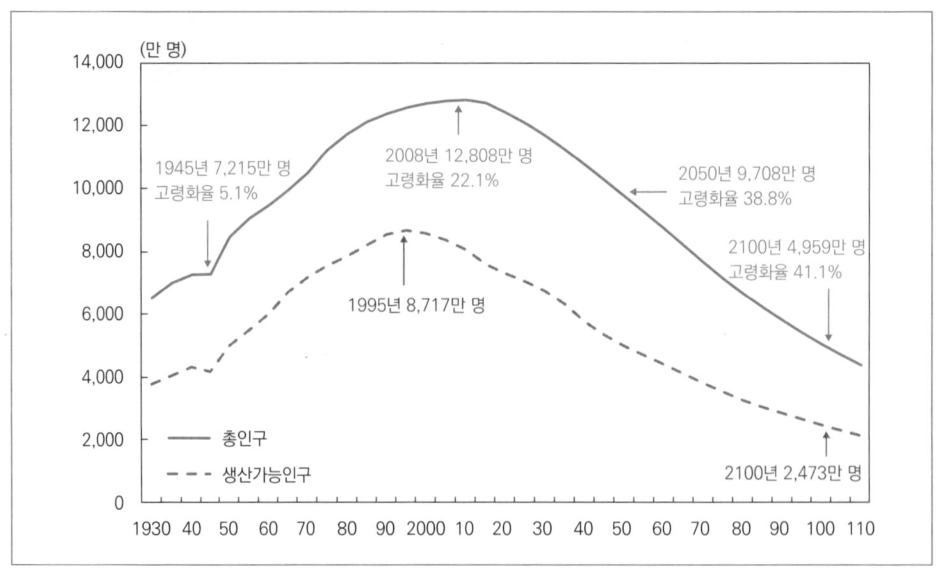

자료: 일본 통계청, 국립 사회보장・인구문제 연구소

표 1 | 일본의 장래 추계 인구

(만 명)

	2010	2040	2060	2090	2110
총인구	12,806	10,728	8,674	5,727	4,286
고령인구 (65세 이상)	2,948	3,868	3,464	2,357	1,770
고령화율(%)	23.0	36.1	39.9	41.2	41.3
생산연령인구 (15~64세)	8,174	5,787	4,418	2,854	2,126
유소년인구 (0~14세)	1,684	1,073	792	516	391

자료: 일본 국립 사회보장・인구문제 연구소 「일본의 장래인구 추계」(2012.1)

일본 전체의 지방소멸위험지수[1]는 2015년말 0.41로 지방소멸 위험단계(0.5 미만)에 진입하였으며 2080년에는 0.20으로 하락할 것으로 분석되었다. 일본 전체 47개

1 일본 Masda 방법론을 적용하여 지방소멸위험지수(20~39세 여성인구 / 65세 이상 고령인구, 주민등록 연앙인구 기준)가 1.0 이하로 하락하는 경우 지방소멸 주의단계, 0.5 미만일 경우 지방소멸 위험단계로 각각 구분한다.

광역 시·도 중 소멸 위험단계 지역은 45개(2015년말)로 전체의 95.8%를 차지하였다.

47개 광역지자체(도도부현) 내의 1,811개 기초 지자체(福島県 제외) 중 소멸 위험단계 지역은 1,606개(2015년말)로 전체의 88.7%를 차지하고 있으며, 2040년에는 1,809개로 거의 전 지역이 소멸 위험단계에 진입할 것으로 보인다.

그림 2 | 일본 전체 소멸위험지수 추이

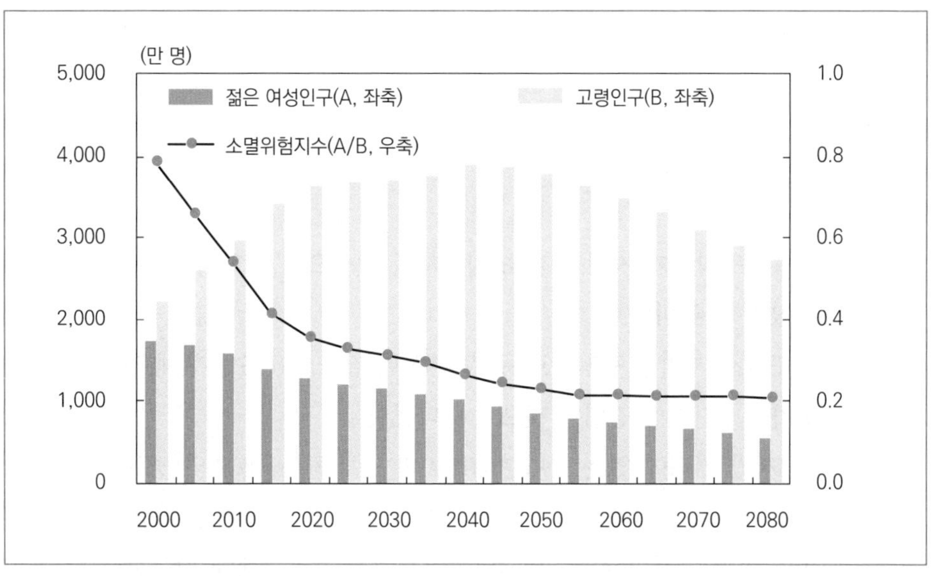

자료: 일본 자료로 자체 시산

표 2 | 일본 광역 시·도별 소멸위험지역[주)]

(개, %)

	'00	'05	'10	'15	'20
소멸 주의	38	29	30	2	0
소멸 위험	4	18	17	45	47
	(8.5)	(38.3)	(36.2)	(95.7)	(100.0)

주: 47개 광역 지자체 기준
자료: 일본 자료로 자체 시산

표 3 | 일본의 기초 지자체별 소멸위험지역[주)]

(개, %)

	'15	'20	'25	'30	'35	'40
소멸 주의	589	203	92	41	16	9
소멸 위험	1,606 (66.3)	1,718 (88.7)	1,770 (94.9)	1,795 (97.7)	1,802 (99.1)	1,809 (99.5)

주: 1,811개 기초 지자체 기준
자료: 일본 자료로 자체 시산

2 일본의 지방소멸 현황

일본에서는 인구감소가 지방의 기초 지자체를 중심으로 심화되어 지방소멸 현상을 초래하고 있는 상황이다.

일본의 인구감소 지역을 3단계[2]로 구분·분석한 결과, 2015년 현재 전체 기초 지자체의 44%가 2·3단계에 진입한 것으로 나타났다.

도쿄에서 3시간 거리에 있는 군마현(群馬県)의 난모쿠촌(南牧村)의 경우 1950년대 인구가 1만이 넘었으나 현재 2천명으로 지역민 평균연령이 65세 이상이며, 연 사망자는 60명이지만 신생아 수는 2~3명이어서 지방소멸단계에 접근한 것으로 평가되고 있다.

버블 경제라 불리던 시절의 일본은 도쿄뿐 아니라 도쿄에서 고속철도로 2시간 정도 떨어진 니가타현(新潟県) 에치고유자와(湯沢町)지역도 스키장 건설 등으로 사람들이 붐볐었다. 그러나 지금 유자와 지역을 가보면 빈 집과 폐업한 온천 등을 쉽게 볼 수 있다.

2 ① 1단계: 노년인구가 증가하고 생산·청소년 인구가 감소, ② 2단계: 노년인구가 유지되거나 소폭 감소하고 생산·청소년 인구가 감소, ③ 3단계: 노년 인구와 생산·청소년 인구가 함께 감소하는 단계를 의미한다.

그림 3 | 일본의 연령대별 인구지수[주)] 전망

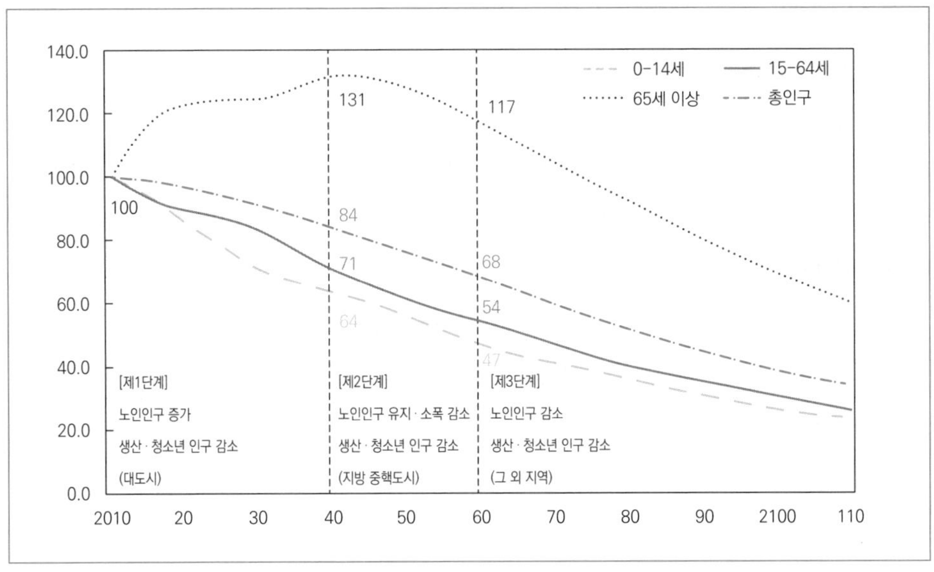

주: 2010년을 100으로 각 연도별 추계치를 지수화
자료: 일본 국립 사회보장・인구문제 연구소

표 4 | 일본의 광역 시·도별 인구비중[주)]

(%)

		총인구	0-14세	15-64세	65세 이상
상위 5개	도쿄(東京)	10.6	9.6	11.4	9.0
	카나가와(神奈川)	7.2	7.2	7.5	6.4
	오사카(大阪)	7.0	6.9	7.0	6.8
	아이치(愛知)	5.9	6.4	6.1	5.3
	사이타마(埼玉)	5.7	5.7	5.9	5.3
하위 5개	아키타(秋田)	0.8	0.7	0.7	1.0
	카가와(香川)	0.8	0.8	0.7	0.9
	와카야마(和歌山)	0.8	0.7	0.7	0.9
	야마나시(山梨)	0.7	0.6	0.6	0.7
	사가(佐賀)	0.7	0.7	0.6	0.7

주: 2015년 기준 각 연령대별 전국대비 비중
자료: 일본 총무성 통계국

특히 가임기(20~39세) 여성인구가 한 세대(30년) 경과 후 50% 이하로 감소하는 지역을 '소멸가능성 지역'으로 정의·시산한 결과, 2040년 전체 기초 지자체의 절반 정도가 이와 같은 소멸가능성 지역으로 분류되는 것으로 나타났다.

예를 들어 특정 시·군에서 태어나 20~39세가 될 때까지 남녀 모두 30% 정도의 인구유출이 있고 출생율이 1.4%라면 약 30~40년 후 젊은 여성은 현재의 절반 수준으로 감소할 것으로 전망된다. 그러므로 전체 인구 유지를 위해서는 2.8~2.9%의 출산율이 필요하다.

2040년이 되면 일본 전체 1,799개 기초 지자체 중 49.8%인 896개가 소멸가능성 지역에 해당되며, 이 중 523개는 인구가 1만명 미만으로 소멸 가능성이 높은 수준으로 평가된다.

그림 4 | 일본의 소멸가능성 지역 현황주)

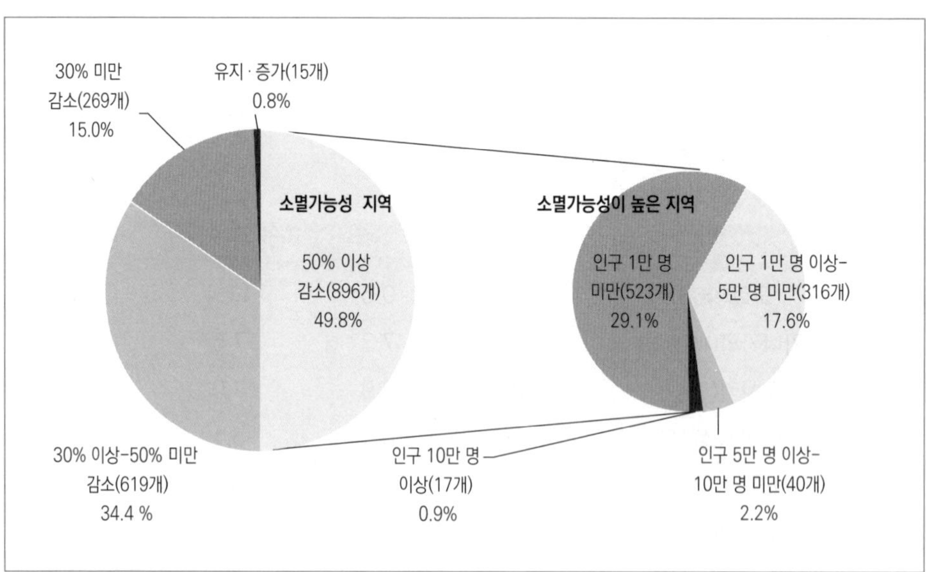

주: ( )내는 전체 1,799개 기초 지자체 중 해당 지자체 수

자료: 일본 국립 사회보장 • 인구문제 연구소

그림 5 | 일본의 시·도별 소멸가능성 지역 분포현황

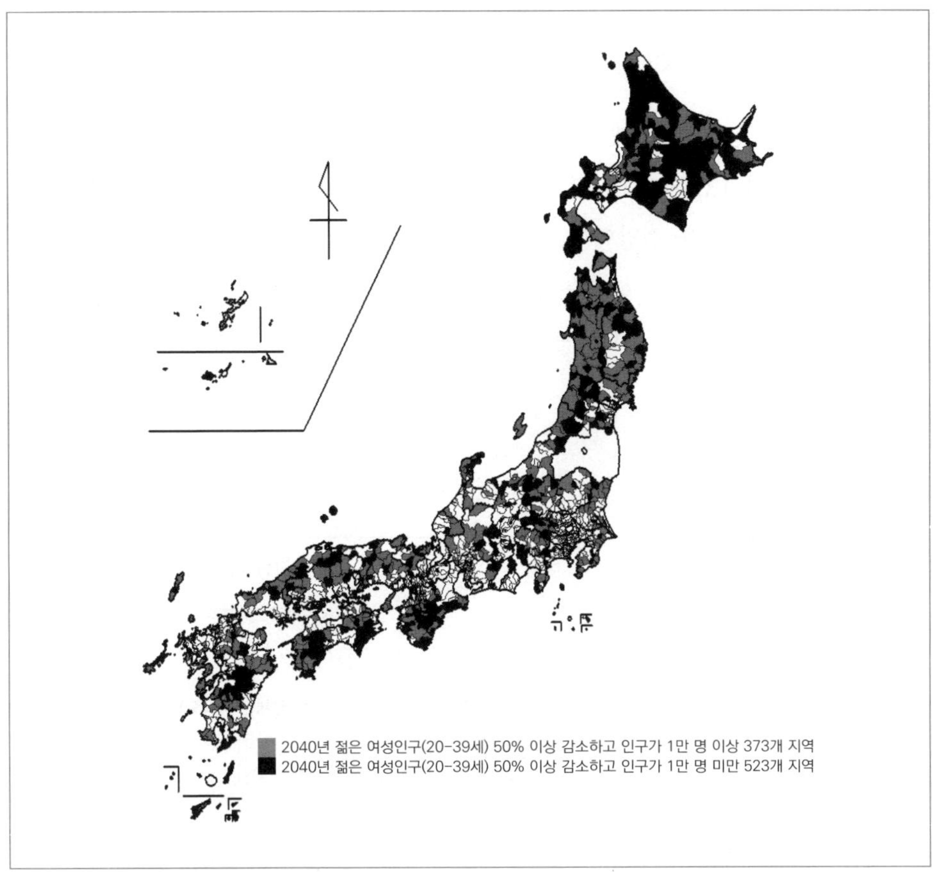

자료: (사)일본 홋카이도총합연구조사회(HIT)

일본의 인구감소는 젊은 가임여성(20 · 39세) 인구의 감소와 지방에서 수도권(특히 도쿄)으로 젊은 층의 유출의 2가지가 주된 요인으로 작용하고 있다.

우선 20-30대 젊은 여성층의 경우 전체 출생아의 90% 이상이 이 연령층에서 출산하고 있으나, 1971~74년에 태어난 제2차 베이비부머는 50대가 되었으며 그 이하 세대 인구는 급감하고 있다. 다음으로 일본 지방에서 도쿄 등 수도권으로 젊은 층의 유출은 '수도권 일극 집중현상'과 인구 재생산력 상실을 초래하고 있다.

이는 연령구조의 불균형에 따른 사회보장시스템 붕괴와 극점사회 출현 등 일본 국토이용의 불균형을 초래할 가능성이 높다. 실제 일본 지방에서 도쿄권으로의 전입 초과자수는 진학 및 취업의 영향으로 15~19세, 20~24세 연령층이 대부분을 차지하고 있다.

3 | 주요국의 인구감소와 지방소멸

① 중국의 인구와 지방소멸

중국 인구는 2015년 현재 13억 7,605만 명으로 지속적으로 증가세를 보이다가 2028년 14억 1,639만 명 정점에 달한 후 감소로 전환하여 2060년에는 12억 7,676만 명으로 줄어들 전망이다.

중국의 생산가능인구(15~64세)는 2015년 10억 750만 명으로 정점에 이른 후 감소로 전환되고 고령화율은 2090년 33.8%까지 지속적으로 상승할 것으로 보인다.

그림 6 | 중국의 인구주)

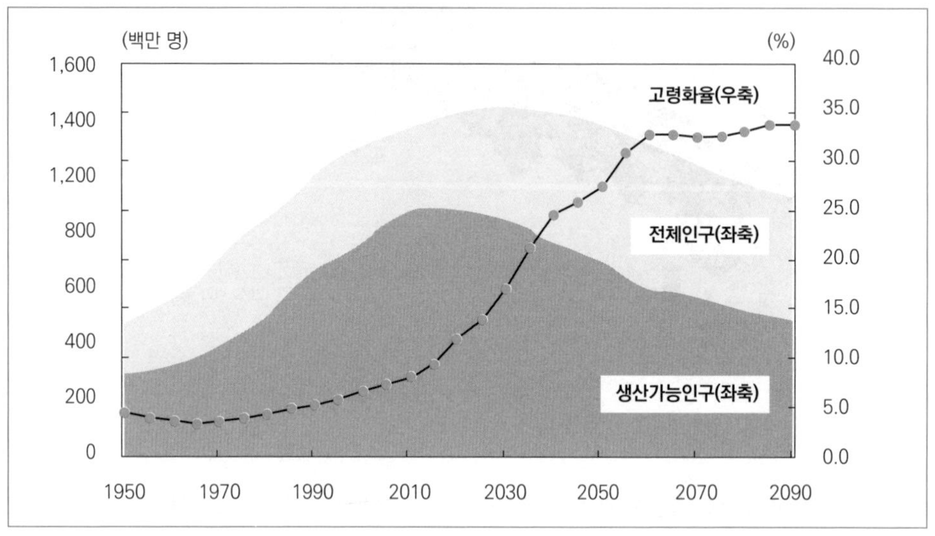

주: 중위인구 기준
자료: UN, 「World Population Prospects, 2015」

표 5 | 중국의 장래 추계 인구주)

(만 명)

	2015	2020	2030	2060	2090
총인구	137,605	140,285	141,555	127,676	105,507
고령인구 (65세 이상)	13,143	16,961	24,317	42,008	35,638
고령화율(%)	9.6	12.7	17.2	32.9	33.8

생산연령인구 (15~64세)	100,750	99,310	96,263	68,789	55,501
유소년인구 (0~14세)	23,712	24,014	20,975	16,879	14,368

주: 중위인구 기준
자료: UN, 「World Population Prospects, 2015」

중국은 베이징, 상하이 등 대도시 인구집중이 진행 중이며 이는 향후 중국 내 지방소멸을 초래할 가능성이 있다.

중국의 인구집중률이 베이징은 1990년 0.6%에서 2030년 1.9%로, 상하이는 같은 기간 0.7%에서 2.1%로 각각 상승할 전망이다.

그림 7 | 중국 주요 도시의 인구 집중률 추이

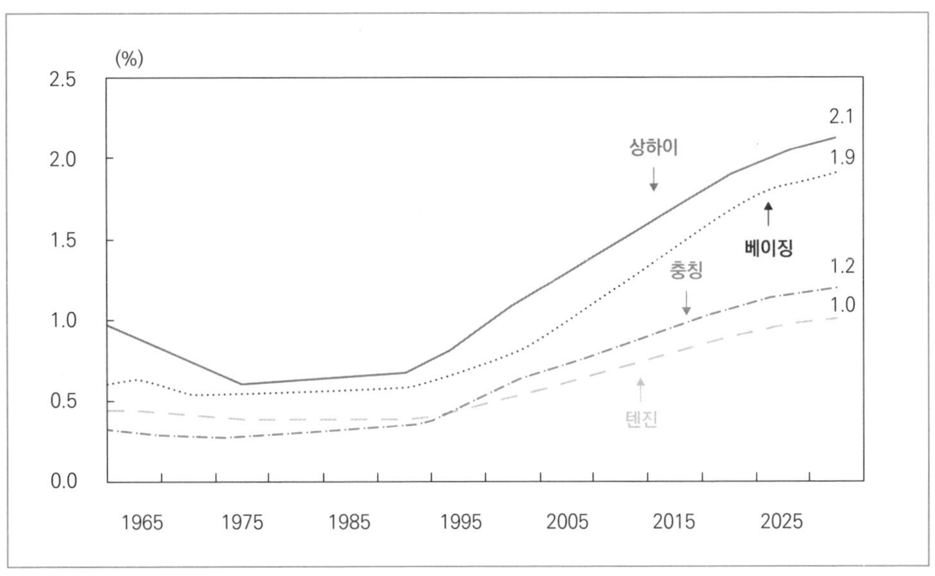

자료: UN, 「World Urbanization Prospects, The 2014 Revision」

이에 따라 2013년 중국 전체의 소멸위험지수는 1.62로 2005년의 1.74에 비해 낮아졌을 뿐만 아니라 대부분의 행정구역에서 지방소멸위험이 커진 것으로 나타났다. 중국 내 소멸위험지수가 하락한 행정구역이 31개 구역 중 23구역(2개 직할시, 18개 성, 3개 자치구)에 이른다.

그림 8 | 중국 행정구역별 소멸위험지수

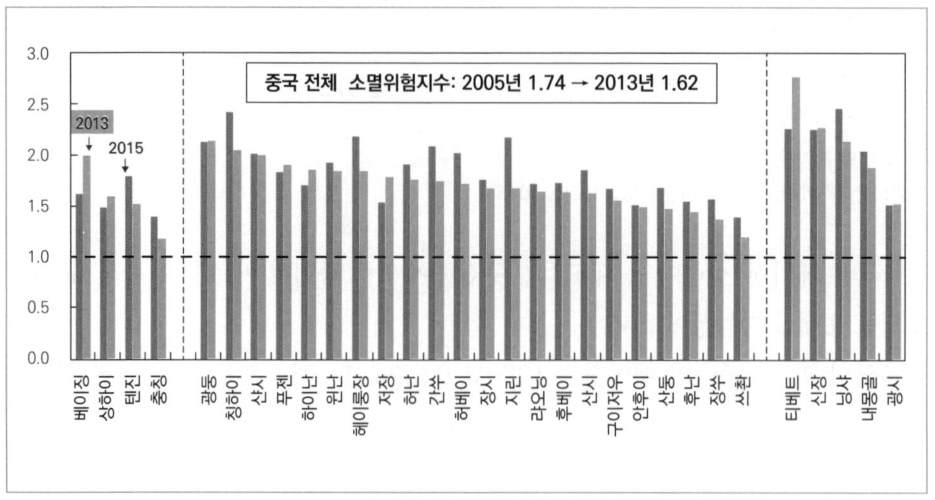

자료: 중국국가통계국 인구표본조사를 바탕으로 자체 시산

② 미국 및 유럽 주요국의 인구와 지방소멸

유럽 주요국은 전체 인구 및 생산가능인구가 감소하는 인구절벽[3]이 도래한 가운데 일부 국가에서는 지방소멸 가능성이 제기되고 있다.

독일, 스페인 및 이탈리아는 이미 전체 인구 및 생산가능인구의 최고점을 경과 후 감소세가 지속되고 있다.

구체적으로 보면, 전체 인구의 최고점이 독일은 2000년, 스페인은 2010년, 이탈리아는 2015년이었으며, 생산가능인구의 최고점도 독일이 2000년, 스페인이 2010년, 이탈리아가 1990년을 기록하였다. 다만 미국, 프랑스 및 영국은 이민자 증가, 출산율 개선 등으로 증가하였다.

3 해리 덴트(Harry Dent)가 2014년 처음으로 제시한 개념으로 생산가능인구(15~64세) 및 절대 인구 감소를 의미한다.

독일의 인구 추이

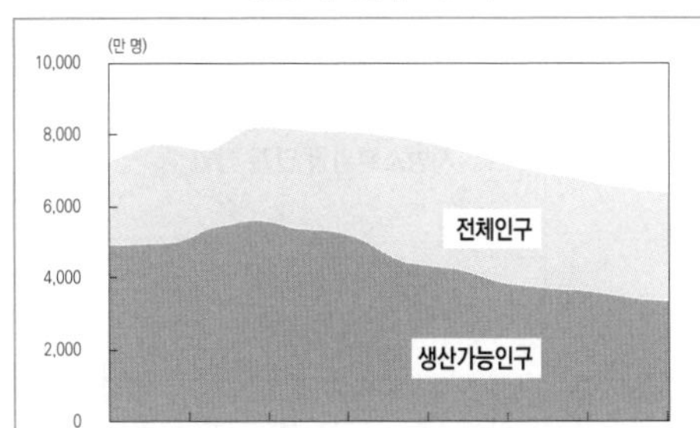

스페인의 인구 추이

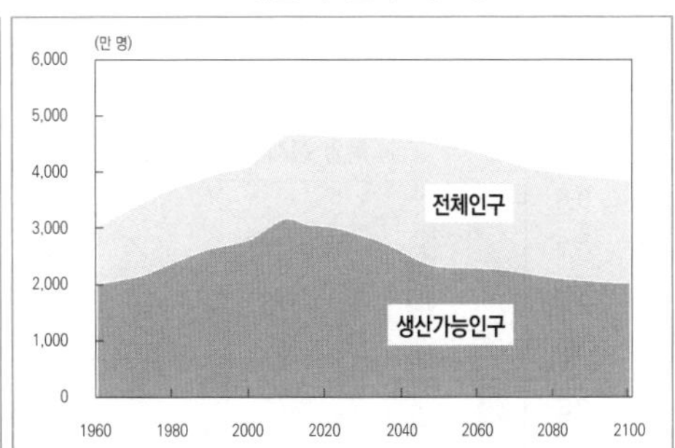

이탈리아의 인구 추이

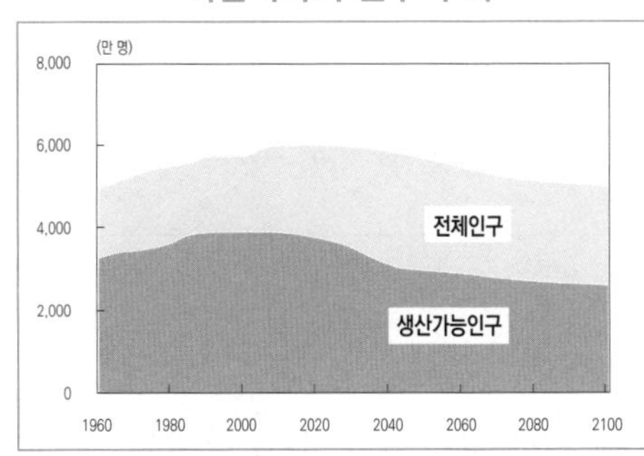

미국의 인구 추이

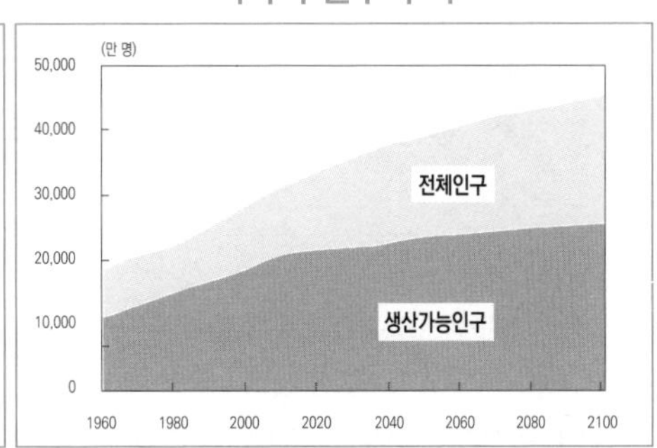

프랑스의 인구 추이

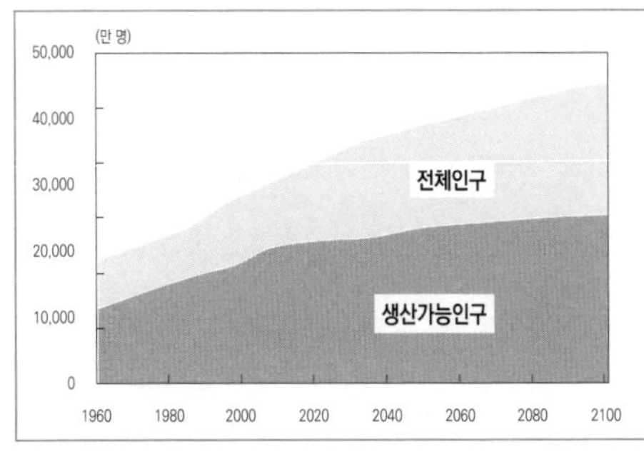

영국의 인구 추이

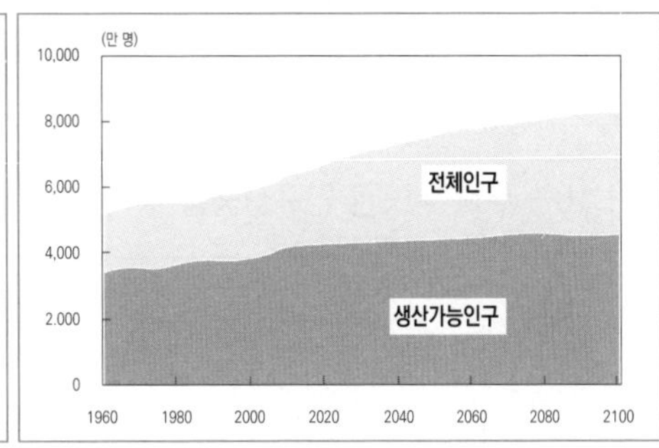

주: 1) 중위인구 기준
자료: UN, 「World Population Prospects, 2015」

특히 독일은 절대인구의 빠른 감소 등으로 모든 주에서 지방소멸 주의단계(지방소멸위험지수 1.0 이하)에 진입하였다.

독일 내 가임여성 감소, 저출산 등으로 국가 전체 소멸위험지수가 2011년 0.58로 기준치(1)를 크게 하회하였으며 전체 16개 지역 중 6개 연방은 이미 지방소멸 위험단계(0.5)에 진입한 것으로 분석되었다.

그림 9 | 독일 연방주의 소멸위험지수

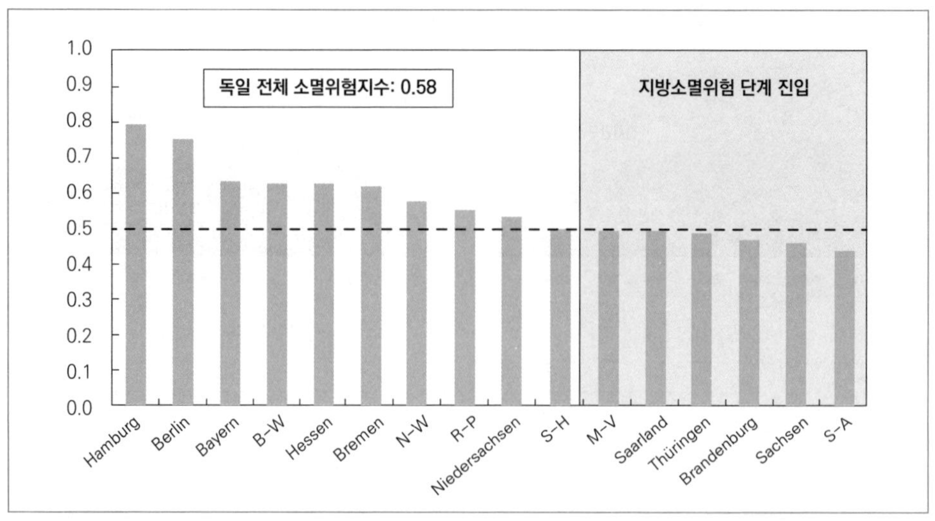

주: 2011년 기준
자료: 독일 인구센서스(2011) 통계로 자체 시산

다만 독일의 수도권 인구집중률은 주요국에 비해 낮은 수준이다. 구체적으로 살펴보면, 베를린 인구집중률이 4.3%(2015년)로 주요국 중 가장 낮았으며, 다음으로 로마(6.2%), 도쿄(10.4%, 도쿄권 30.0%), 마드리드(13.6%), 서울(19.6%) 등의 순이었다.

그림 10 | 주요 수도권 인구집중률 추이

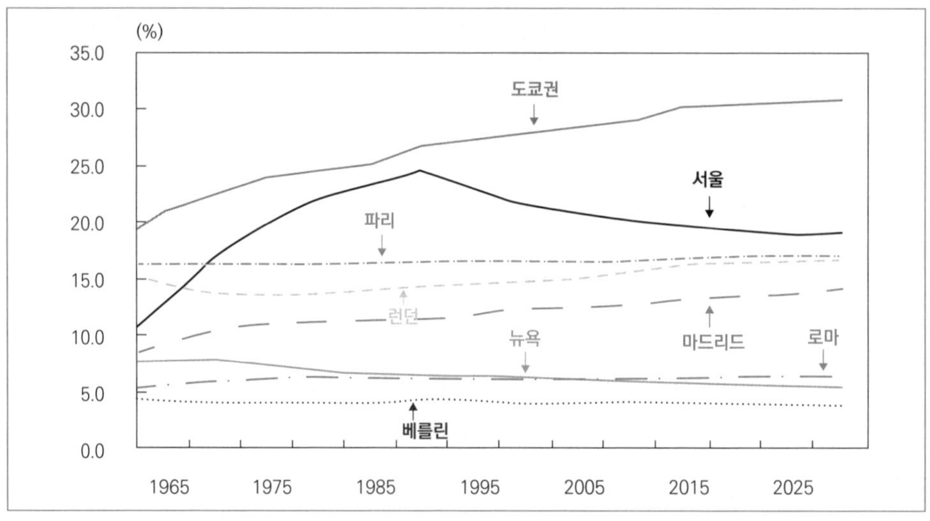

자료: UN, 「World Urbanization Prospects, The 2014 Revision」

표 6 | 독일 지역별 지방소멸위험지수

(명)

	총인구	가임여성 인구	소멸위험지수
Sachsen-Anhalt	2,287,040	241,895	0.44
Sachsen	4,056,799	459,980	0.46
Brandenburg	2,455,780	258,637	0.47
Thüringen	2,188,589	241,511	0.47
Saarland	999,623	107,898	0.49
Mecklenburg-Vorpommern	1,609,981	177,494	0.50
Schleswig-Holstein	2,800,119	306,594	0.51
Niedersachsen	7,777,992	865,910	0.54
Rheinland-Pfalz	3,989,808	455,273	0.56
Nordrhein-Westfalen	17,538,252	2,065,269	0.58
Bremen	650,863	84,716	0.61
Hessen	5,971,816	726,574	0.62
Baden-Württemberg	10,486,660	1,275,161	0.63
Bayern	12,397,614	1,517,984	0.63
Berlin	3,292,365	477,494	0.75
Hamburg	1,706,696	256,450	0.79

주: 2011년 기준, 음영은 소멸위험지수 0.50 미만 지역
자료: 독일 인구센서스(2011) 통계로 한국은행 대전충남본부 자체 시산

3 베트남의 인구와 지방소멸

베트남 인구는 증가세가 지속됨에 따라 2015년 현재 9,345만 명을 기록한 가운데 2060년에는 1억 1,323만 명으로 정점에 달한 후 감소로 전환하여 2090년에는 1억 722만 명으로 줄어들 전망이다. 생산가능인구(15~64세)는 2015년 6,557만 명에서 2040년 7,205만 명으로 증가한 후 감소로 전환될 것으로 예상된다. 고령화율도 고령화의 빠른 진행으로 2015년 6.7%에서 2090년 28.5%로 크게 상승할 것으로 전망된다.

그림 11 | 베트남의 인구

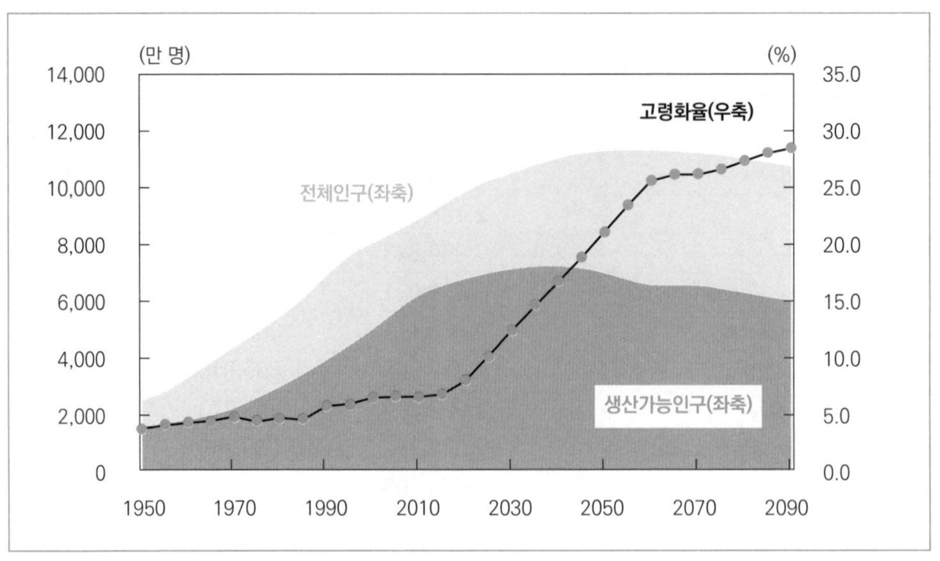

주: 중위인구 기준
자료: UN, 「World Population Prospects, 2015」

표 7 | 베트남의 장래 추계 인구

(만 명)

	2015	2020	2040	2060	2090
총인구	9,345	9,816	10,993	11,323	10,722
고령인구 (65세 이상)	630	789	1,842	2,899	3,052
고령화율(%)	6.7	8.0	16.8	25.6	28.5
생산연령인구 (15~64세)	6,557	6,778	7,205	6,551	5,979
유소년인구 (0~14세)	2,158	2,249	1,946	1,873	1,691

주: 중위인구 기준
자료: UN, 「World Population Prospects, 2015」

베트남은 하노이, 호치민 등 대도시로의 인구집중이 진행 중이며 이에 따라 지방소멸위험지수가 비교적 가파르게 하락할 전망이다. 인구집중률이 하노이는 1990년 1.7%에서 2030년 5.4%로, 호치민은 동 기간 중 4.4%에서 10.0%로 각각 상승할 것으로 예상된다. 베트남 국가 전체의 소멸위험지수는 2015년 현재 2.56로 기준치

(1.0)를 크게 상회하나 빠른 속도로 낮아져 2035년(0.85) 경에는 소멸위험 단계에 진입할 것으로 예상된다.

그림 12 | 베트남 전체 소멸위험지수

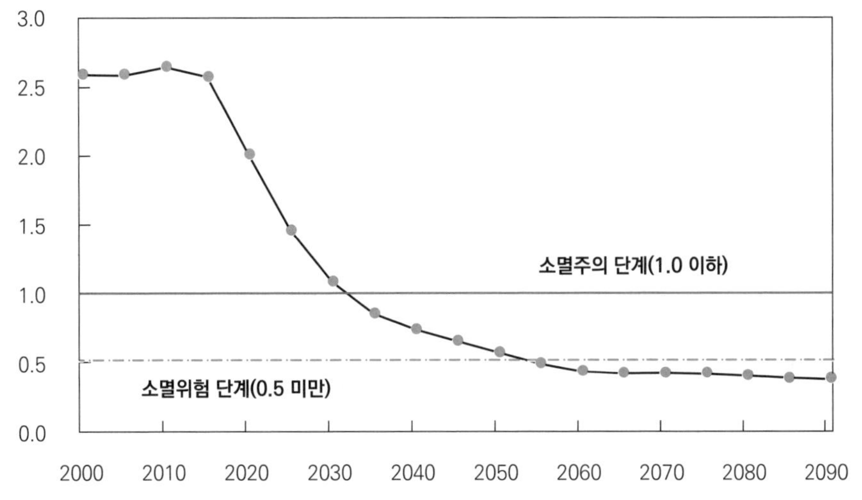

자료: UN, 「World Urbanization Prospects, The 2014 Revision」

4 우리나라의 인구와 지방소멸

① 우리나라의 지방소멸 리스크 현황

우리나라 전체의 지방소멸위험지수는 2016년말 0.984로 기준치(1.0)를 하회하여 지방소멸 주의단계에 진입한 상황이다.

2016년 우리나라의 20~39세 여성인구 수가 688만 명으로 65세 이상 고령인구 700만 명을 12만 명이나 하회하였다. 이러한 추세는 더욱 심화되어 젊은 층 여성인구는 지속적으로 줄어드는 반면 고령인구는 늘어나 소멸위험지수가 하락하고 있다.

그림 13 | 전국 소멸위험지수 추이

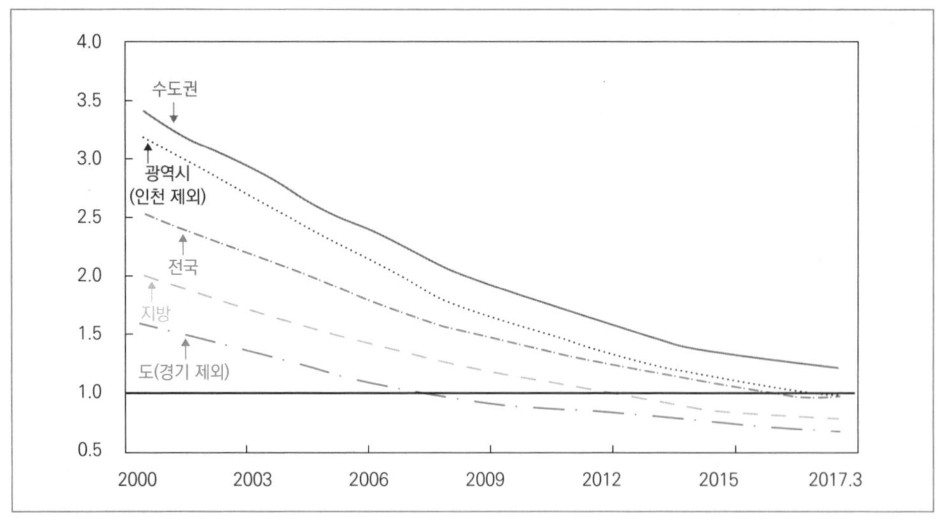

자료: 통계청 자료로 자체 시산

그림 14 | 광역시·도별 소멸위험지수주)

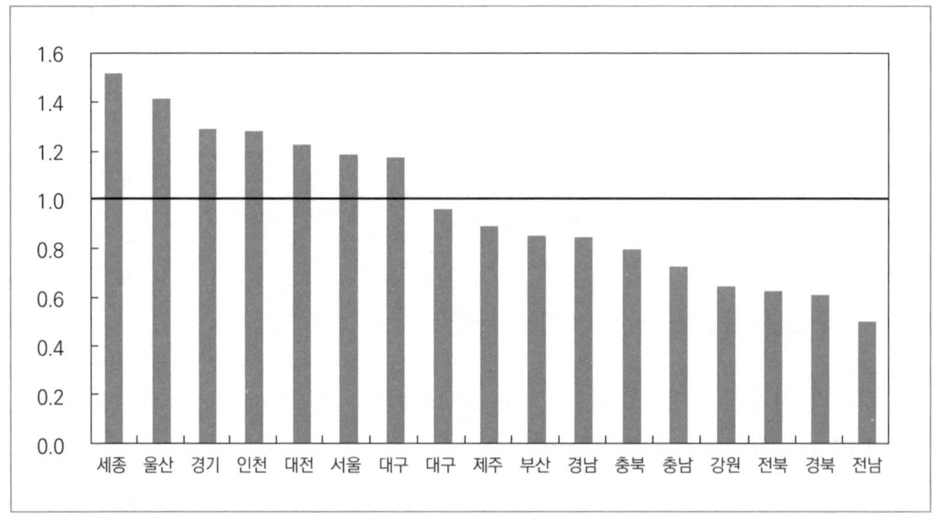

주: 2016년말 기준
자료: 통계청 자료로 자체 시산

시·도별로 보면 서울 등 수도권, 일부 광역시 및 세종시를 제외한 대부분의 지역이 기준치를 하회하고 있다. 2016년 기준으로 서울(1.18), 경기(1.29), 인천(1.27), 광주(1.17), 대전(1.22), 울산(1.41), 세종(1.51) 등 7개 지역은 기준치를 상회한 반면 대구

(0.96), 제주(0.88), 부산(0.84), 경남(0.84), 충북(0.79), 충남(0.71), 강원(0.64), 전북(0.62), 경북(0.60), 전남(0.50)은 하회하였다. 특히 전남(0.498)은 0.5 미만으로 소멸위험 가능성(위험단계)이 매우 높은 편으로 나타났다.

2016년말 전국 228개 시·군·구 중 소멸 위험단계(0.5 미만) 지역은 83개로 전체의 36.4%를 차지하고 있다. 2010년말 61개에서 2016년말 83개로 큰 폭 증가한 데다 시간이 지날수록 소멸 위험단계 지역은 빠르게 확대되고 있다. 2016년 신규로 진입한 지역은 강원도 삼척(0.488), 부산 동구(0.491) 및 영도구(0.499), 경남 함안군(0.495) 4개이며, 전남 나주(0.506)는 제외되었다. 특히 부산광역시는 2개의 기초 자치구가 포함되어 있어 지방소멸 문제가 농어촌 낙후지역뿐 아니라 지방 대도시권역까지 확산된 것으로 보인다.

그림 15 | 시·군·구별 65세 이상 인구

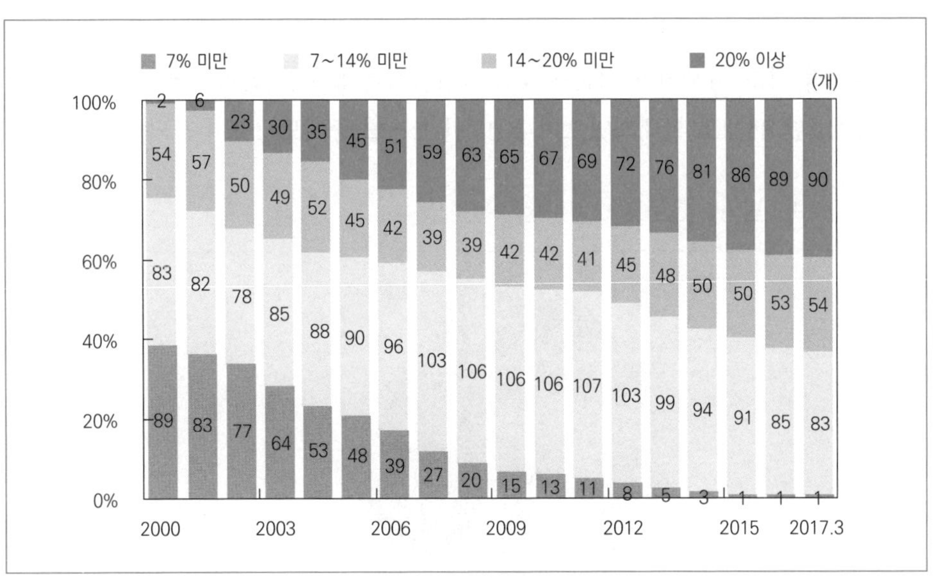

주: 통계청 통계로 자체 시산

그림 16 | 시·군·구별 65세 이상 인구

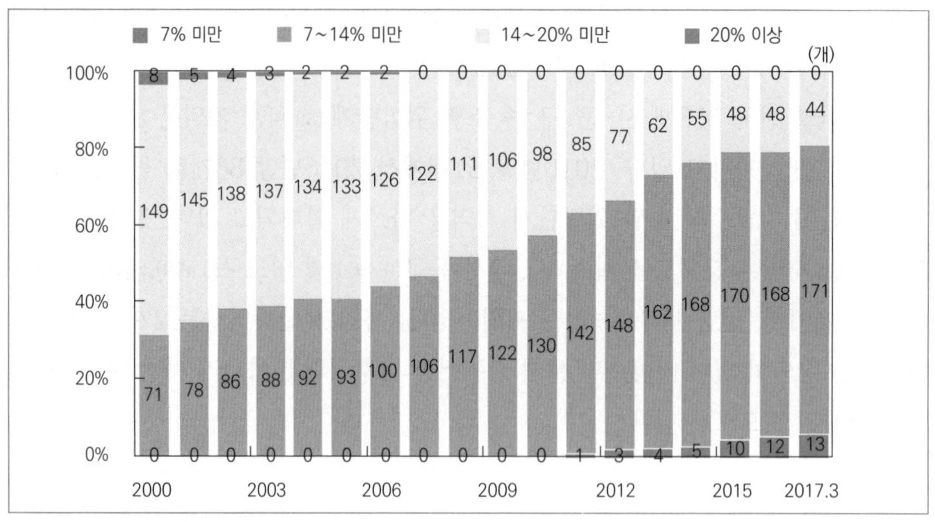

주: 통계청 통계로 자체 시산

우리나라 기초 지자체인 시군구의 소멸위험지역 분포를 살펴보면 2005년 35개에서 2016년 83개로 확대되었으며 2017년 1~3월 중에도 2곳 추가되었다.

그림 17 | 2005년의 시군구별 소멸위험지역 분포

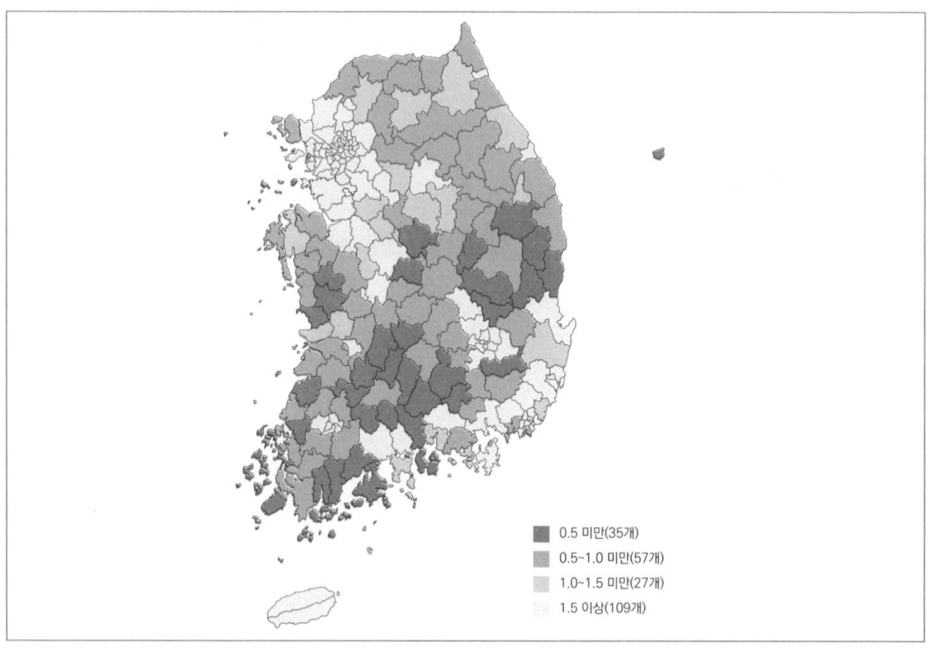

그림 18 | 2017년 3월 시군구별 소멸위험지역 분포

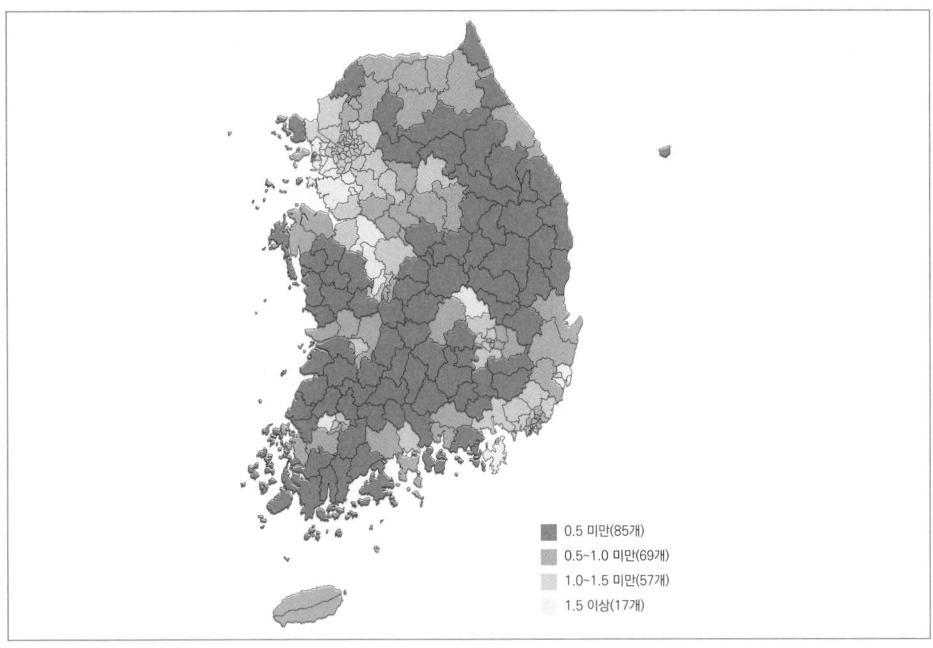

자료: 통계청 통계로 자체 시산

표 8 | 소멸위험지수 상위 10개 지역

(명)

	총인구	가임여성 인구	소멸위험지수
경상북도 의성군	53,995	3,250	0.16
전라남도 고흥군	67,388	4,318	0.17
경상북도 군위군	24,368	1,564	0.18
경상남도 합천군	47,448	3,043	0.18
경상남도 남해군	44,987	2,882	0.18
경상북도 영양군	17,616	1,178	0.20
경상북도 청송군	26,238	1,735	0.20
경상북도 봉화군	33,395	2,226	0.21
경상북도 영덕군	38,953	2,688	0.21
전라남도 신안군	42,530	2,877	0.21

❷ 우리나라의 지방소멸 위험지역 전망[4]

2040년 전국 228개 시·군·구 중 소멸 위험단계(0.5 미만) 지역은 217개로 전체의 95.2%를 차지할 전망이다.

통계를 통해 구체적으로 살펴보면, 소멸 위험단계지역의 수가 2020년 94개에서 2025년 130개, 2030년 185개, 2035년 210개, 2040년 217개로 확대될 것으로 예측된다.

대구, 인천, 광주, 대전, 울산, 세종, 전남, 경남의 경우 모든 시·군·구가 소멸 위험단계에 진입할 것으로 예상된다.

특히 대구, 전북, 제주는 타 지역보다 빠른 2030년에 시·군·구 전체가 기준치(0.5)를 하회할 것으로 보인다.

표 9 | 시·군·구별 소멸위험지역[1)] 전망

(개)

		2020	'25	'30	'35	'40
서울	(25)	0	3	17	23	24
부산	(16)	4	13	14	14	14
대구	(8)	1	3	8	8	8
인천	(10)	3	4	7	9	10
광주	(5)	0	2	4	4	5
대전	(5)	0	2	3	4	5
울산	(5)	0	0	2	4	5
세종[2)]	(1)	0	0	0	1	1
경기	(31)	3	8	22	29	29
강원	(18)	13	14	16	17	17
충북	(11)	5	8	9	10	10
충남	(15)	10	10	12	14	14
전북	(14)	10	13	14	14	14

4 H-P(1962), Smith et al(2001) 방법론으로 2010년 및 2015년 인구총조사 결과를 활용하여 소멸위험지수 산출하였고 세종시의 경우 2010년 인구총조사 미비로 장래인구추계(2014)를 활용하였다.

전남	(22)	16	18	18	18	20
경북	(23)	17	19	22	23	23
경남	(18)	12	13	16	17	17
제주[3]	(1)	0	0	1	1	1
합계	**(228)**	**94**	**130**	**185**	**210**	**217**

주: 1) 228개 기초 지자체중 소멸위험지수 0.5 미만 기준
2) 제주와 세종은 각각 1개 지역으로 시산
3) ( )내는 시·도별 기초 지자체 수
자료: 인구총조사(2010, 2015) 결과를 활용하여 자체 시산, 단 세종은 장래인구추계(2014) 적용

③ 우리나라 인구절벽과 지방소멸의 주요 요인분석

인구절벽과 지방소멸은 크게 자연적 요인과 사회적 요인에 기인하는 것으로 보인다. 우선, 자연적 요인을 살펴보면 우리나라 인구는 가임기 여성인구(15 · 49세) 감소, 출산율 하락 등으로 자연증가분이 크게 감소하고 있다. 다음으로 사회적 요인을 보면, 지방에서 수도권으로 젊은 층의 인구유출은 지방소멸을 야기하는 한편 수도권 주거비 상승 등을 통해 수도권의 출산율을 더욱 하락시킴으로써 인구절벽과 지방소멸을 가속화시키는 것으로 보인다.

그림 19 | 인구절벽과 지방소멸의 메커니즘

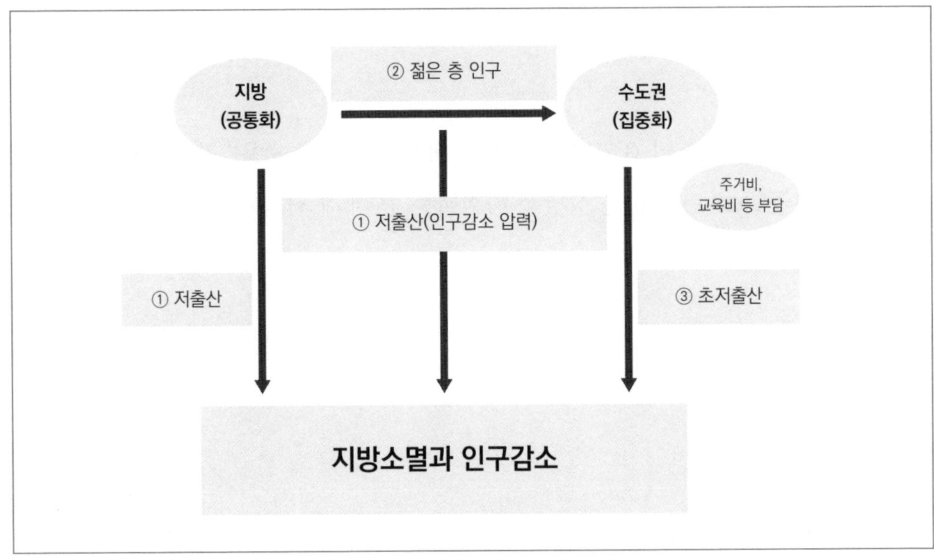

가 자연적 요인

Ⓐ 저출산

저출산은 수도권, 지방 공통의 인구감소 압력 요인으로 작용하여 인구절벽과 지방소멸을 초래하고 있다. 한국 인구는 저출산으로 자연증가분이 마이너스로 전환되었으며, 자연증가분(출생자-사망자)이 1995년 47.2만 명에서 2019년 0.8만 명으로 축소되었다가 2023년에는 마이너스 12.3만 명을 기록하였다.

그림 20 | 자연증가(출생-사망)

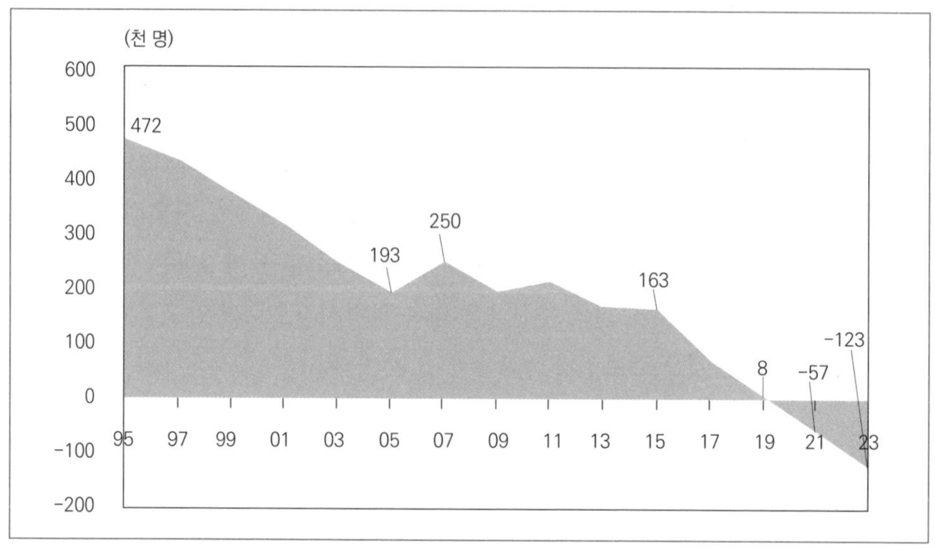

자료: 통계청, 인구동향조사

2023년 합계출산율[5]이 0.72명으로 인구대체출산율(2.1명)을 크게 하회하고 있으며, OECD평균(2021년 1.58명)을 상당폭 하회하는 등 세계 최저 수준을 기록하고 있다.

5 여성 1명이 가임기간중 낳을 것으로 예상되는 평균 출생아 수를 의미하여 현재의 인구를 유지하는데 필요한 인구대체출산율은 2.1명 수준이다.

그림 21 | 합계출산율

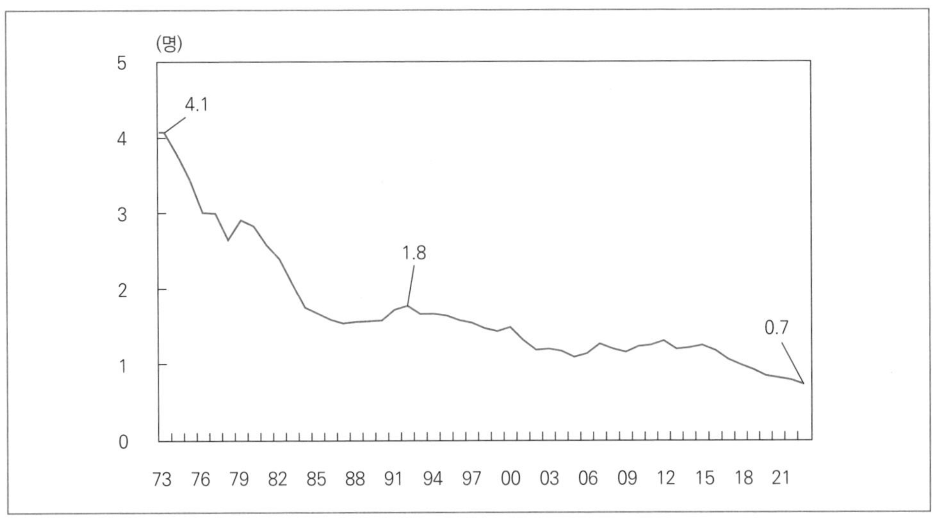

자료: 통계청

이와 같은 저출산은 청년층이 결혼 및 자녀관 변화, 고용불안 등으로 결혼에 소극적이고 기혼층이 교육비를 포함한 양육부담으로 희망 아이 수에 비해 적게 출산하는 데 주로 기인하는 것으로 보인다. 결혼율이 크게 하락[6]한 가운데 미혼 청년층(20 · 35세)이 결혼에 소극적인 이유는 결혼에 대한 가치관 변화 등 사회적 요인(56.4%)과 더불어 경제적 요인(24.2%)이 주 요인으로 지적되고 있다(「2015년 전국 출산력 및 가족보건 · 복지실태조사」, 한국보건사회연구원).

한편 선행연구 결과[7], 결혼에 부정적 영향을 미치는 경제적 요인으로는 임시직 비율, 주택가격종합지수, 실업률 등이 있는 것으로 나타났다.

청년층의 고용불안정성, 주택마련 비용부담 등에 따른 결혼건수 감소 및 초혼연령 상승 등 경제적 요인에 주로 기인하는 것으로 보인다. 미혼 청년층(20 · 29세)이 결혼하지 않는 이유(「2005년도 전국 결혼 및 출산 동향조사」)는 결혼적령기에 대한 인식 변화(37.7%)와 더불어 경제적 요인(30.3%)이 주 요인으로 지적되고 있다. 특히 남성의 경제적 요인에 대한 비율이 41.7%로 여성(18.6%)을 크게 상회하고 있다.

6 결혼율(1천 명당)이 1970년 9.2건에서 1995년 8.7건, 2014년 6.0건, 2016년 5.5건, 2020년 4.2건, 2023년 3.8건으로 하락하였다.

7 결혼율(15~39세 1천 명당)은 임시직 비율 1%p 상승 시 0.23~0.40건, 실업률 1%p 상승 시 0.18~0.42건 각각 감소하고 주택가격도 결혼비용 상승을 통해 결혼에 부정적 영향(「저출산 고령화의 원인에 관한 연구」(한국은행, 2010년 12월)

한편 실증분석 결과(「저출산 고령화의 원인에 관한 연구」, 이상호, 이상헌 금융경제연구 2010.12)에 따르면, 결혼에 부정적 영향을 미치는 경제적요인으로는 임시직 비율, 주택가격종합지수, 실업률 등으로 나타났다. 결혼율(15 · 39세 1천 명당)이 임시직 비율 1%p 상승 시 0.23~0.40건, 실업률 1%p 상승 시 0.18~0.42건 각각 감소하고 주택가격도 결혼비용 상승을 통해 결혼에 부정적 영향을 미치는 것으로 나타났다.

또한 기혼층의 출산율 갭(희망 출산율 - 실제 출산율)은 1.04로 주요국 및 OECD평균(0.68)을 크게 상회하고 있다. 기혼층은 교육비 등 경제적 부담(76.0%) 등으로 희망 아이 수를 출산하지 못하는 것으로 나타났는데 이는 스웨덴(3.2%), 프랑스(18.1%), 미국(32.1%), 일본(41.2%)에 비해서도 뚜렷하게 높은 수준이다.

표 10 | 출산율 갭(Gap) 국제비교[주)]

	희망 출산율(A)	실제출산율(B)	갭(A-B)
한국	**2.25**	**1.21**	**1.04**
핀란드	2.58	1.83	0.75
덴마크	2.48	1.75	0.73
스웨덴	2.41	1.90	0.51
프랑스	2.33	2.00	0.33
독일	2.12	1.39	0.73
스페인	2.11	1.34	0.77
이탈리아	2.01	1.39	0.62
OECD 평균	**2.27**	**1.59**	**0.68**

주: 한국 2015, 그 외 2011년
자료: 한국보건사회연구원

표 11 | 희망 아이 수를 출산하지 못하는 이유[주)]

(%)

	경제적 부담	고령 출산 기피	일과 육아 병행 불가
한국	**76.0**	**33.3**	**25.6**
일본	41.2	32.4	22.4
미국	32.1	12.5	1.8
프랑스	18.1	22.9	9.6
스웨덴	3.2	29.0	0.0

주: 상위 3개 요인(복수 응답), 2010년 기준
자료: 일본 내각부

Ⓑ 수도권의 초저출산

젊은 층의 수도권 인구집중은 지방 공동화와 수도권 집중화를 초래하며, 이는 수도권 주거 및 교육비 부담 증가로 수도권의 출산율을 크게 하락시키는 것으로 추정된다.

실제로 서울 등 수도권 출산율은 지방에 비해 크게 낮은 수준이다. 2023년 서울 출산율이 0.55(2022년 0.59)로 전국 최하위를 기록하였으며 수도권 전체로도 0.67로 지방평균(0.82)을 상당 폭 하회하고 있다. 시·도별로는 세종(0.97)을 제외한 도시지역의 출산율이 상대적으로 저조한 상황이다.

그림 22 | 시·도별 출산율주)

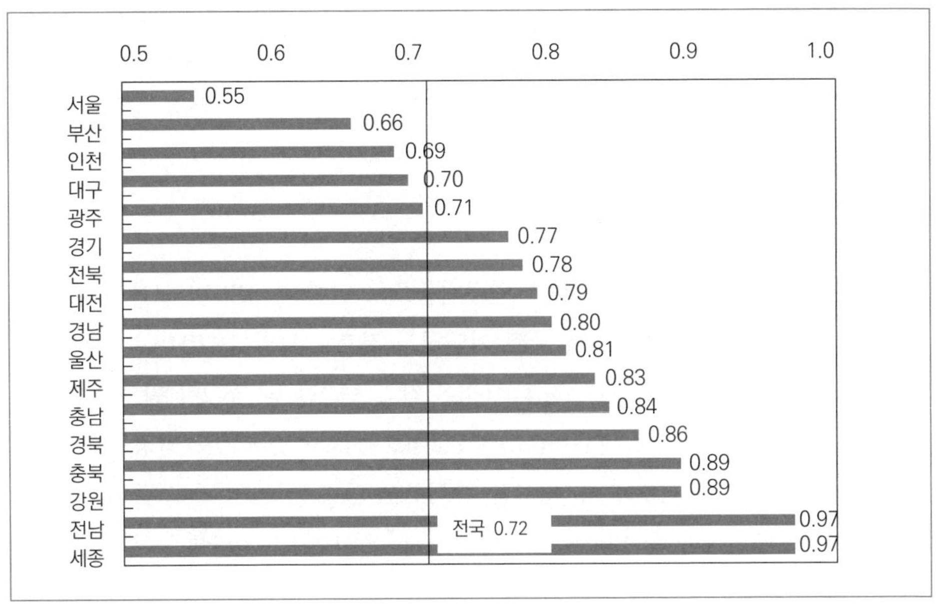

주: 2023년 합계출산율 기준
자료: 통계청

수도권과 지방의 출산율 배율(수도권/지방)은 1996년 최초로 기준치(1.0)를 하회한 이후 2023년에는 0.82배까지 하락하였다.

그림 23 | 수도권 및 지방의 출산율주)

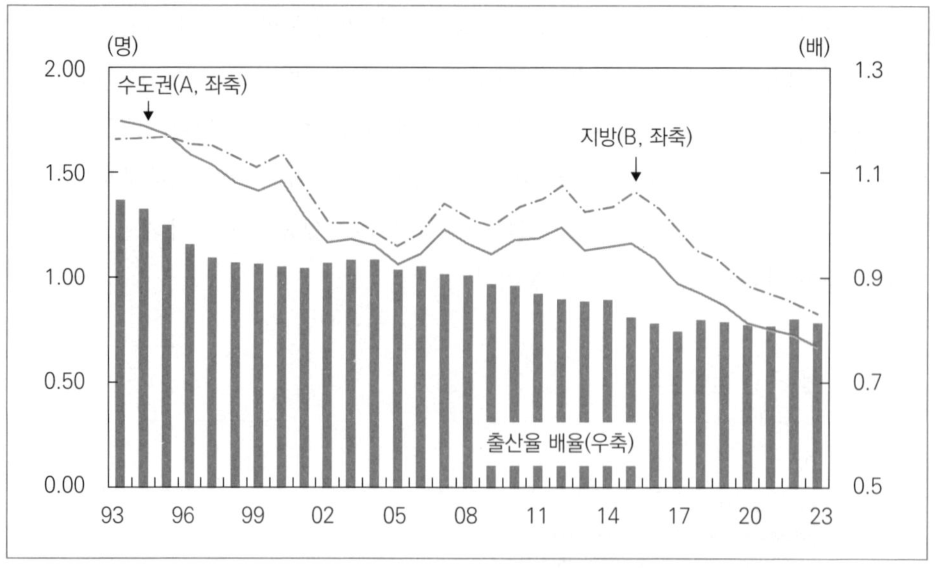

주: 출산율 배율은 수도권 / 지방 합계출산율
자료: 통계청

수도권 초저출산은 서울 등 수도권 인구집중으로 인한 주거비 및 교육비 부담 증가에 따른 결혼 및 출산 기피 등에 주로 기인하는 것으로 보인다. 2016년 기준 서울의 1㎡당 평균 전세 및 매매 가격(한국감정원)은 각각 359만 원, 552만 원으로 지방대비 2.9배, 3.1배에 달하며 사교육비(「초 · 중 · 고 사교육비조사」, 통계청)도 월평균 35만 원으로 광역시(25만 원)나 도(25만 원) 평균을 상회하고 있다. 이에 따라 서울의 평균 초혼연령은 전국평균대비 남·녀 각각 0.9세, 0.4세, 출산연령도 0.6세 높은 것으로 나타났다(「인구동향 조사」, 통계청).

서울의 초저출산에 대한 원인 분석 관련 최근의 연구(「서울시 저출산 현황분석: 고용률과 주택구매력을 중심으로」, 서울시 여성가족재단 2014)에 의하면 여성의 실업, 소득대비 높은 주택가격 등이 주 요인으로 작용하고 있는 것으로 나타났다. 서울 30~34세 여성의 출산율은 고용률에 가장 크게 영향을 받고 35~39세는 주택 구매력이 출산 결정요인으로 작용하고 있는 것으로 분석되었다.

표 12 | 연령별 출산율 상관관계

	순 위	30 ~ 34	35 ~ 39
(+) 관계	1	고용률	연립주택 구매력
	2	주택 구매력	아파트 구매력
	3	아파트 구매력	고용률
(-) 관계	1	실업률	연소득 대비 주택가격
	2	연소득 대비 주택가격	35~39세 여성 유출 수
	3	30~34세 여성 유출 수	실업률

자료: 「서울시 저출산 현황분석: 고용률과 주택구매력을 중심으로」(서울시 여성가족재단, 2014)

즉, 젊은 층이 지속적으로 유입되고 있는 서울 등 수도권 지역이 이로 인한 높은 주거비 부담 등 결혼 및 보육 환경 악화로 지방에 비해 출산율이 더 낮게 지속됨에 따라 인구감소를 더욱 가속화하고 있는 것으로 판단된다.

나 사회적 요인

Ⓐ 수도권 인구 집중

젊은 층의 수도권 인구집중은 지역인구 유출에 따른 지방소멸을 야기할 가능성이 높다. 실제로 지방 젊은 층(20 · 39세)을 중심으로 서울 등 수도권으로의 순유출이 지속되고 있다. 지방 젊은 층의 수도권으로의 순유출규모는 2000년 119.8만 명에서 2015년 22.7만 명으로 증가세가 둔화되다가 2016년 41.7만 명으로 다시 확대되었다. 다만 지방 전 연령층에서는 최근 들어 수도권 은퇴 베이비부머[8]를 중심으로 순유입으로 전환되었다.

8 1955~63년생(2014년 50~59세)으로 생산가능인구의 21.6%를 차지하고 있으며 2024년 은퇴연령인구(60세 이상)의 55.0%, 고령층(65세 이상)의 35.8%를 각각 차지할 전망이다.

그림 24 | 지방에서 수도권으로 인구 이동

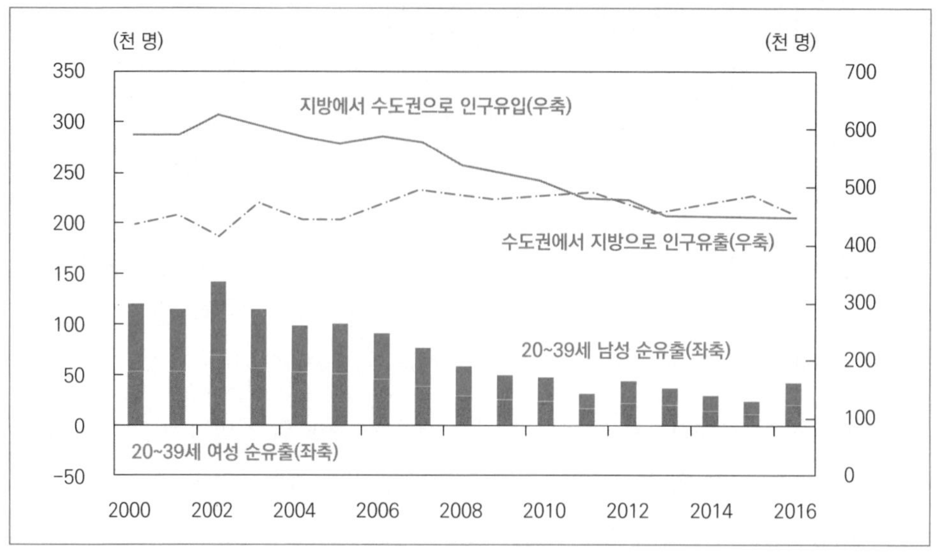

주: 통계청 통계로 자체 시산
자료: 통계청

표 13 | 지방에서 수도권으로 인구 순유출

(천 명)

	2000	2005	2010	2015	2016
20~30대	**119.8 (53.4)**	**99.9 (50.6)**	**47.9 (23.9)**	**22.7 (11.7)**	**41.7 (19.4)**
합계	150.3 (71.9)	128.8 (70.1)	31.0 (19.8)	-33.0 (-10.8)	-0.9 (3.0)

주: ( )내는 여성 수
자료: 통계청

지역별로 보면 지난 10년간(2007~16년) 지방 젊은 층(20~30대)의 수도권으로의 순유출 지역은 부산, 대구, 경북, 경남, 광주, 대전, 전북, 전남, 울산, 강원, 충북 등 11개 지역에 달한다. 다만 정부 행정 및 출연 기관이 이전한 세종, 수도권 규제로 기업 입지가 증가한 충남, 관광서비스업 발달로 젊은 층의 고용이 증가한 제주는 순유입되는 모습을 나타내었다. 한편 권역별(2016년, 제주 제외)로는 수도권(20 · 30대, 전 연령 각각 4.4만 명, 0.8만 명) 및 중부권(각각 0.7만 명, 4.2만 명)은 순유입이었으나, 호남권(각각 1.9만 명, 1.5만 명) 및 영남권(각각 3.2만 명, 3.6만 명)은 순유출되고 있다.

표 14 | 시·도별 수도권으로의 인구 순유출

	2007		2010		2015		2016		2007~2016	
	20~30대	전체	20~30대	전체	20~30대	전체	20~30대	전체	20~30대	전체
부산	12.3	17.5	8.4	11.0	4.5	4.2	6.3	7.6	73.7	90.2
대구	7.6	10.7	6.1	7.8	4.9	5.4	5.2	5.9	58.4	72.7
경북	10.0	12.7	7.1	6.7	4.3	1.1	6.5	3.5	66.8	54.0
경남	6.6	7.8	5.5	6.0	3.1	0.8	5.9	5.3	47.7	43.2
광주	5.7	8.6	3.0	2.7	3.4	3.4	3.9	4.2	35.9	39.7
대전	5.0	6.0	2.8	3.8	1.5	0.0	2.1	1.5	27.3	25.1
전북	8.4	9.3	4.3	1.9	3.6	−0.8	5.0	1.9	48.4	23.4
전남	8.1	10.6	4.5	2.7	2.7	−2.1	4.9	2.5	41.9	19.5
울산	1.7	2.6	1.9	2.6	0.8	0.7	2.2	2.9	12.8	15.1
강원	6.9	5.4	3.8	−1.2	1.5	−6.2	4.0	−3.2	35.7	−24.2
제주	2.1	2.2	0.4	−0.7	−2.7	−9.8	−2.6	−9.2	−6.0	−34.6
충북	2.3	−1.6	0.7	−3.8	0.5	−5.9	1.6	−4.9	11.7	−42.1
세종	–	–	–	–	−4.9	−13.5	−3.0	−7.7	−15.2	−43.1
충남	0.4	−8.8	−0.5	−8.4	−0.7	−10.1	−0.3	−11.1	−2.8	−89.6
합계	77.0	82.9	47.9	31.0	22.7	−33.0	41.7	−0.9	436.2	149.1

자료: 통계청

그림 25 | 20~30대 권역 간 순이동

(천 명)

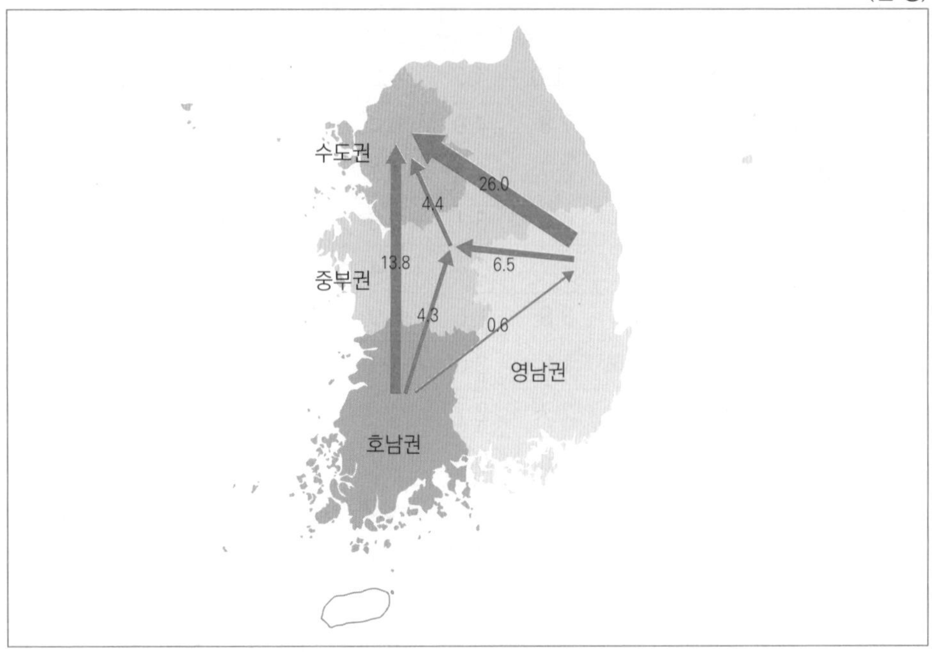

주: 2016년, 제주(순유입 4.7) 제외
자료: 통계청

그림 26 | 국내 인구이동 데이터 시각화[주)]

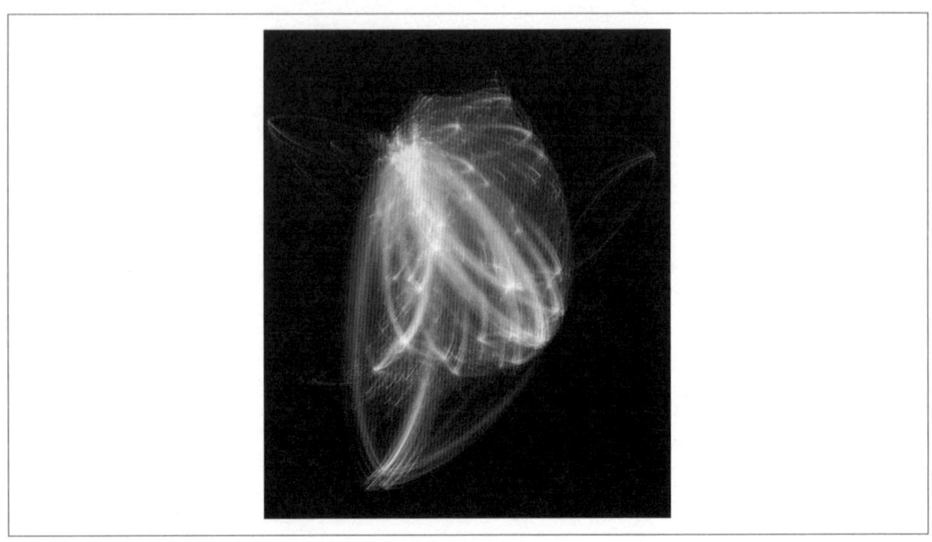

주: 총인구, 시계방향의 인구이동
자료: 김승범

그림 27 | 서울·대전 인구이동 데이터 시각화주)

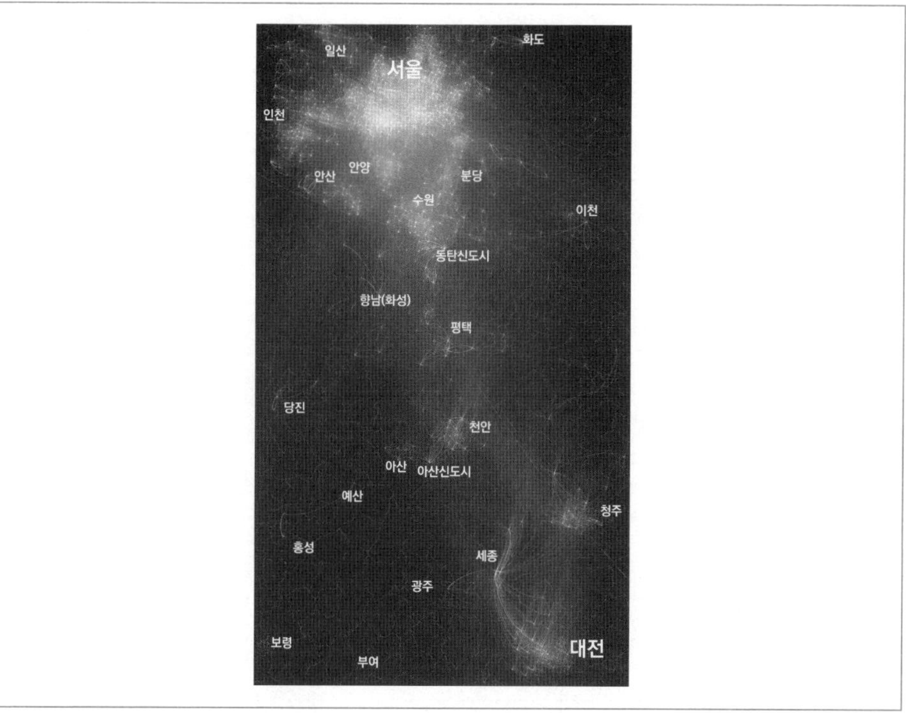

주: 총인구, 시계방향의 인구이동
자료: 김승범

Ⓑ 수도권 인구 집중의 주요 원인

ⓐ 수도권과 지방의 경제 및 생활 여건 격차

수도권과 지방 간에는 취업 및 임금, 대학진학, 문화 및 서비스 인프라 등에 있어 상당한 격차가 존재하는 것으로 나타났다. 우선, 취업 및 임금 현황을 보면 수도권의 젊은 층 고용률(2016년)은 68.5%로 지방(65.6%)을 상회하고 있으며 전체 청년 취업자의 54.3%(2015년)가 수도권에 분포하고 있다. 젊은 층 임금도 수도권(월평균 254만 원)이 지방(230만 원)에 비해 높은 수준이다.

수도권 및 지방의 젊은 층주) 고용률 추이	청년(15~29세) 취업자의 지역별 분포
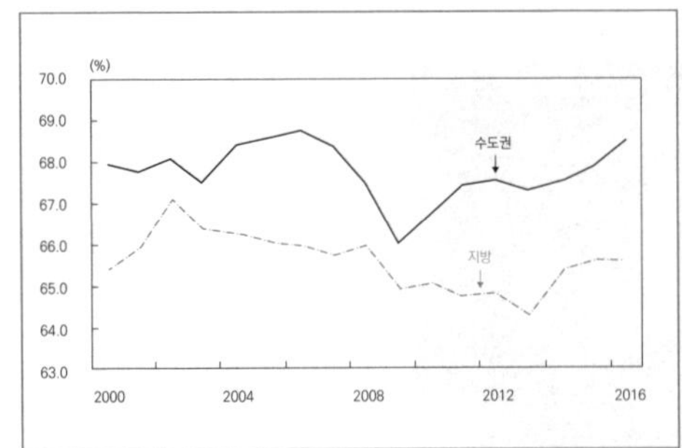	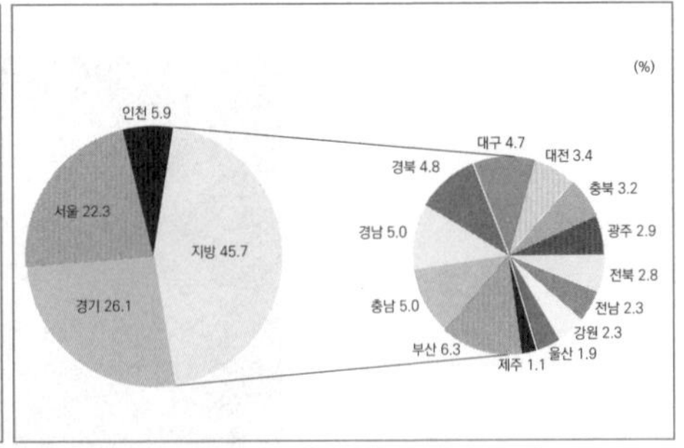
주: 20~30대 기준 자료: 통계청 자료로 자체 시산	주: 2015년 기준 자료: 한국고용정보원

그림 28 | 수도권 및 지방의 젊은 층 월평균 임금주)

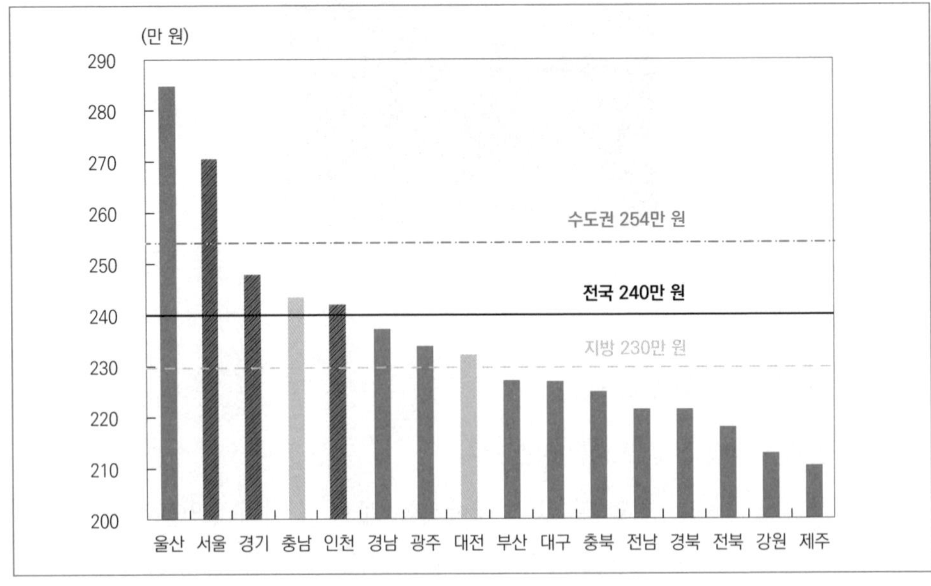

주: 2015년 20~30대 상용근로자 기준
자료: 2015 하반기 지역별고용조사

다음으로 진학 현황을 보면 수도권은 전체 대학교 및 대학원 수의 48.3%(2016년), 대학 및 대학원생 수의 40.2%를 각각 차지하고 있으며 대학평가 30위권 내 대학도 다수(22개 대학) 소재하고 있는 것으로 나타났다.

지역별 대학교 및 대학원 수

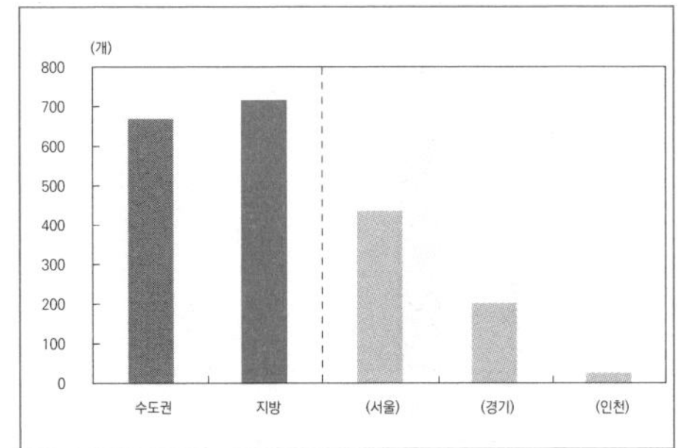

주: 2016년 기준
자료: 한국교육개발원, 교육기본통계

지역별 대학 및 대학원생 수

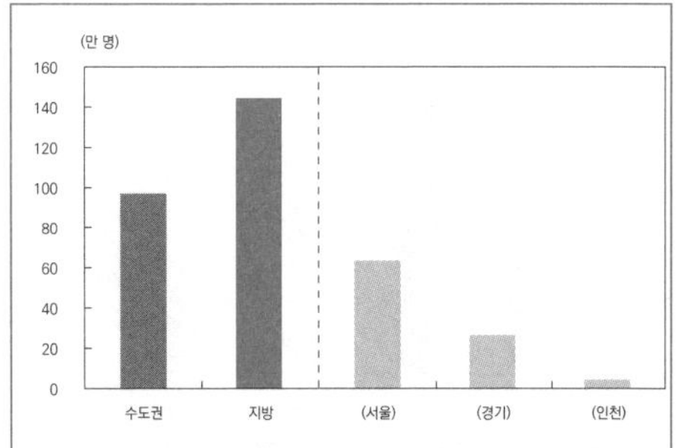

주: 2016년 기준
자료: 한국교육개발원, 교육기본통계

그림 29 | 전국 대학평가 30위권 소재지

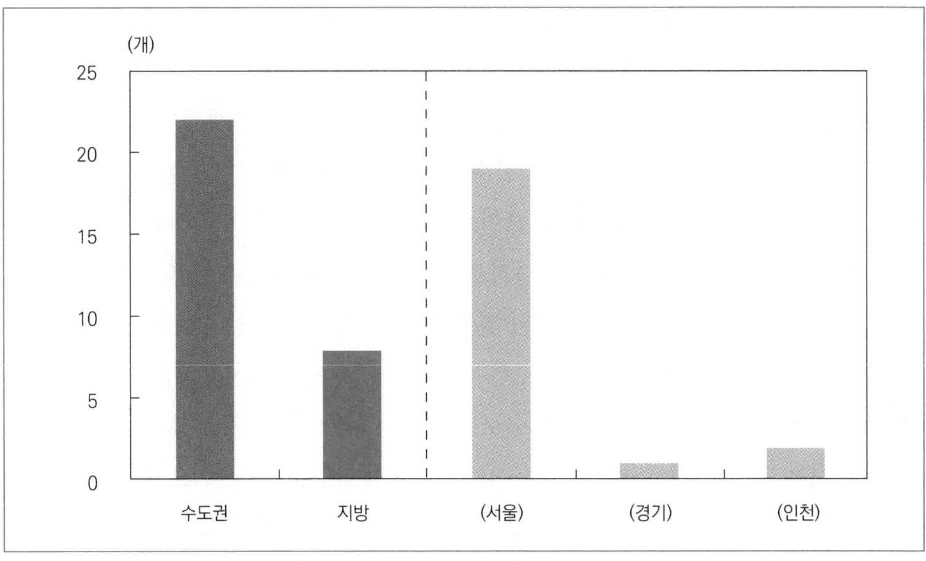

자료: 중앙일보 대학평가(2016)

마지막으로 문화·의료 기반시설을 비교해 보면, 수도권에는 전체 문화·체육 시설의 36.9%(체육관 35.3%, 박물관 37.2%, 미술관 43.1%)가 위치해 있으며 종합병원 및 일반병원도 39.6%(각각 39.9%, 39.6%)가 집중되어 있다.

문화 및 체육시설 현황주)

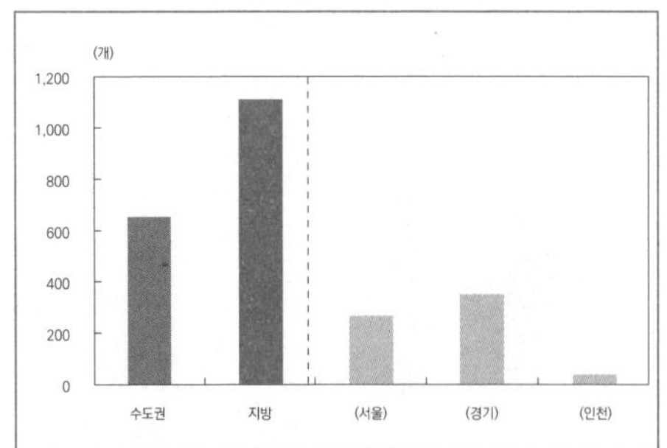

주: 2013년 기준
자료: 행정자치부, 한국도시통계

종합병원 및 일반병원 현황

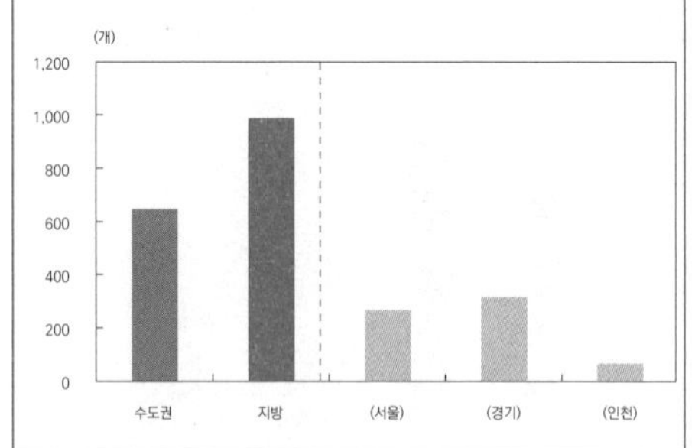

주: 2013년 기준
자료: 행정자치부, 한국도시통계

(b) 지방에서 수도권으로의 인구이동 요인 실증분석

지방에서 수도권으로의 인구이동 결정요인을 분석하기 위해 아래와 같은 인구이동 결정요인 분석 모형을 활용하였다.

이찬영(2016), 김현아(2008) 등의 연구에서 이용되었던 순재정편익 분석 모형에 따르면 인구이동에 영향을 주는 변수를 Todaro(1981)의 민간부문(금전적) 요인과 Tiebout(1956)의 공공부문(공공재 혜택) 요인으로 구분할 수 있다. 민간부문 요인은 취업가능성, 기대소득 등 고용여건과 직접적으로 연관이 있고 공공부문 요인은 해당지역의 정주여건 내지 제도적 기반 등 삶의 질에 영향을 주는 외부 환경과 관련되어 있다.

본 연구에서는 민간부문의 변수로는 각 지역의 고용률, 임금수준, 양질의 일자리 비중을 사용하며, 공공부문의 변수로는 전세 가격지수, 도로포장률, 문화서비스 혜택, 사회복지혜택, 의료시설의 사용 용이성, 교육여건을 이용하고, 주 분석대상인 20~30대 인구이동 결정요인을 중심으로 패널분석을 실시하였다.

표 15 | 설명변수의 자료[주)] **출처 및 변수 생성방법**

설명변수	자료 출처
고용률	통계청의 연령별 고용률
임금	고용노동부에 제공하는 사업체노동력조사의 행정구역별 5인 이상 사업체 규모의 상용근로자 평균임금
양질의 일자리 비중	전체취업자 대비 100인 이상 사업체에 근무하는 취업자 비중
도로포장률, 인구 십만 명당 문화기반시설 수, 인구 십만 명당 사회복지시설 수, 인구 천 명당 대학교 재학생 수	통계청의 e-지방지표
전세가격	국민은행 지역별 전세종합가격지수

주: 2004~15년 16개 시·도 기준

실증분석 결과, 양질의 일자리비중 등 민간부문 요인, 문화기반시설 수 등 공공부문 요인 모두 인구이동에 상당한 영향을 미치는 것으로 나타났다. 민간부문 요인의 경우 전 연령대에서 양질의 일자리비중이 유인요인으로 작용한 가운데 20~30대에서는 양질의 일자리비중과 임금, 40~50대에서는 고용률이 각각 인구이동에 크게 영향을 주는 것으로 나타났다. 공공부문 요인의 경우 연령대와 상관없이 도로포장률, 문화기반시설 수, 의료기관병상 수, 대학생 수 등 삶의 질에 대한 제반 여건 등이 각각 인구이동에 유의한 영향을 주었다. 다만 주거비용의 대용변수로 사용한 전세가격 및 사회복지시설은 전 연령대에서 인구를 밀어내는 효과(push)가 큰 반면 문화기반시설은 유인효과(pull)가 있는 것으로 나타났다. 특히 지방과 수도권 간 인구이동에서 젊은 층(20~30대)은 임금 및 양질의 일자리에 더 민감하게 반응하는 것으로 나타났다. 수도권의 임금이 지방보다 10% 정도 높을 경우 수도권으로의 젊은 층 인구순유입률은 0.0206% 증가하는 것으로 분석되었으며 또한 양질의 일자리비중이 10%p 높을 경우 수도권으로의 젊은 층 인구순유입률은 0.0226% 증가하여 전 연령대(0.0142%)보다 민감하게 반응하는 것으로 나타났다.

요약하면, 삶의 질 여건이 전 연령대에서 유의한 영향을 미치는 가운데 고용 여건의 경우에는 20~30대는 고용가능성(고용률)보다 생애전반에 걸친 유무형의 기대소득(임금, 양질의 일자리 비중), 40~50대는 기대소득보다 고용가능성이 거주지 선택의 중요 결정 요인으로 작용하는 것으로 분석되었다.

표 16 | 지방·수도권 간 인구이동 결정요인 분석결과

		전 연령대	20~30대	40~50대
고용여건	고용률	0.017 (0.17)	-0.586*** (0.15)	0.438*** (0.12)
	임금	-0.063 (0.11)	0.206* (0.14)	-0.240*** (0.08)
	양질의 일자리비중	0.142*** (0.48)	0.226*** (0.06)	0.05 (0.04)
삶의 질 여건	전세가격	-0.335*** (0.04)	-0.391*** (0.06)	-0.257*** (0.03)
	도로포장률	0.346*** (0.86)	0.217** (0.11)	0.311*** (0.06)
	문화기반시설 수	0.055*** (0.01)	0.062*** (0.01)	0.045*** (0.01)
	사회복지시설 수	-0.077*** (0.01)	-0.098*** (0.01)	-0.057*** (0.01)
	의료기관병상 수	0.123*** (0.02)	0.117*** (0.03)	0.081*** (0.02)
	대학생 수	0.127*** (0.02)	0.138*** (0.03)	0.068*** (0.02)
하우스만(Chi2)		175.69	183.84	87.23
Prob〉 Chi2		0.00	0.00	0.00
표본 수		936	936	936
R2		0.721	0.840	0.785

주: 1) 하우스만 검정 시 귀무가설을 받아들이면 확률효과 모형을, 기각하면 고정효과 모형을 선택하여 기술
2) ***, **, *는 각각 유의수준 1%, 5%, 15%를 의미

④ 우리나라 인구절벽과 지방소멸의 주요 요인 요약

인구절벽과 지방소멸을 동시에 초래하는 저출산, 젊은 층의 수도권집중, 수도권의 초저출산 등의 현황 및 요인은 아래와 같이 나타났다.

우선, 저출산의 경우 2023년 합계출산율이 0.72명으로 인구대체출산율(2.1명)을 크게 하회하고 있는데 이는 OECD평균(2021년 1.58명)에도 크게 못 미치는 등 세계 최저 수준이다. 한국 저출산 문제는 청년층의 가치관 변화, 고용불안 등으로 결혼에 소극적인 데다 결혼부부도 교육비 등 경제적 부담으로 출산율 갭(희망출산율 - 실제출산

율)이 매우 높은 데 주로 기인하는 것으로 보인다. 다음으로 젊은 층의 수도권 집중의 경우 지난 10년간('07~'16) 지방 젊은 층(20~39세 기준)의 수도권 유입인구는 43.6만 명으로 총인구 기준 유입규모(14.9만 명)를 상회(베이비부머 등은 은퇴 이후 수도권으로부터 유출)하였다. 젊은 층의 수도권 집중은 수도권과 지방 간 소득과 정주여건 격차에 주로 기인하며, 수도권 이동 요인을 인구이동 순편익 모형(순재정편익)을 이용하여 분석한 결과, 고용·삶의 질 여건이 주요 요인으로 추정된 가운데 20~30대는 임금 및 양질의 일자리가 유의한 것으로 나타났다. 마지막으로 수도권의 초저출산의 경우 수도권과 지방의 출산율 배율(수도권/지방)은 1995년 최초로 기준치(1.0배)를 하회한 후 2015년에는 0.85배까지 하락하였다. 이는 수도권 인구집중으로 인한 주거비 및 교육비 부담 증가에 따른 수도권 거주 젊은 층의 결혼 및 출산 기피 등에 주로 기인하는 것으로 보인다.

표 17 | 지방·수도권 간 인구이동 결정요인

		고용 여건	삶의 질 여건
20~30대	Pull 요인	임금, 양질의 일자리 비중	도로포장률, 문화기반시설 수, 의료기관병상 수, 대학생 수
	Push 요인		전세가격, 사회복지시설 수
40~50대	Pull 요인	고용률	도로포장률, 문화기반시설 수, 의료기관병상 수, 대학생 수
	Push 요인		전세가격, 사회복지시설 수
총 인구	Pull 요인	양질의 일자리 비중	도로포장률, 문화기반시설 수, 의료기관병상 수, 대학생 수
	Push 요인		전세가격, 사회복지시설 수

주: 실증분석 결과를 요약 정리

5 인구절별과 지방소멸 관련 우리나라에의 시사점

최근 주요 국가들은 저출산·고령화에 따른 생산인구감소와 지방소멸에 대응하여 출산율 제고, 지방 인구 유출 방지 등에 주력하고 있다.

일본은 인구감소 사회에 대한 대응과 도쿄 일극집중에 대한 대책 Two-track으로 정책역량을 집중하고 있으며, 독일, 중국 등도 생산가능인구를 증대하기 위해 법·사회·경제적 구조개혁을 추진 중에 있다. 특히 일본은 인구감소와 지방소멸 대책을 경제 및 재정 운영과 개혁의 핵심과제로 설정하고 저출산·지방소멸 리스크를 국민 전체가 공유하고 향후 안정된 인구규모 확보에 노력하고 있다. 특히 저출산에 따른 인구감소 극복과 지방 활력 촉진을 통한 도쿄 일극집중 경향을 방지할 종합정책을 추진하고 있다. 일본의 인구감소 대책으로는 기존 합계출산율이 아닌 일반인들의 공감하는 희망출산율[9]의 개념을 정의하고 이를 정책 목표화하고 있다. 젊은 층의 결혼, 출산, 육아에 지장을 주는 위협요인을 제거하고 젊은 층이 가정을 이루기 쉬운 환경을 조성하기 위해 고용·수입의 안정, 육아(남성의 육아참가를 촉진하고 장시간 노동을 개혁) 등을 지원하고 있다. 한편 수도권 일극집중에 대한 대책으로 지방 인구감소의 최대요인은 젊은 층의 대도시로의 유출이며 이는 국가 전체의 저출산에 영향을 미치므로 젊은 층의 인구이동 패턴에 변화를 줌으로써 수도권 일극집중을 방지하려 하고 있다. 이를 위해 젊은 층에게 매력있는 지역거점도시에 투자와 시책을 집중하는 등 지역의 다양한 시책 지원하고 있다. 예를 들어 ① 인구감소에 대응한 새로운 집적구조 구축을 위해 「컴팩트 거점」과 「네트워크」 형성, 지자체의 「지역연계」, 「지방법인과세개혁」 등을, ② 지역경제 지원 기반 구축을 위해 지역자원을 활용한 산업육성, 장인의 지방으로 이주 지원, 농림수산업의 부가가치 제고에, ③ 지방 이주를 위한 매력구축 사업으로 지방대학의 구조조정을 통한 경쟁력 제고, 지방기업 취업지원, 「전국이주지도(map)」 제작, 고향납세(후루사토납세) 추진, 도시로부터의 지방 이주자 지원 우대세제, 관광진흥 등을 지원, 추진하고 있다.

독일, 중국 등 주요국들도 생산가능인구를 증대하기 위해 법·사회·경제적 구조개혁을 추진하고 있는 상황이다. 독일은 기혼여성 시간제 종사의 원인인 보육부담[독일 여성의 40% 이상이 보육부담으로 시간제에 종사(European Commission, '16년)]을 완화하기 위해 금전·세제 지원 및 전일제 보육서비스 등을 강화하고 전문인력을 중심으로 비EU출신자 취업 이민 허용[「이민법」 개정 2005년, 최근에는 정치적 난민에 대한 수용정책 발표「We can do it」 2015년)]하였다. 중국은 두 자녀를 출산할 수 있도록 한자녀 인구정책(「계획생육」)을 점진적으로 완화('13년 예외적 허용, '15년 전면 허용)할 계획이다.

한국도 일본 등 주요국 사례에 비추어 지방소멸이 지방의 문제만이 아닌 수도권

---

9 희망출산율은 기존 정책의 타당성을 판단하는 지표인 합계출산율이 아닌 결혼 유무를 포괄하는 광의의 개념으로 정책평가지표로서 활용이 가능하다.
희망출산율=〔(기혼자 비율 × 부부의 예정 아이 수) + (미혼자비율 × 미혼자 중 결혼희망 비율 × 미결혼 여성의 이상적으로 생각하는 아이 수)〕 × 이별 등 효과

인구감소의 직접적 요인임을 인지하고 출산율 제고와 수도권 일극 집중화 방지대책을 동시에 추진할 필요가 있다. 특히 지방에서 수도권으로의 인구유출을 최소화하거나 인구유입을 활성화하기 위해 연령대별 인구이동 결정요인을 정책에 반영할 필요가 있다. 청년층의 인구이동 관련 정책은 일자리의 질에, 중장년층은 일자리 양 중심의 맞춤형 정책을 추진하는 것이 바람직할 것으로 보인다.

출산율 제고를 위해서는 결혼을 희망하는 젊은 층에 대한 고용정책과 기혼 층의 희망출산을 지원하는 출산정책을 병행 추진하여 출산율을 제고할 필요가 있다. 결혼 및 주택에 대한 자금지원, 안정적 일자리 제공 등을 통해 젊은 층의 조기 결혼을 유도하고 특히 기혼 층에게는 결혼·육아·교육 비용에 대한 세제혜택·금전보조 등으로 희망출산 지원 및 보육환경을 개선할 필요가 있다. 한편 개인 소득불균형 심화는 출산율에 부정적 영향[「여성노동-출산 및 양육행태와 정책과제(2015년)」, 한국보건사회연구원]을 미치는 것으로 나타났으므로 국가차원의 개선노력을 강구해야 하겠다.

지방에서 수도권으로의 인구유출을 방지하고 유입을 활성화하기 위해서는 각각의 연령대별 인구이동 결정요인에 맞춰 정책을 추진함이 바람직해 보인다. 청년층의 인구이동 관련 정책은 일자리의 질에, 중장년층은 일자리의 양에 초점을 맞춰 맞춤형 정책을 추진하고 삶의 질과 연관되어 있는 제반 요인(전세가격, 문화서비스 혜택, 의료서비스 혜택, 교육여건, 도로포장률 등)도 인구이동에 유의한 영향을 미치고 있으므로 관련 인프라를 확충하거나 개선할 필요가 있다.

이를 위해 국가균형 발전정책을 수도권과 지방의 상생발전 차원에서 보다 강력하게 추진할 필요가 있다. 아울러 젊은 층의 수도권 집중을 분산시키기 위해 이들이 선호하는 지역거점도시 육성도 검토해 볼 필요가 있다. 일본은 지역생존을 위한 모델로 산업유치형, 베드타운형, 학원도시형, 콤팩트시티형[10], 공공재 주도형, 산업개발형의 6개 모델을 제시하고 있다. 또한 여성이 결혼 및 출산 후에도 일할 수 있는 노마드워크(Nomad work)[11] 및 제4소비사회[12] 도래에 대응한 지역구조의 변화를 모색할 필요가 있다.

---

10 장래인구감소를 예측하여 기존 거리의 기능을 중심지에 집약하여 지역 경제의 효율화를 지향하는 도시 개념이다.

11 사무실 등 일정한 장소에서 계속 일하는 것이 아니라 카페, 도서관 등 선호하는 장소에서 원하는 시간에 일하는 방식이다.

12 물건이나 장소를 다른 사람과 공유함으로써 서로 간에 소통이 이루어지는 것에 기쁨을 느끼는 시대로 카 셰어링이나 셰어하우스 등이 대표적인 사례이다.

2. 일본의 지역경제 활성화

1 일본의 지역경제 활성화 전략

일본 정부(경제산업성)는 변화하는 국내외 여건에 맞추어 향후 중장기적으로 경제성장을 지속해 나가기 위한 국가전략으로 '신경제성장전략'을 발표한 바 있다.

신경제성장전략은 기업의 국제경쟁력 확보를 위한 '국제산업전략'과 '지역활성화전략'을 두 축으로 함으로써 향후 지속성장을 위해서는 지역경제 발전이 핵심적인 과제임을 명시하고 있다.

그 가운데 지역활성화전략으로서는 ① 지역활성화를 도모하기 위한 정책방향, ② 지역중소기업 활성화 및 ③ 서비스산업 혁신의 세 가지 과제를 제시하고 있다.

지역경제 활성화를 위해서는 무엇보다도 올바른 정책을 수립하여 일관성있게 중장기적으로 추진하는 것이 바탕이 되어야 함을 강조하고 있다. 아울러 지역경제의 핵심을 이루는 중소기업이 활성화되어야 하고 제조업 위주에서 벗어나 서비스업도 균형있게 육성되어야 함을 제시하고 있다.

특히 이들 전략은 구호중심의 선언적 제시가 아닌 구체적이고 미시적인 시책을 포함하는 동시에 그동안의 경험에서 얻은 사례들을 함께 소개하고 있어, 우리나라 균형발전 및 지역경제 활성화의 참고자료로 활용될 수 있을 것으로 보인다.

2 지역활성화를 위한 정책방향

일본의 출산율 감소, 고령화, 경제의 글로벌화 진전 등은 지역 간 발전 격차를 확대시켜 지역 간 구조적 불균형을 심화시킬 가능성이 높다. 이에 대처하여 지역에서도 국제경쟁력이 있는 우수한 산업 및 기업을 전략적으로 육성하고 지역자원을 활용하여 특징있는 발전을 도모하는 한편 지역산업이 자립적으로 성장할 수 있는 체제를 구축할 필요가 있다.

일본 전체 국가차원에서는 차세대 선도산업의 발전을 도모하고 지역차원에서는 기업의 국제경쟁력 강화뿐 아니라 지역자원을 활용한 특색있는 발전을 통해 지역경제의 자립화 도모하는 것이 중요하다.

특히 지자체는 기업유치, 사회기반시설 정비뿐만 아니라 지역 산업구조 특색에 입각한 중장기 산업진흥책을 수립하고 종합적인 지역전략을 구비해야 한다. 이와 같이 국가차원에서 국제경쟁력 강화를 위한 산업정책을 추진하는 한편 지역도 지역 활성화를 위한 산업정책을 실시함으로써 양자의 상승효과를 통해 산업경쟁력 향상과 지역활성화를 동시에 달성할 수 있다. 즉, Two-track의 전략이 중요하다고 할 수 있겠다.

구체적으로는 여러 지자체가 함께 권역을 형성하여 지역산업 활성화를 추진하고 취업달성도를 새로운 정책목표로 설정하며, 여건변화에 부응한 산업정책을 추진하는 한편 재정면에서 자립적이고 안정적인 기반을 구축하는 것이 중요하다.

① 광역단위의 지역활성화 시책 추진

지역의 산업 육성 및 경제활성화는 행정구역단위가 아니라 지자체별 경계를 넘어 사회·경제적 공통성을 가지는 복수 지자체가 권역을 형성하여 추진하는 것이 효과적이다. 경제적 측면에서 공통성을 가지는 복수 지자체가 권역을 형성하고 각 지자체가 각자의 역할을 분담하여 공통의 지역활성화 사업을 추진하고 국가도 이를 지원하는 것이 바람직하다.

구체적인 예를 들어 설명하면 아래와 같은 지역이 대표적이다.

도쿄, 카나가와 및 사이타마현 서부에 걸치는 TAMA 지역은 22市町에 걸쳐 연구개발형 기업이 다수 입지하고 있다. 이 TAMA(Technology Advanced Metropolitan Area)지역은 일본 수도권에 2만 개 이상의 제조기업들이 모여 형성한 개발형 집적거점이다.

다음으로 츠쿠바(筑波) 및 케이한나(京阪奈)지역이다. 이 지역은 지자체 경계를 넘어 연구시설 및 대학이 집적한 곳이다. 미카와(三河) 및 하마마츠(浜松)지역은 자동차 관련기업이 입지하고 있다. 마지막으로 히다타카야마(飛騨高山) 지역은 3개의 市村(합병전은 15개 市町村)에 걸쳐 관광산업을 축으로 공통의 권역을 구축하고 있다.

② 「취업달성도」를 새로운 정책목표지표로 설정

대기업 공장을 유치하거나 소득이 높은 고용을 확대하는 것만이 지역개발이 아니라 소득이 작더라도 주어진 자연환경을 토대로 보람있는 일자리를 창출하는 것도 지역개발로 인식할 필요가 있다.

이와 같은 발상에 의할 경우 농업 등 지역산업의 일자리도 대기업 고용과 같은 가치를 가지게 되며 기업뿐만 아니라 자원봉사, 비영리단체에서의 활동 등도 일자리로서 의미를 갖게 된다. 또한 정규직뿐만 아니라 고령자 전업주부 학생 등을 포함한 지역주민의 파트타임 근로, 자원봉사활동 등도 중요한 경제활동에 해당한다.

이러한 인식에 기반한 양질의 고용기회 제공 정도를 지역활성화의 지표로 활용할 수 있도록 65세 이상의 고령자를 포함한 '취업률'에 '취업만족도' 등을 추가하여 「취업달성도」로 지표화하고 이 지표의 전년대비 또는 타 지역과의 격차 등을 지역활성화의 목표로 설정하는 방안을 검토할 필요가 있다.

3 지역산업정책

지역경제의 지속적 성장을 위해서는 타 지역을 시장으로 하는 산업(역외시장산업)으로 소득을 창출하고 그 소득이 지역을 시장으로 하는 산업(역내시장산업)에 의해 지역 내에서 순환하도록 하는 것이 중요하다.

즉 역외시장산업과 역내시장산업이 자동차의 양축과 같이 잘 조화되도록 하는 것이 중요하다고 하겠다.

그러나 지역사회의 인구가 감소하는 시기에 접어들어 지역수요에 의존하는 역내시장산업은 점차 위축되므로 국내 여타지역과 해외시장을 대상으로 하여 인구감소의 영향을 상대적으로 덜 받는 역외시장산업의 발전을 도모하는 것이 매우 중요하다.

가 「산업클러스터 계획」 추진

'산업클러스터계획'은 각 지역의 기업 대학 연구기관 등이 네트워크를 형성하여 기업간 제휴, 산관학 제휴 등을 통해 새로운 사업이 계속 창출되도록 유도하는 것이다. 제1기 계획(2001~05년)에 대한 평가를 토대로 종전 19개 프로젝트를 17개 프로젝트로 재편(기존 5개 통폐합, 3개 신설)하고 5년간 4만 개의 신사업 창출, 각 프로젝트별 매출액 및 창업기업 수 등 구체적 수치목표를 설정하였다.

나 지방활성화 종합계획 실행

자동차, 전자 등 국제경쟁력이 있는 산업 뿐만 아니라 생활관련제조업(섬유, 목제품, 식품 등), 1차산업, 관광산업, 도시정비, 커뮤니티 비즈니스 등 지역자원을 활용하는 사업의 활성화를 종합적으로 추진한다. 여기에서 커뮤니티 비즈니스란 지역주민이 주체가 되어 지역문제를 비즈니스 기법에 의해 해결하여 지역사회의 재생과 지역경제 활성화를 도모하는 사업을 총칭하는 것이다. 이를 통해 지역 핵심사업을 육성함과 아울러 향후 5년간 1,000개의 신사업 창출을 목표로 하고 있다.

Ⓐ 제조업, 1차산업 등의 새로운 발전전략 모색

섬유, 목제품, 도자기, 종이제품 등 제조업은 일본 지역경제에서 큰 비중을 점하여 왔으나 최근 저가 수입품의 증가로 큰 타격을 받고 있는 실정이다. 그러나 이 같은 산업도 풍부한 소비시장을 가지고 있는 유럽의 경우 질이 높고 디자인이 좋은 수출상품이 적지 않으며 고품질·고가격의 분야에서 국제경쟁력을 갖춘 산업으로 정착하고 있다. 예를 들어 이탈리아는 섬유 가구 및 식품, 프랑스는 식품, 스웨덴과 핀란드는 가구가 수출산업이다.

이러한 점에 비추어 보면 시장수요에 맞춘 기능과 디자인 혁신, 신기술·신상품 및 지역브랜드 개발, 새로운 판로, 유통경로 구축 등을 통해 전국 및 해외시장에서 경쟁할 수 있는 사업 기회가 상존한다고 하겠다.

특히 1차산업과 식품산업의 경우 농업과 제조업의 제휴가 바람직하며 이를 통해 IT BT 등 첨단기술을 활용한 생산기술, 새로운 식품 또는 생산기계, 의료품, 화장품 등의 개발을 도모할 필요가 있다.

예시

- **고급화장붓** : 섬유A사는 오랜 역사를 가지고 있는 지역의 붓 만드는 기술을 활용하여 고급화장붓을 개발
- **바다 햄** : 지역에 풍부한 참치를 이용하여 맛과 씹히는 감이 그대로 살아있는 햄을 만들어 지역브랜드로 판매
- **초콜릿** : 홋카이도 삿포로시의 식품사는 지역에 풍부한 우유를 사용하여 양질의 초코릿을 생산 · 판매
  판매체제는 직영점과 소매점 직판을 통해 지역 내로 한정하되 여타 지역에 대해서는 통신판매(전체 매출의 30% 이상)
- **멜론젤리** : 홋카이도 수나카와시의 식품사는 인근지역에서 생산되는 멜론을 독자적으로 개발한 기술로 가공하여 멜론의 맛과 싱싱함을 과자로 재현(세계적 식품경연대회인 Mondo Selection에서 금상 수상)
- **자동사료투여장치** : 홋카이도 식품사는 IT기술을 활용하여 젖소 등에게 사료를 자동으로 투여하고 자택에서 먹이 시간 및 투여량를 관리하며 문제 발생 시 휴대전화로 메시지를 송신하는 장치를 개발

Ⓑ 관광산업화 추진

현지에서는 흔한 것으로 여겨지는 지역자원을 새로운 아이디어로 개발하면 추가적인 일자리와 소득의 창출이 가능하다. 주민과 자치체의 다양한 아이디어를 모을 경우 관광산업은 비교적 실행하기 쉬운 지역활성화 대책이 될 수 있다. 여행대리점, 숙박시

설 및 교통기관뿐만 아니라 제조업, 건강관련산업 등 지금까지 관광업으로 인식하지 않았던 다른 업종과의 연계를 통해 폭넓은 관광산업의 개념을 정립할 필요가 있다.

최근의 관광은 종전 자연경관, 역사유물 등을 관람하는 데서 벗어나 일상에서 맛볼 수 없는 체험, 장기체재(long stay) 등으로 확대되고 있다. 특히 인공테마파크, 지역상품의 제조과정 견학, 농림어업 체험, 상품구입, 맛기행 등을 함께 즐길 수 있는 종합시설이나 산업·문화 컨텐츠를 갖춘 관광포인트 등이 인기를 얻는 추세이다. 따라서 우수한 코디네이터, 프로듀서 또는 코디네이터 매니지먼트기관을 육성·활용하고 지역의 문화·역사를 설명할 수 있는 관광가이드의 양성 등도 필요하다.

관광컨텐츠의 구체적 사례

- 지역의 문화 · 역사를 보여주는 박물관 및 자료관
- 지역상품의 제조공정 견학, 작업체험, 상품구입, 음식 시식 등이 가능한 종합시설 관광
- 산업시설 및 기업을 견학하는 등 해당 산업 및 기업의 PR과 관광을 결합한 산업관광
- 농림·어업 등 지역산업의 작업체험과 농가·어가에서의 숙박체험을 상품화한 관광
- 낚시, 승마, 카누, 카약 등의 엔터테인먼트 스포츠와 관광의 결합
- 전통적인 낡은 건물, 옛마을 등의 관광
- 영화 로케 유치 등을 통한 작품의 엔터테인먼트성을 활용한 관광
- 장기요양, 인공투석 등을 포함한 의료서비스나 마사지 등 건강서비스를 관광과 결합
- 자연, 역사, 문화, 풍경 등을 테마로 「방문하는 사람」과 「맞이하는 지역」 간 교류를 통해 지역 커뮤니티의 재생을 지향

Ⓒ 도시정비 프로젝트 추진

효과적인 지역경제 발전을 위해서는 해외를 포함한 역외로부터 얻은 소득을 가능한 한 지역 내에서 순환시키는 것이 중요하다. 이를 위해 중심시가지의 Compact City화를 추진하고 관광객 유치를 위해 상점가를 정비할 필요가 있다. Compact City란 도시중심에 행정, 의료 등 모든 시설을 집중시킨 중심시가지를 의미한다.

Ⓓ 커뮤니티 비즈니스 진흥

커뮤니티 비즈니스란 지역주민이 주체가 되어 지역문제를 비즈니스 기법에 의해 해결하여 지역사회의 재생과 지역경제 활성화를 도모하는 사업을 총칭한다.

최근 많은 지역에서 지역의 사회적 문제 해결, 지역 생활문화 자원의 활용 등을 위한 커뮤니티 비즈니스가 만들어지는 추세이다. 이 같은 커뮤니티 비즈니스는 고령자 및 여성을 포함한 주민들에게 만족도 높은 취업기회를 제공한다. 또한 간호, 복지 및 육아지원 등 생활관련 비즈니스의 경우 공적 서비스의 새로운 파트너로서의 역할도 기대된다.

참고 지역활성화에 중요한 산업의 지역유형별 예시

(1) 도쿄를 중심으로 한 지역

□ 이 지역은 자동차, 전기·전자, 금속, 석유화학, 정보통신업 등 서비스업 등 국제경쟁력이 있는 기업 본사가 집적

⇒ 이들 기업을 역외시장산업으로 계속 육성

(2) 주요 대도시지역

□ 주요 도시(예: 센다이, 나고야, 오사카, 히로시마, 후쿠오카, 쿠마모토 등) 및 인접 지역은 국제경쟁력 높은 자동차, 전기 · 전자 등 국제경쟁력있는 기업이 집중

⇒ 이들 기업을 역외시장산업으로 계속 육성

(3) 지방핵심도시를 중심으로 한 지역

□ 섬유, 목제품, 식품, 도자기, 종이제품 등 생활관련 제조업이 집적되어 있거나 지역에 따라 관광업, 상업, 서비스업이 주요 산업으로 입지

⇒ 이제까지 중시되지 못한 이들 기업이 해외시장에도 진출하도록 역외시장산업으로 육성

(4) 지방중소도시를 중심으로 한 지역

□ 제조업이 있어도 산업집적이 부족하여 주요 산업으로 성장하지 못하고 상업, 서비스업 등이 지역경제를 지탱

⇒ 역외시장산업으로 1차산업, 식품산업, 관광업 등을 육성

(5) 산간지역

□ 주로 1차 산업이나 관광업에 의존

⇒ 농업과 제조업의 제휴, 1차산업품의 역외 및 해외시장 판매 등을 추진

다 공적서비스의 비용절감 · 질적 향상과 고령자 · 여성인력 활용

Ⓐ 지역자립형 공적서비스 사업 추진

의료, 복지, 간호 등 공공서비스의 경우 공급의 효율화 및 비용절감을 위해 중심도시를 핵으로 하여 인근 지역까지 광역화한 공급체제를 구축한다. 공공시설의 집약화 및 기능 분담, 민간위탁, 민관합작(PPP: Public Private Partnership) 등을 활용하는 것도 가능하다. 커뮤니티 비즈니스를 적극 활용하고 주민 특히 고령자 및 여성의 참여를 촉진할 필요가 있다.

Ⓑ 전문직 은퇴자 활용

지방 중소도시는 의료, 복지, 교육 부문의 전문 인력이 부족하므로 전문지식을 가진 60대의 은퇴자를 지방으로 유치하는 것을 검토할 필요가 있다. 이들 은퇴자가 중심시가지에 정주하도록 유도하고 이를 위해 주민세 등을 감면하는 방안을 검토해 볼 만하다.

4 지자체의 자립적 · 안정적 지역경영기반 정비

총생산 및 인구 감소가 지속되고 있는 만큼, 지자체의 자립적이고 안정적인 지역경영기반을 구축할 필요가 있다.

가 지역의 노력이 보상받는 지방교부세 제도 구축

현행 지방교부세 제도는 지방정부의 재정수요에서 재정수입을 공제한 차액에 비례하여 산정되기 때문에 지자체가 세수를 확대하거나 행정개혁을 통해 세출을 삭감하려는 인센티브가 작동하기 어려운 한계가 있다.

따라서 지자체에 대한 통합성과평가시스템을 구축하여 지자체의 경영노력에 의한 增收 등 성과에 따라 중앙의 행·재정 인센티브를 추가하는 방안을 검토할 필요가 있다.

이와 관련한 평가지표로는 고용창출을 통한 실업률 감소, 행정개혁 건수 등을 활용하는 것이 가능할 것으로 보인다.

그림 30 | 지방 세수구조의 국제비교

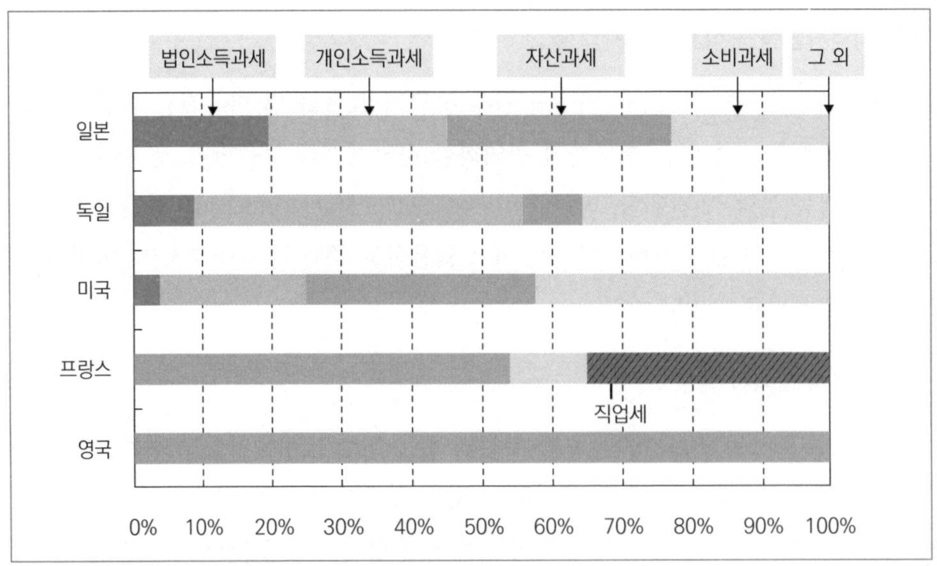

나 지방 법인소득세제의 근본적 수정

일본은 지방의 세수 중 법인소득과세가 약 20%를 차지하여 국제적으로 보더라도 높은 수준이다. OECD가맹국 중 지방 법인소득과세가 실시되고 있는 국가는 일본(12.8%), 이탈리아(4.25%), 한국(2.5%), 포루투갈(2.5%) 및 룩셈부르크(6.75%)뿐이다. 단, 연방제를 채택하고 있는 미국, 독일, 캐나다 및 스위스는 제외하였다.

그러나 대기업의 도시지역 편재 등으로 법인소득과세는 지역 간 격차가 크고 경기변동에 따라 금액이 크게 변동하는 등의 문제가 발생한다. 따라서 지방의 법인소득과세는 지자체의 재원으로 적합하지 않으므로 동 제도에 대한 근본적인 검토가 필요하다.

기업도 행정서비스 등 지역의 혜택을 받고 있어 수익자부담원칙에 따른 과세가 필요하나 주민세, 고정자산세, 도시계획세 등 여타 세금을 부담하고 있고 기업의 국제경쟁력 확보를 위해서는 상대적으로 높은 일본의 법인세율을 낮출 필요가 있다는 점을 고려할 필요가 있다.

다 지역차원의 규제완화

지자체가 규제완화를 통해 지역경제를 활성화할 수 있는 부분도 적지 않게 존재한다. 예를 들어 영화촬영을 위한 도로 및 하천부지의 사용허가, 숙박·식당설비의 요건 및 기준 완화 등을 들 수 있다.

우선 지방분권, 권한이양 및 규제완화에 있어 개별·구체적인 사항에 따라 탄력적으로 실시할 필요가 있다. 특히 '구조개혁특구제도'를 활용할 경우 해당 지자체의 홍보도 될 뿐만 아니라 여타 지자체에 비해서도 유리하다.

일본의 광역 지자체(都道府縣)에서 기초 지자체(市町村)로 권한이양을 촉진하기 위해 지역별 권한이양의 진척 등 관련 정보를 공유하는 시스템(예: 都道府縣별 위양 등의 추진도 랭킹 공표)을 마련할 필요도 있다.

참고 일본의 구조개혁특구

□ 디플레이션 극복 및 지역경제 활성화를 통한 국가경쟁력 강화를 목적으로 2002년 7월 「구조개혁특별구역법」을 제정하여 2003년 4월부터 지역마다 특색 있는 물류, 교육, 산학연구 등 117개 특구를 지정 · 시행

	내용
정의	- 지방공공단체가 해당지역의 활성화를 도모하기 위해 지역특성에 따른 사업을 자발적으로 설정 · 시행(이를 위해 지역 내의 관련 규제를 폐지 · 완화)
구조개혁 특구 추진본부	- 본부장: 총리 - 부본부장: 내각관방장관, 구조개혁특구大臣, 금융담당장관, 행정개혁 · 규제개혁담당장관(4인) - 본부원: 여타 장관
특례조치	- 학교교육법, 직업안정법, 항만법, 농지법, 관세법, 노인복지법, 연구교류촉진법, 소규모 소매점포입지법 등의 관련 규제 배제 또는 완화

3 지역중소기업 활성화

지역경제에 있어 중소기업은 경제성장과 고용에서 큰 비중을 차지할 뿐만 아니라 지역경제를 공공투자에 의존하지 않는 자립형 경제구조로 전환하기 위해 그 육성이 매우 긴요하다.

또한 출산율 저하 및 고령화 문제가 지역 중소기업에 대해 심각한 위협이 되고 있

다는 점에서도 중소기업 지원대책이 필요하다.

표 18 | 기업규모별 종업원 수 비중

(%)

	중소기업	대기업
3대 도시권[주)]	58.1	41.9
기타	84.5	15.5
전국	71.0	29.0

주: 사이타마현, 치바현, 도쿄, 가미나가와縣, 아이치현 및 오사카

이와 같은 점을 감안하여 다음과 같은 대책을 실시할 필요가 있다.

① 「지역자원활용 기업화 프로그램」 추진

지역의 농림수산품, 기술, 전통문화 등 지역의 자원을 활용하여 기업화할 수 있도록 지원할 필요가 있다. 그러나 지역 중소기업의 경우 다음과 같은 여러 가지 애로사항이 있다.

주요 시장과 떨어져 있어 시장수요를 파악하기가 용이하지 않고 판로개척을 위한 정보 입수 및 정보 확산이 곤란하다. 또한 상품기획 및 개발에 필요한 외부인재를 확보하기가 어렵다. 그 뿐 아니라 사업자금을 조달하기 위한 여건도 불충분하다.

따라서 다음과 같은 시책을 법률 제정 등을 통해 종합적으로 지원하는 「지역자원활용 기업화 프로그램」을 실시할 필요가 있다.

구체적 시책

가 지역경제에 파급효과가 큰 기업을 성공에 이르기까지 지원

지역자원을 활용한 '팔리는 상품 만들기'를 추진하고 이중 지역경제에 파급효과가 큰 사업에 대해서는 성공에 이르기까지 지원할 필요가 있다. 시장조사, 상품기획·개발, 시작품 제작, 디자인 개선, 전시회 출전 등에 대해 자금을 지원하고 전문가의 조언을 제공하는 것이다. 지역 금융기관, '지역자원 활용 기업화펀드(가칭)', 신용보험 등을 통해 자금조달이 원활하도록 지원할 필요가 있다.

나 지역중소기업의 기초능력(기업화 능력) 향상 지원

중장기적으로는 지역 중소기업이 시장수요에 부응하여 제품을 개량하는 등 스스로 사업을 유지·확대하도록 하는 것이 중요하므로 지역 중소기업이 소비자수요에 맞춘 상품개발 등을 할 수 있는 기초능력(기업화 능력) 향상을 지원할 필요가 있다.

새로운 비즈니스 창출을 위한 연수, 지역 중소기업과 대도시 디자이너 간의 네트워크 구축 등 지역자원을 활용한 비즈니스 창출활동을 지원하고 지역 중소기업의 핵심이 되는 인재 육성을 위해 중소기업 경영후계자 육성, 원활한 사업계승 등을 지원해야 한다. 또한 고객 지향의 상품기획·개발 기법, 브랜드의 효과적 이용방법 등에 관한 매뉴얼을 작성·보급하고 대학에서 시장조사 및 상품기획 등에 관한 노하우를 연수하는 등 중소기업 상품개발 능력을 향상시킬 필요가 있다.

다 성공사례 보급

지역 중소기업의 성공사례 분석·소개, 표창 등을 통해 지역자원을 활용한 신제품 개발·판매를 전국적으로 확산시킬 필요가 있다.

예를 들어 아오모리현의 「Walkable Town」 조성의 경우, 아오모리시 중심상점가를 재개발하여 건물내부 및 거리에 대형 광장, 무대, 비치파라솔 등을 설치하고 각종 이벤트를 실시함으로써 상권을 활성화하고 있다. 바닷가에 위치한 데다 관광객의 접근도 유리하여 많은 관광객들이 몰리고 있다. 특히 네부타 마츠리가 개최될 때에는 일본 전국에서 관광객이 몰려와 주변 호텔이 붐비고 식당가도 활성화되고 있다.

참고 아오모리현의 Walkable Town

□ Compact City 구상에 근거하여 지역경제 재생을 위해 사람들이 모여 교류하는 장소인 「Walkable Town」을 설치

- o 아오모리현 최고의 중심상점가를 방문하기 쉽고 번화한 곳으로 만들기 위해 추진
- o 상업 · 교류거점 시설이며 역전 재개발 빌딩인 「아우가」, 「파사쥬 광장」을 기점으로 각 상점가를 무대로 개방하여 지역, 업종 및 세대를 넘어 사람들이 모일 수 있는 다양한 이벤트 개최

〈사업 착안점〉

- o 아오모리시 중심상점가의 특징인 넓은 보도를 활용하여 다양한 이벤트를 실시하고 50개의 파라솔을 보도에 배치한 Street Market Parasol Shop을 설치하여 보다 많은 고객을 유치
- o 중심상점가가 제휴하여 중심시가지에 대한 일체감을 고객에게 주는 동시에 상인 간 동질감을 형성
- o 이벤트 실행위원회는 다양한 분야의 사람들이 참여함으로써 이벤트에 대한 고객수요를 정확히 파악
- o 중심시가지 활성화 협의회의 종합적 지도하에 행정 · 민간 · 시민이 각 이벤트에 주체적으로 참가

② 중소 소매업 진흥을 통한 도시조성 프로젝트 추진

이미 지방도시를 중심으로 인구감소 및 초고령화사회가 시작된 데 더하여 앞으로 인구규모가 작은 도시를 중심으로 더욱 큰 폭으로 인구가 줄어들 것으로 예상된다. 또한 중앙 및 지방정부는 이미 거액의 재정적자를 안고 있는 가운데 사회기반시설(SOC) 유지 부담이 증가하여 추가적인 개발은 재정을 더욱 압박할 뿐 아니라 지방경제에 큰 부담이 될 전망이다.

이에 따라 일본 정부는 인구감소사회에 대응하여 Compact City 건설을 추진 중이다. Compact City란 도시 중심부에 고층빌딩을 밀집시키고 도심지에 상업시설 등을 집중시킴으로써 교통수단을 이용하지 않고도 편의시설을 이용할 수 있도록 하면서 주변지역은 녹지로 보전하는 방식으로 개발된 도시를 의미한다.

한편 도시의 중심 시가지는 지역주민의 생활 및 교류의 장으로 지역경제의 거점의 역할을 수행하게 된다. 특히 상점가는 지역경제의 상업기능을 수행할 뿐만 아니라 사람들이 모여 상부상조하고 즐기는 지역 커뮤니티의 場으로서 역사적으로도 문화와 전통을 형성하는 등 여러 기능을 담당해 온 사회자본의 축적지다.

최근 일본 정부와 민간의 관계가 변화하는 가운데 도시정비는 실제 거주하고 활동하는 사람들이 주체가 되어 자신의 힘으로 직접 추진하는 방향으로 변모하고 있다. 이에 따라 개정된 「중심시가지 활성화법」은 민간을 주체로 하고 정부도 참여하는 「중심시가지 활성화 협의회」(新TMO: New Town Management Organization)를 구성할 필요가 있다. 이와 같은 협의회는 중심시가지의 업종 구성, 점포 배치, 기반 정비 등을 종합적으로 추진할 수 있다.

구체적 시책

㉮ 개정 중심시가지 활성화법에 의해 기본계획을 승인받은 지역에 대해서는 자율적으로 추진하는 집객시설 설치, 공동 포인트카드 사업 등 각종 사업을 적극 지원

㉯ Town Manager 활동에 대한 지원 및 중심시가지 활성화 협의회 활동의 실효성을 확보하기 위한 시책 강화

㉰ 빈점포를 활용한 창업·재창업, 저출산사회에 대응한 비즈니스 등을 지원

3 지역의 제조 중소기업 진흥

일본 국내에는 가공·부품 등의 분야에서 세계적 경쟁력을 지닌 중소·중견기업이 다수 존재한다. 일본 중소기업청은 이미 「일본의 경쟁력 있는 제조 중소기업 300사」를 선정·발표한 바 있다.

세계 시장에 높은 시장점유율을 차지하고 있는 일본 중소기업 98개사, 일본 국내시장에서 높은 시장점유율을 차지하여 일본 산업의 기반이 되는 중소기업 98개사 및 특정 분야에 특화하여 타 사가 모방할 수 없는 기술을 지닌 중소기업 104개사를 선정하였다.

참고 일본의 경쟁력 있는 제조 중소기업 300사

□ 전국적으로 경쟁력 있는 제조 중소기업을 공개해 중소기업의 활력을 도모함과 아울러 취업층에 대한 정보를 제공하기 위해 선정 · 공표(2006.4.11일)

기계: 90사(일반기계 60, 특수기계 10, 의료기계 10, 광학기계 8, 정밀기계 2)

전기 · 전자 · 반도체: 70사		수송기계(자동차 등): 43사	
금속처리	: 21사	금형	: 13사
공구 · 측정기	: 12사	화학	: 5사
그 외	: 46사		

ㅇ 동경都(34사), 오사카府(26사), 아이치縣(18사), 가나가와縣(17사) 등

- 동경都 중 15개 사가 오오타區, 오사카府 중 13사가 히가시오사카市

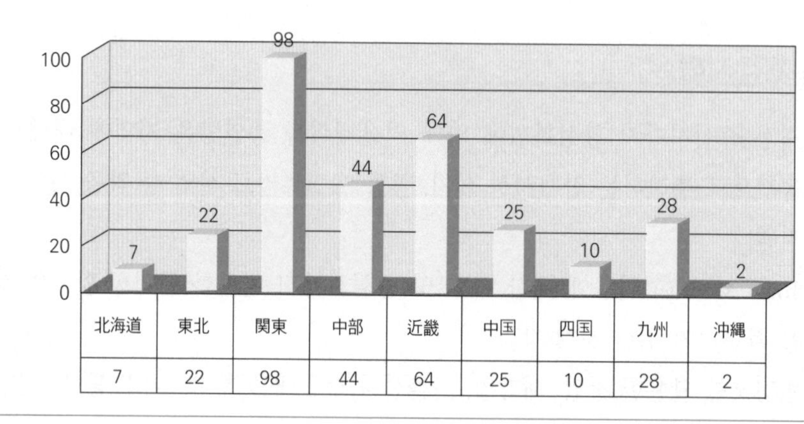

이와 같은 중소기업은 대도시권 이외의 지방에도 전국적으로 폭넓게 입지하고 있다. 이들 제조 중소기업은 국가경쟁력 강화정책 측면에서뿐만 아니라 지역경제활성화 측면에서도 매우 중요하다.

구체적 시책

㉮ 연구개발지원의 경우 일본 「중소제조법」에 근거한 기술고도화 지침을 정비·보급하고 이러한 지침에 따른 연구개발을 지원한다. 또한 지역수요에 부응한 연구개발 및 지역자원을 활용한 기술개발 지원한다.

㉯ 인재 육성을 위해서는 일본 고등전문학교 등과 지역 중소기업이 제휴하여 중

소기업 기술자를 육성하는 프로그램을 실시한다.

㉰ 기술기반 정비를 위해서는 지역 중소기업 수요에 부응하여 계량표준을 정비하고 지역 상공회의소 등을 활용하여 「지적재산에 관한 지침」을 정비한다.

㉱ 위기에 강한 지역경제 구축을 위해서는 지진, 수해 등 돌발적 재해로 인한 제조 중소기업의 사업 중단리스크를 방지하기 위해 새로운 위기관리방법을 개발·보급한다.

4 소규모 영세기업 진흥

일본 중소기업의 약 90%를 차지하는 소규모 영세 기업은 지역에 토착화된 기업으로 지역경제 활성화를 위해서는 이들 기업이 원활히 사업할 수 있는 환경을 정비하는 것이 중요하다. 이를 위해 상공회의소 등 관계 기관과의 제휴로 소규모 영세기업이 지역자원이나 인재를 활용하기 쉽도록 기술혁신 정보화 등 기업 경영력 강화를 지원할 필요가 있다.

구체적 시책

㉮ 지역에 밀착한 소규모 영세 기업이 원활히 사업을 전개하도록 지역전체가 지원하는 방향을 검토한다.

㉯ 새로운 경제환경 변화에 소규모 영세 기업이 대응하기 위한 창업, 경영혁신, 신사업 계승 등에 관한 지식 습득, 경영력 강화를 위한 재무·세무분석 등을 지원한다.

㉰ 소규모 영세 기업이 필요로 하는 자금을 원활히 공급한다.

㉱ 소규모 영세 기업에 대한 시책 등을 효과적으로 홍보하고 보급한다.

5 중소기업의 재생·재창업 추진

가 재생·재창업 지원을 위한 금융환경 정비

일본 내 지방 금융기관, 신용조합·신용금고 등의 부실채권 정리는 아직 진행 중인 가운데 최근 중소기업 재생 증가 움직임을 감안할 때 중소기업 재생에 필요한 자금을 공급하는 금융환경의 정비가 필요하다.

구체적 시책

Ⓐ 재생지원협의회를 보다 충실하게 하고 사업에 실패한 사람의 재도전을 지원하는 융자·보증 제도를 신설하고 확충한다. 구체적으로 살펴보면, 사업에 실패한 기업가는 담보가 부족하다는 점도 고려하여 외상판매채권, 재고 등을 담보로 하는 융자, 사업성공 시 추가지급을 전제로 초기의 자금부담을 경감시킨 새로운 형태의 자금조달방법 등을 검토한다.

Ⓑ 한계기업의 조기 정리, 채무 등 정리절차 시행 및 신사업 재도전으로 이어지는 일련의 과정에 관한 상담창구를 전국에 설치한다. 한계기업이 조기 정리되지 않을 경우 사업유지를 위한 운전자금 추가 소요 등으로 차입이 급격히 늘어남으로써 이후 재기에 큰 장애가 되는 점을 고려하여 이와 같은 상담서비스를 제공할 필요가 있다. 이때 기업경영자가 친근하게 느끼는 기관(상공회의소 등)에 상담창구를 설치하고 세무사, 공인회계사, 변호사 등 전문가를 활용한다.

나 재창업 지원

재창업자, 퇴직자 등의 창업에 필요한 비용이 경감되도록 지원하는 것이 중요하다.

구체적 시책

Ⓐ 빈점포 등 기존 시설을 활용하여 창업에 필요한 점포나 오피스를 제공하고 현지인에 의한 컨설팅도 실시한다.

Ⓑ 재창업에 대한 정보교환, 연수의 場 등을 제공한다.

6 지역활성화를 위한 새로운 금융기법 활용

지역자금을 지역사업에 효과적으로 활용하는 인프라를 정비하고 특히 단독으로는 자금조달이 어려운 민간 커뮤니티 사업자를 위한 새로운 금융기법을 검토한다.

구체적 시책

㉮ 지역의 여러 주체를 중심으로 펀드 등 금융기법을 활용한 자금공급체제를 정비한다.

㉯ 지역활성화를 담당하는 새로운 주체에 대한 자금공급체제를 정비한다.

㉰ 금융서비스 향상을 도모한다.

⑦ 여성 및 고령자를 활용한 지역중소기업 사업 지원

출산율 저하에 따라 자녀를 낳아 기르기 쉬운 사회 기반구축이 절실한 실정인 가운데 특히 지방 중소기업의 경우 노동력 부족이 심각하다.

그러나 제도면에서 보면 중소기업이 대기업에 비해 「일과 육아의 양립」이 열악함에도 불구하고 실제 환경면에서는 근로자 사정에 따라 육아휴직, 유연한 근무형태 등이 용이하여 보다 유연하게 대응할 수 있는 장점도 있다. 또한 기업 퇴직자를 포함한 고령자가 가지고 있는 경험과 기능을 활용할 수 있는 방안도 검토할 필요가 있겠다.

구체적 시책

㉮ 상가의 빈점포를 활용한 탁아·육아 시설 정비 등을 지원한다.

㉯ 여성, 고령자 등을 활용하기 위한 사업 및 후생 시설의 정비를 금융면에서 지원한다.

4 서비스산업 혁신

① 서비스산업 혁신의 필요성

서비스산업은 다음과 같은 점에서 육성이 필요하다.

서비스산업은 GDP에서 큰 비중을 차지하고 있을 뿐만 아니라 그동안 제조업에서 줄어든 취업인력을 흡수하는 역할을 담당해 왔다. 즉, 서비스업은 제조업과 함께 경제를 이끌어 나가는 두 개의 성장엔진의 하나로서 역할을 담당할 필요가 있다.

서비스산업 발전은 건강 오락 등 국민의 새로운 수요에 부응할 뿐만 아니라 제조업의 경쟁력 강화에도 기여할 수 있다. 서비스산업은 여성 및 고령자의 취업비중이 높으므로 고령화 및 인구감소 사회에서 여성 및 고령자 활용을 촉진시킬 수 있다.

특히 지역경제 측면에서 볼 때, 많은 지역에서 제조업에 의존한 고용 증대가 이미 한계에 달하였으므로 지역의 활력있는 발전 지속을 위해 지역 서비스산업의 발전은 긴요하다.

한편 향후 유망한 서비스업종은 다음 두 가지로 구분할 수 있다.

가 생활형 서비스업은 지역민의 소득증가, 고령화 등에 따라 수요가 증대될 것으로 예상된다.

우선, 건강·복지 관련 서비스의 경우 의료, 스포츠, 건강유지·증진 서비스, 간호, 미용 등이 이에 해당한다. 다음으로 육아지원 서비스를 들 수 있다. 육아지원 서비스는 보육, 안전제공, 취학전교육 등이 이에 해당한다. 관광·집객(集客) 서비스는 여행, 숙박, 운수, 음식, 오락 등을 들 수 있으며, 콘텐츠 제작·유통·배급은 영화, TV, 만화, 음악, 게임, 출판·신문 등을 의미한다.

나 사업형 서비스업은 중간투입을 통해 제조업 경쟁력강화에 기여할 수 있다.

사업형 서비스업 중 사업지원 서비스는 정보, 근로자파견, 리스, 대여, 디자인 등을 의미한다. 또한 유통·물류 서비스는 도매, 소매, 운수 등이 이에 해당한다.

참고 서비스 및 서비스산업의 특성

□ 서비스는 재화에 비해 다음과 같은 특성을 가짐

① 동시성(simultaneous): 생산과 소비가 동시에 일어남

② 소멸성(perishable): 비축이 불가능

③ 무형성(intangible): 보거나 만질 수 없음

④ 이질성(heterogeneous): 누가 누구에게 어디에서 제공하느냐에 따라 달라짐

□ 이에 따라 서비스산업도 다음과 같은 특성을 보유

① 노동집약적

② 최대 수요치에 대응한 공급체제 구축 필요

③ 정보의 비대칭성 등에 기인한 시장의 실패를 보완할 수 있도록 공적 규제가 필요한 업종이 적지 않음

② 서비스산업정책

최근 들어 서비스산업을 둘러싼 환경은 여러 측면에서 변화가 나타나고 있다. 서비스의 수요측면에서 보면, 지역민의 소득이 증가하고 서비스에 대한 수요도 다양화하고 있으며 지역민의 고령화가 빠르게 진행되고 있다. 서비스의 공급측면에서는 IT 활용이 증가하고 서비스 관련 기술이 진전 등 변화가 빠르게 나타나고 있다. 그 밖에 서비스산업은 세계화가 빠르게 진행되고 있고 글로벌 경쟁도 심화되고 있다.

이와 같은 서비스산업을 둘러싼 대내외 여건 변화로 서비스산업에 대한 수요는 지속적으로 증가하고 있는 반면, 일본 정부의 이를 뒷받침할 재정은 제약되고 있는 실정이다.

이와 같은 서비스산업의 환경 변화에 따라 '서비스 수요의 창출·확대' 및 '생산성 향상'이라는 두 가지 관점에서 정책을 강구할 필요가 있다.

구체적 시책

가 서비스 수요의 창출, 확대

Ⓐ 새로운 비즈니스모델 촉진

차별화된 서비스를 제공하고 이와 같은 서비스를 비즈니스모델화할 필요가 있다. 즉, 새로운 수요에 대응한 서비스 차별화가 잠재수요를 일으킬 수 있다.

> **예시**
> - 단체관광에서 개인관광으로 변화하는 데 대처하여 고객참가형 관광프로그램을 제공
> - 피트니스클럽이 병원과 제휴하여 개인의 건강상태에 따른 운동프로그램을 제공

더욱 중요한 것은 차별화된 서비스를 체계적 지속적으로 공급할 수 있도록 안정성이 높은 비즈니스모델을 확립하는 것이다. 이를 위해 성공사례집을 배포하고 서비스창출사업에 대한 예산 지원 등을 시행할 필요가 있다.

다음으로 고령자의 서비스수요가 나타나면서 이에 부응할 필요가 있다. 이를 위해 양질의 건강서비스 제공 등을 보장하는 체제를 구축할 필요가 있다. 또한 IT를 활용한 새로운 서비스를 제공할 필요가 있다. 서비스산업에서의 IT 활용은 비용을

절감할 뿐만 아니라 서비스 제공 후 사후관리, 기술적 지원 등을 통해 고객과의 커뮤니케이션 수단으로 유용하다는 점에서 매우 중요하다.

한편 IT 활용을 지원하는 재원마련을 위해 새로운 세제를 도입하고 '서비스산업창출지원사업'을 통해 IT를 활용한 선도적 비즈니스모델 구축을 지원할 필요가 있다.

예시

- 관광회사가 휴대전화를 이용하여 고객에게 관광정보, 통역서비스, 지리안내정보 등을 제공

나 국제적 수요 확대

국내 서비스산업의 진출에 대한 국외장벽 제거를 위해 WTO 및 FTA 교섭을 이용하여 교역상대국의 투자 및 서비스 자유화를 촉진할 필요가 있다. 아울러 국제 비즈니스의 원활화를 위해 대사관 및 무역진흥공사가 국외정보를 충분히 수집하도록 의무화할 필요가 있다.

Ⓐ 외국인 관광객 유치 확대

풍부한 관광자원을 유기적으로 결합한 관광상품을 개발하고 관련 정보를 외국인에게 제공한다.

다 규제개혁(민관 파트너십의 역할 명확화)

지금까지 공공부문이 광범위한 서비스 공급을 책임져 왔으나 앞으로는 서비스수요 다양화, 지방재정 제약 등을 감안하여 민간의 자금 및 노하우 활용을 확대한다. PFI[13](Private Finance Initiative), 지정관리자제도[14], 민간이양 등이 필요하며 이를 위해 다음과 같은 사항을 철저히 추진할 필요가 있다.

서비스의 내용, 목적에 따라 아웃소싱, 운영위탁, PFI, 완전민영화 등 적절한 민간활용기법을 채택하고 계약체결 시 애매한 내용을 적극 배제하여 계약의 범위, 위험

13 공공시설의 건설, 유지관리 등에 민간의 자금, 경영능력, 기술적 능력 등을 활용하는 것을 의미한다.

14 지방공공단체로 한정되어 있는 공공시설 관리주체를 민간기업, 민간업자 등에 위탁하는 제도를 의미한다.

과 수익의 분담, 사업파탄 후의 처리 등을 명확히 할 필요가 있다. 민관 제휴사업과 관련한 현행 입찰제도는 사무가 번잡하고 민간사업자에게 과도한 부담과 비용을 주므로, 이와 같은 제도의 합리화, 간략화를 모색한다. 서비스 공급시설의 설치자 요건 완화 등 사업수행에 필요하다고 인정되는 경우 국가 및 지방 공공단체가 보다 유연하게 대응가능하다.

라 경쟁력, 생산성 향상

Ⓐ 경영이념과 인재 육성

경영이념과 성공사례집을 제공할 필요가 있다. 서비스는 공산품과 달리 제공하는 인재에 따라 그 질이 결정되므로 인재의 육성이 중요하다. 완벽한 매뉴얼이 있을 수 없으므로 이를 보완하는 경영이념이 중요하며 이러한 관점에서 성공사례집(best practice)을 제공해야 한다.

또한 전문직 대학원에 대한 활용을 지원할 필요가 있다. 즉, 서비스분야 인재양성을 위해 서비스업종별 특징을 살린 경영전략, 관리기법 등 노하우를 전수하는 전문직 대학원의 활용을 지원할 필요가 있다. 콘텐츠, 관광, 의료경영 등의 분야에서 인재양성에 필요한 모델 프로그램과 텍스트 개발을 지원하고 있으나 향후 이들 프로그램의 활용 및 개선까지 지원범위를 확대할 필요가 있다.

마지막으로 서비스인재 육성을 위한 사회적 체제를 정비해야 한다. 전문직 대학원을 통해 육성된 인재가 업계에서 적절하게 대우받고 앞으로도 지속적으로 교육받을 수 있는 사회 시스템을 정비한다. 전문직 인재들이 상호 의견교환을 통해 지식수준을 높이고 지속적인 교육을 담당하는 전문직 네트워크를 구축할 필요가 있다.

Ⓑ IT 활용

IT 투자를 확대할 필요가 있다. IT 활용으로 이제까지 불가능했던 개개인에 대한 세밀한 마케팅이 가능하게 되어 새로운 서비스 수요를 창출할 뿐만 아니라 생산성 향상에도 기여할 수 있다. 이러한 관점에서 2006년부터 '정보기반강화세'를 신설하고 중소기업 투자촉진세제를 정비하고 있다.

또한 IT 투자에 따른 고용 및 조직 개선을 원활화할 필요가 있다. IT 활용이 서비스업의 생산성 향상으로 이어지기 위해서는 고용, 조직 및 업무프로세스의 개선이 원활히 이루어질 필요가 있는 것이다.

예시

- 사무직 근로자의 근로시간 탄력조정, 능력과 의욕있는 여성 및 고령자 취업이 가능한 단시간 취업모델 개발

Ⓒ 서비스품질 표준화

서비스품질 인증제도를 정비할 필요가 있다. 서비스분야에서는 정보의 비대칭성이 존재하므로 품질 보증이 없으면 수요자의 구매의욕이 위축된다. 따라서 서비스의 품질이 일정기준을 충족한다는 것을 제3자 기관이 인증하는 시스템을 정비할 필요가 있다. 이를 위해 표준약관을 제정하고 보급할 필요가 있다. 계약서, 표준약관 등을 검토하여 그 내용을 공표하고 표준형식을 보급한다.

예시

- 애니메이션산업연구회는 저작권문제 등을 포함한 이상적 표준계약서를 작성 · 보급 중

Ⓓ 외국인 직접투자 확대

외국인 직접투자는 경쟁 촉진, 새로운 기술 및 비즈니스모델 이전, 혁신적인 상품·서비스 공급 등을 통해 생산성 향상과 산업활성화에 기여한다. 일본의 경우 금융, 통신, 음식·유통 등의 분야에서 이와 같은 효과가 발생할 것으로 예상된다.

Ⓔ 규제개혁(시장원칙 도입을 통한 공적 서비스의 효율화)

의료 간호 등 복지서비스로 대표되는 공적 서비스분야는 조직 금융 회계 세제 등의 면에서 시장원칙이 충분히 정비되어 있지 않아 경영면에서의 비효율성이 지적되고 있는 바, 이들 부문이 효율적으로 질 높은 서비스를 제공하는 체제를 구축할 필요가 있다.

마 정책인프라 정비

Ⓐ 서비스통계 정비

서비스산업의 구조통계 및 동태통계의 충실화를 도모할 필요가 있다. 서비스산업

은 업종이 다양하고 수요에 따라 새로운 비즈니스모델이 수시로 생성·소멸되므로 통계로 파악하기가 어렵다. 그러나 서비스산업의 중요성을 고려하여 관련 통계를 정비·충실화하고 이를 위해 각 업종을 담당하는 여러 정부부처가 협조할 필요가 있다.

전 산업을 대상으로 한 이커머스(e-commerce)의 실태 파악도 필요하다. 또한 생산물분류시스템의 도입을 검토할 필요가 있다. 서비스산업 동향을 정확히 파악할 수 있도록 수요측면에서 접근한 생산물분류시스템을 연구하고 도입을 검토할 필요가 있다. 예를 들어 미국 캐나다 및 멕시코는 1999년부터 북미생산물분류시스템(North America Product Classification System)을 추진하여 경제센서스에 반영하고 있다.

Ⓑ 서비스정책의 체계적 정비

서비스부문에서는 간호 등 복지분야를 중심으로 민간의 영리사업자와 비영리사업자가 서비스공급자로서 경쟁하고 있으나 정부시책은 영리사업자만을 대상으로 하는 경우가 많다. 따라서 정부지원대상을 비영리법인까지 확대하는 방안을 검토할 필요가 있다.

Ⓒ 서비스 생산성 향상운동 추진

서비스산업 생산성협의회(가칭) 설치 및 생산성 향상운동을 전개한다. 서비스의 특성 차이, 그동안의 노사관계 변화 등을 충분히 감안하여 새로운 생산성 향상운동을 추진할 필요가 있다. 이를 위해 산관학 컨소시엄(서비스산업 생산성협의회<가칭>)을 설립하여 업종별 및 기업별로 나누어 운동을 전개하는 것이다. 구체적으로는 업종별로 생산성향상 목표를 설정하고 그 성과를 정기적으로 공표하는 한편 지자체는 '일본 서비스품질상(가칭)'을 창설한다. 미국의 경우 연방법에 의한 대통령 표창제도로서 MB償(Malcolm Baldrige National Quality Award)를 1987년 제정하여 생산성 향상기업을 표창하고 있다.

다음으로 서비스 연구센터(가칭)를 설치할 필요가 있다. 서비스분야의 생산성은 생산 계측이 어려울 뿐만 아니라 서비스업에 있어 매우 중요한 무형자산(경영이념, 경영자 리더십, 조직문화, 브랜드, 노사관계 등)도 계량화하기 곤란하므로 연구가 쉽지 않다. 따라서 서비스품질의 계측 등 서비스 생산성 연구, 표준화, 비즈니스모델 유형화, 시장의 잠재수요 등을 연구하는 거점으로 연구센터를 설립하는 방안도 검토할 필요가 있다.

3 서비스분야별 대응

가 건강 · 복지관련 서비스

건강 의료 및 복지서비스의 새로운 비즈니스모델의 창출을 지원할 필요가 있다. 선도적인 비즈니스모델 성공사례집을 배포하여 해당 정보를 확산시킨다. 또한 새로운 건강산업을 창출하고 전문가로 구성된 평가위원회에서 과학적 근거 등을 점검한 후 인증한다. 개인이 일상적으로 자신의 건강상태를 파악할 수 있는 기법을 개발하고 지원한다. 또한 건강증진을 촉진하는 활동을 검토하고 보급한다.

한편 양질의 서비스를 제공하는 인재를 확보하고 육성할 필요가 있다. 이를 위해 의료기술과 경영실무 양 측면에서 인재를 육성하는 교육프로그램을 개발해야 한다. 또한 IT 활용을 통한 의료서비스의 효율화 및 품질 향상을 도모한다. 의료법인에 대한 회계기준 도입, 온라인화를 통한 의료보험사무 효율화, 의료정보의 실시각 공유 등을 추진할 필요가 있다. 즉 지역에 건강관리(health care) 제공체제를 구축하는 실증사업을 추진하고 고도 의료·복지 지원기술을 개발·보급하는 것이다.

나 육아지원 서비스

안심하고 아이를 기를 수 있도록 새롭고 다양한 형태의 육아지원 서비스 제공사업을 지원할 필요가 있다.

기업에서 육아와 업무를 양립할 수 있는 환경을 정비하고 육아지원 교육프로그램 등을 통해 육아지원 서비스의 인재를 양성하는 한편 육아지원 서비스 활성화를 위한 기반을 정비한다. 이를 위해 생활 주변제품의 안전 설계, 육아시설 및 놀이시설 정비, 지역연대형 육아지원 서비스 네트워크 구축 등을 추진한다. 여기서 지역연대형 육아지원 서비스 네트워크란 지역 주요기관(비영리기관, 기업, 병원, 지자체 등)이 각각의 특성에 따라 네트워크를 구축하여 육아지원 서비스를 제공하는 것을 의미한다.

또한 육아지원에 IT를 활용할 필요가 있다. 산전, 산후의 모자에게 필요한 정보를 제공하는 네트워크를 구축하고 지자체 등의 육아지원 서비스를 널리 홍보한다. 보육기관의 경영효율화를 통해 서비스의 질을 향상시킬 필요가 있다.

예시

- 기존 육아기관과 병원이 제휴하여 아이의 질병 발생 시 대응이 가능한 육아서비스를 제공하는 비즈니스모델
- 임신에서 출산과 육아에 이르기까지의 과정을 지자체, 의료기관 등이 일체가 되어 코디네이터를 두고 종합지원하는 네트워크를 구축하는 모델

다 관광 · 집객(集客) 서비스

1인당 숙박관광여행 회수가 감소하는 가운데 IT 활용으로 소비자 선택의 폭이 넓어진 반면, 가격인하 압력이 증대되는 등 관광업을 둘러싼 여건이 변화하는 점을 감안하여 다음과 같은 대책을 추진할 필요가 있다.

우선, 관광자원의 차별화 및 비즈니스모델의 구축이다. 이를 위해 체험형 관광의 적극적 도입 등 관광자원의 차별화를 추진하고 산업관광, 문화관광, 컨벤션비즈니스 등 지역의 관광 비즈니스모델을 확립한다.

다음으로 해외 및 고령자에 대해 적극적이고 전략적인 홍보를 실시한다. 경쟁력 및 생산성 향상을 위해 개별 사업자는 서비스 표준화 및 지속적 개선, IT 활용, 차별화된 서비스의 지속적 공급을 가능하게 하는 매뉴얼 작성, 다점포 공급체계 구축 등을 추진한다. 또한 정부 및 지자체는 선도적 비즈니스모델 지원, 전문인재 육성, 경쟁환경 정비, 관련 통계 정비, 접근성 향상 등에 노력할 필요가 있다.

라 컨텐츠(제작 · 유통 · 배급)

컨텐츠의 해외진출을 추진할 필요가 있다. 예를 들어 도쿄국제영화제 확대 등 국제 컨텐츠카니발을 개최하고 국제공동제작을 지원한다든지 무역진흥공사의 기능강화, 재외공관의 적극 활용, 해적판 대책 강화 등을 추진해야 한다.

다음으로 새로운 비즈니스모델을 구축할 필요가 있다. 인터넷을 이용한 마켓팅, 컨텐츠 포탈사이트 등을 구축하고 정보가전의 네트워크화사업, 디지털시네마 보급 등을 추진해야 한다. 또한 컨텐츠 인재육성 프로그램을 보급하고 관련 산학제휴를 강화할 필요가 있다. 라이브 엔터테인먼트 등 관광산업 등과 합친 컨텐츠를 공급하고 지역브랜드의 컨텐츠를 적극적으로 홍보하는 것도 시급하다.

마 비즈니스지원 서비스

비즈니스지원 서비스로는 인재파견 및 청부업, 실무교육서비스, 디자인산업 등이 있다. 인재파견 및 청부업의 경우 파견기업, 사용기업 및 취업자의 3자가 win-win-win관계가 되도록 취업자 의욕을 고취하고 취업자 권리보호 및 인재 양성을 중시하는 파견기업과 사용기업 간의 전략적 제휴관계를 구축할 필요가 있다. 이를 위해 일본 정부도 새로운 비즈니스모델 및 취업자의 경력관리체제(career-up path) 구축을 지원할 예정이다.

다음으로 실무교육서비스의 경우 선도적 비즈니스모델 개발을 지원하고 기업이 경영대학 등을 활용할 수 있는 방안을 모색해야 한다. 정보서비스의 경우 정보서비스에 관한 산학제휴, 인재 육성, 기업 해외진출 등을 지원할 필요가 있다.

마지막으로 디자인산업의 경우 디자인 보호법제를 개정하는 한편 전통문화와 현대적 디자인 및 기능을 접목한 '신일본양식'을 국내외에 홍보할 계획이다.

쉬어가기

일본의 연도(年度)와 연(年)

일본은 일왕을 중심으로 한 입헌군주제 국가이다. 우리나라는 서기를 중심으로 칼렌더(Calrendar)에 입각하여 1년이 이루어진다. 즉 매년 1월 1일부터 12월 31일까지 365일이 1년이며, 회계연도가 된다.

그러나 일본은 다르다. 물론 일본도 서기의 개념을 사용하고 있다. 그러나 행정기관, 교육기관 등을 비롯한 일본인들의 일상생활에서는 연호를 많이 사용한다. 연호란 일왕이 바뀔때마다 연호를 정하여 사용하는 개념으로 2024년은 레이와(令和)6년에 해당한다. 또한 일본에서는 회계연도가 4월 1일부터 다음 해 3월 31일까지이다. 이에 따라 학교도 4월 1일 시작하여 다음 해 3월 31일까지가 1개 학년도가 된다. 일본 GDP통계를 찾아 볼때도 일본 내각부(경제사회종합연구소)에서 발표하는 GDP 연간 통계는 연도별(회계연도 기준), 칼렌더(서기 기준) 2가지로 공표하고 있다.

우리에게는 다소 복잡스럽게 느껴질 수 있지만, 이런 상황에 익숙한 일본인들에게는 매년 3월이면 회계연도가 끝나고 방학기간이라 연도말 세일이 시작된다. 즉 일본은 전 세계적으로 연말에 해당하는 12월 세일과 일본만의 연도말 세일(3월), 2번의 세일기간이 있다. 3월에 일본인 학생들이 한국여행을 많이 오는 것은 3월이 일본인들에게는 겨울방학 시즌이기도 하다.

CHAPTER

02

포스트 코로나 시대, 일본의 경제정책과 혁신활동

들어가기

일본인들은 지금까지 우리나라 주민등록증과 같은 개인 신분증(지금은 '마이넘버카드' 보급 중)이 없었다. 자신의 신분을 증명하기 위해서는 여권, 학생증, 의료보험증 등을 이용해 왔다. 이와 같은 아날로그식 주민관리는 코로나 시기 행정비효율을 야기하였다. 주민등록된 주소지에 우편으로 코로나 예방백신 접수증을 보내고 주민들이 각자 해당 시·군·구 소재 의료기관에 전화를 걸어 예약하는 시스템이었다. 코로나 확진자 수에 대한 통계도 기초 지자체에서 광역지자체로 팩스로 보내다보니 누락되는 사태마저 초래하였다.

이에 일본 정부는 포스트 코로나 시대를 맞이하여 디지털화와 탈탄소화를 경제정책 방향으로 수립하게 되었다. 또한 인구감소가 현실화되면서 그동안의 양적 요소투입형 성장이 어려워지자 벤처기업 육성 등 혁신활동을 장려하고 지원하고 있다.

Chapter 02

포스트 코로나 시대, 일본의 경제정책과 혁신활동

1. 포스트 코로나 시대, 일본 정부의 경제정책 방향

1 일본의 디지털화와 탈탄소화[1]

일본 정부는 코로나19 감염 확산에 따른 경기 침체에 대응하고 포스트 코로나 시대 신성장 동력 육성을 위해 디지털화와 탈탄소화를 두 축으로 하는 경제정책 방향을 설계하고 추진 중에 있다.

디지털화는 행정을 비롯한 사회경제 전반의 구조개혁과 혁신(innovation)을 유도하여 총요소생산성(TFP)을 높이는 것을 목표로 한다. 탈탄소화는 지구온난화에 대한 대응뿐 아니라 탈탄소산업 관련 투자촉진, 생산성 향상을 통해 산업구조를 고도화하고 친환경산업을 육성하는 것이 핵심이다. 이를 위해 일본 정부는 관련 예산, 조직을 정비하고 정책역량을 집중하고 있다. 특히 일본 정부는 2050년 탈탄소화를 실현하기 위한 로드맵과 실행계획을 발표하였다. 예산, 세제, 금융, 규제개혁·표준화, 국제연계 등 5개 분야별 주요 정책수단을 개발·발표하였다.

이와 같은 일본 정부의 디지털화와 탈탄소화 정책추진은 포스트 코로나 시대 일본

1 화석연료 소비는 이산화탄소(CO_2) 배출을 통해 지구온난화를 초래하게 된다. 따라서 재생가능에너지의 활용을 통해 화석연료에 의존하지 않는 사회를 실현하자는 것이 탈탄소화의 핵심이다. 세계적으로 탈탄소 논의가 본격화된 것은 「교토의정서(1997년)」, '파리협정(2015년)'이며, 당시에는 온실가스 배출량을 낮은 수준으로 감축하는 "저탄소화"가 목표였다. 하지만, 최근에는 온실가스배출량 제로를 목표로 하는 "탈탄소화"가 세계적인 추세가 되고 있다.

경제성장에 크게 기여할 것으로 기대되고 있다. 저성장 뉴노멀시대에 대한 대응과 4차산업혁명 시대 도래에 따른 신성장동력 확보에도 크게 기여할 것으로 보고 있다.

이와 같은 일본 정부의 경제정책 방향 수립은 저성장과 저출산·고령화 등 사회경제적 문제를 해결해야 하는 우리나라에도 유용한 참고가 될 것으로 기대된다.

일본 정부는 포스트 코로나 시대 일본 경제발전을 위한 신성장동력으로 디지털화와 탈탄소(Green) 정책을 추진 중에 있다. 디지털화는 행정을 비롯한 사회경제 전반의 구조개혁과 혁신(innovation)을 유도하여 총요소생산성(TFP)을 높이는 것을 목표로 한다. 또한, 재택근무 확산을 통한 인구의 수도권 집중을 억제하고 지역균형 발전도 지원한다. 코로나19 감염대책 시행 과정에서 지자체 간 행정시스템 부조화로 업무의 비효율이 발생한 데다 신속한 행정서비스에 대한 수요가 증대된 것이 디지털화를 추진하게 된 주요 원인으로 지적되고 있다.

한편, 탈탄소화는 지구온난화 대응, 탈탄소산업 관련 투자촉진 및 생산성 향상을 통한 산업구조 고도화와 친환경산업을 육성하는 게 목적이다. 세계적으로 탈탄소화에 대해 비용(cost) 발생을 통한 경제성장 제약요인(소극적 접근)이 아니라 신경제성장의 기회로 활용하려는 움직임이 확산되고 있다.

그림 1 | 포스트 코로나 시대, 일본 정부의 경제정책 방향

포스트 코로나 시대
일본 정부의 경제정책 방향

디지털화

탈탄소화

구조개혁과 혁신 유도
수도권 인구집중 방지 및 지역균형 발전 도모
산업구조 고도화 및 친환경산업 육성

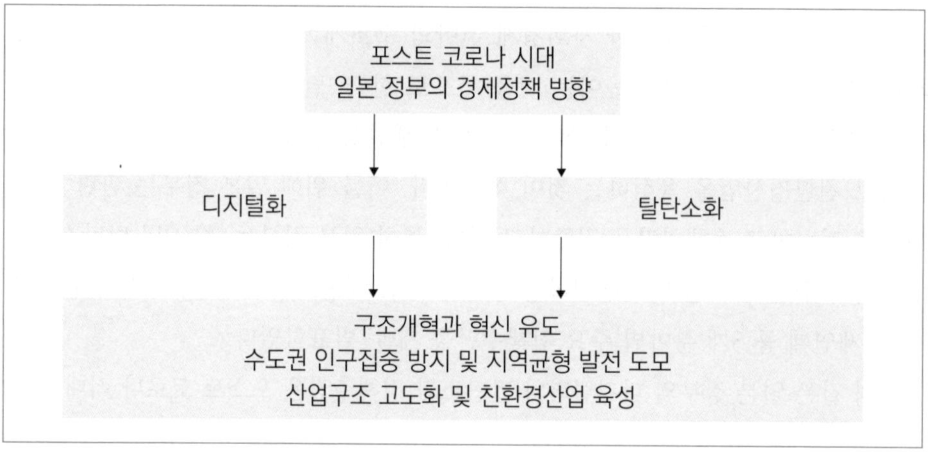

자료: 일본 총리관저 자료 등을 토대로 저자가 작성

❶ 일본경제의 디지털화

일본 정부는 2021년 행정조직내 디지털청을 신설(9월 출범 예정)하여 각 부처별로

분산된 정보기술(IT) 시스템을 통합한다는 구상이다. 현재 디지털청설치준비실을 내각관방 내 설치하고 디지털청의 주요 업무분장을 설계 중에 있다.

이를 위해 2021년도 일반회계 예산 중 신설되는 디지털청에 처음으로 368억 엔을 배정하였다. 전문인력 확보를 위해 공무원 직책 중 디지털 부문 창설을 검토하고 있으며 민간 전문인력을 중앙정부, 지자체에 활용할 계획이다. 예를 들어, 교육부문의 경우 초등학생 1인당 1대의 IT 기기를 보급, 9천 명의 디지털 전문가가 이를 지원하려 한다. 이를 통해 학생의 희망과 발달단계에 따른 온라인 교육이 가능할 것으로 보고 있다.

또한 행정 부서(縱割り) 통합을 통해 2025년까지 디지털전환을 달성하기 위한 로드맵을 작성 중에 있다. 즉, 행정 부서를 직접 가지 않고도 온라인으로 행정처리를 수행할 수 있는 구조를 확립하려 한다. 특히, 現 마이넘버 카드(한국의 주민등록증) 보급률을 2022년까지 전 국민으로 확대하겠다는 계획이다. 그 일환으로 2021년 3월에는 건강보험증과 4년 후에는 운전면허증과의 통합을 추진할 계획이다. 민간 기업에서 대해서는 소프트웨어 개발, 유통, 판매에 이르는 디지털 투자에 대해 세제혜택을 부여할 방침이다. 휴대폰 요금구조 개선 유도를 통해 cost를 낮추고 민관 연구개발을 통해 글로벌 차세대 통신 규격을 주도하겠다는 생각이다. 인터넷을 통해서도 방송 프로그램을 시청할 수 있도록 저작권법을 개정하고 공영방송 시청료도 인하할 계획이다.

그림 2 | 국가별 전자정부 순위

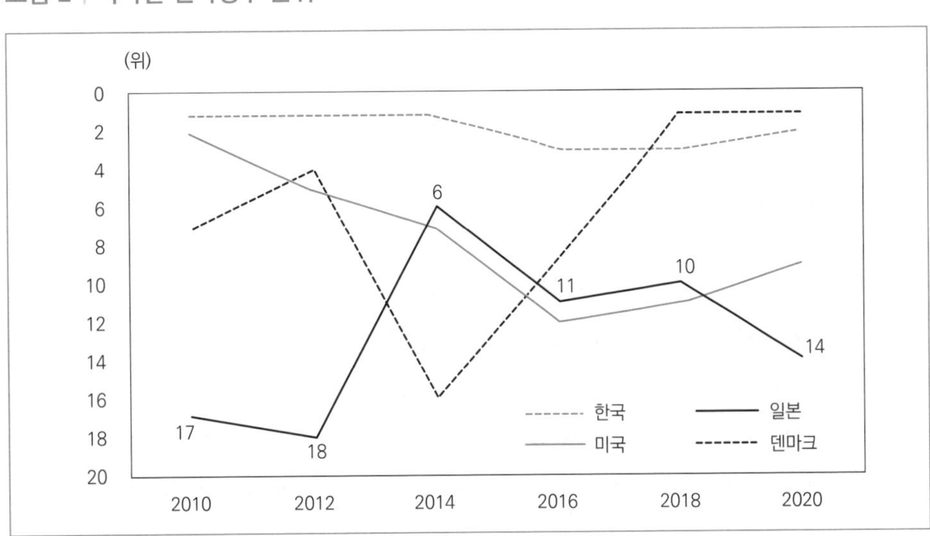

자료: UNDESA, 「UN 전자정부 순위」(2020.7월)

민간 전문가들은 일본 디지털청이 재택근무 정착을 포함한 일하는 방식의(働き方) 개혁, 서버 보안강화, IT 국제경쟁력 강화 등의 3가지 분야에 정책역량을 집중할 것으로 예상하고 있다. 재택근무 정착, 마이넘버 카드 보급 및 활용, 지자체 행정의 IT화·표준화 지향으로 일하는 방식을 개혁할 것으로 보고 있다. 또한 서버 보안을 강화하고 정부 통계·행정 데이터의 활용도를 제고함과 아울러 정보시스템의 혁신도 도모할 계획이다. 이를 위해 휴대전화 요금 인하, 신성장산업(IoT, AI 등) 발전을 위한 행정기관 간 비효율의 제거, 의료·교육·세제 등 각종 행정의 IT화를 추진할 것으로 예상된다.

그림 3 | 일본 정부 디지털화 구상도

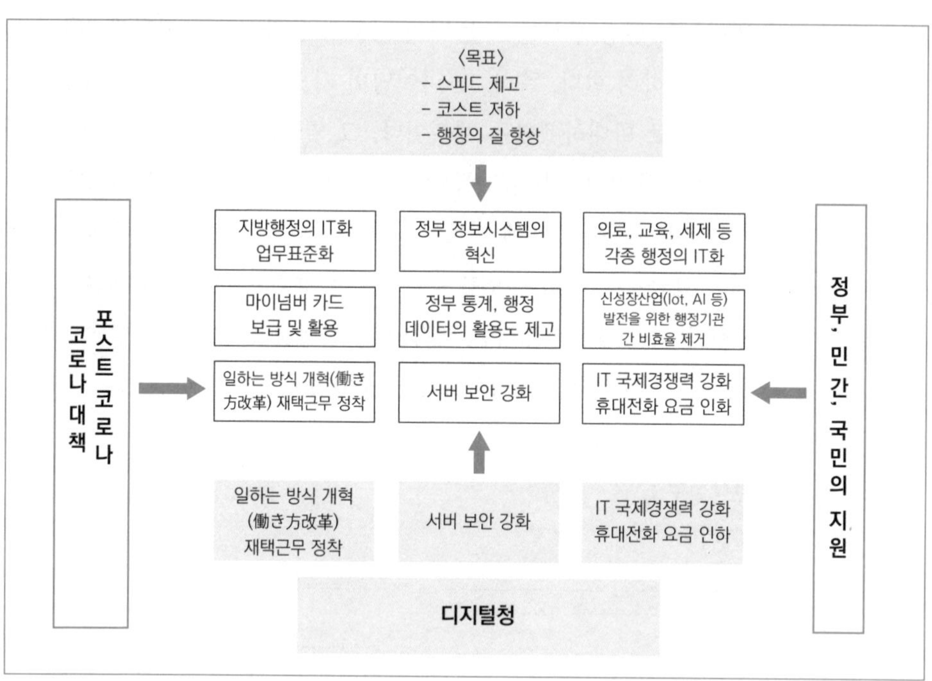

자료: NTT데이터 경영연구소

이와 같은 일본 정부의 디지털화 추진은 국민편익 증진과 경제성장 효과를 가져올 것으로 기대된다. 행정서비스의 속도(speed)를 높이고 비용(cost)을 낮추는 등 행정서비스의 질(quality)이 제고될 것으로 보인다. 주소변경, 입학수속, 연금신청 등 생활 관련 행정서비스가 온라인으로 실행가능할 것으로 전망된다. 일부 민간 전문가들은 디지털화가 연간 약 11~12.5조 엔의 직접적인 부가가치 창출효과를 가져오는 것으로 분석하고 있다.

② 일본경제의 탈탄소화

일본 정부는 2020.10월 「2050년 탈탄소화」를 선언하고 이를 실행하기 위한 로드맵을 발표하였다.

전력(電力)부문과 비전력(比電力)부문으로 구분, 2050년 탈탄소화를 실현하기 위한 단계별 실행계획을 구체화하였다. 전력부문의 경우 현실적으로 모든 전력수요를 재생가능에너지로 전환하기는 어렵다고 판단하고 2050년 예상 발전량의 50~60%를 신재생에너지로 전환하고자 한다. 우선, 현재 기술 개발 및 상용화에 성공한 해상풍력 설비의 확충을 통해 2040년까지 원전 45기분에 해당하는 전력(30~45GW)을 생산할 계획이다. 이를 위해 관련 법·제도 등 인프라를 정비한다. 화력발전의 경우 이산화탄소를 배출하지 않는 암모니아를 적극 활용하기 위해 석탄화력과 암모니아의 혼합연료의 상용화를 추진함과 아울러 암모니아의 안정적 조달을 위해 글로벌 벨류체인 조성에도 노력한다. 그 외에 수소발전 및 원자력 적극 활용으로 온실가스 배출감소에 노력할 계획이다. 한편, 비전력부문은 가계·산업계·운수 분야에서의 동력을 전기로 전환할 계획이다. 전기화 촉진으로 화석연료 사용량을 줄이고 이를 통해 온실가스 배출량 감소를 유도하겠다는 의도이다.

그림 4 | 일본 정부의 탈탄소 계획

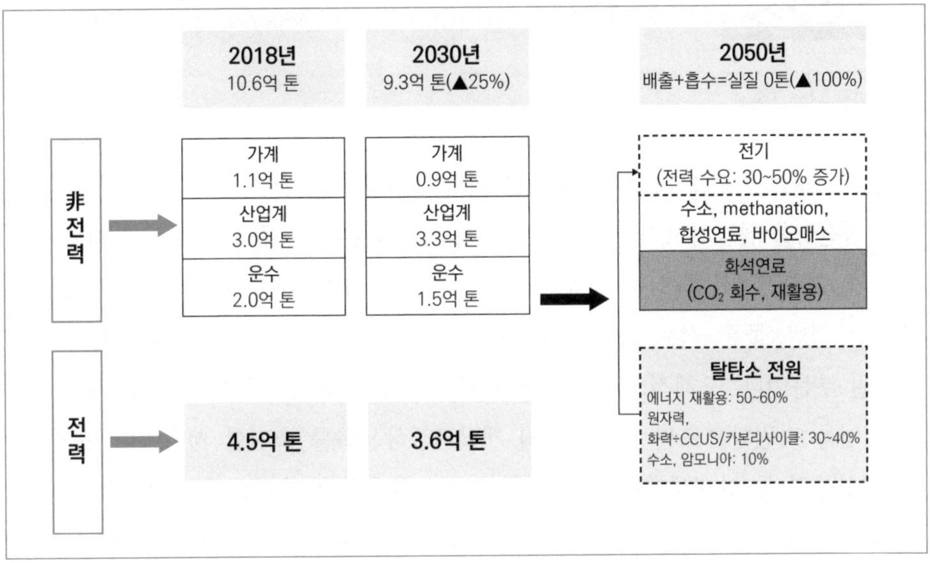

	2018년 10.6억 톤	2030년 9.3억 톤(▲25%)	2050년 배출+흡수=실질 0톤(▲100%)
非전력	가계 1.1억 톤 산업계 3.0억 톤 운수 2.0억 톤	가계 0.9억 톤 산업계 3.3억 톤 운수 1.5억 톤	전기 (전력 수요: 30~50% 증가) 수소, methanation, 합성연료, 바이오매스 화석연료 (CO_2 회수, 재활용)
전력	4.5억 톤	3.6억 톤	탈탄소 전원 에너지 재활용: 50~60% 원자력, 화력+CCUS/카본리사이클: 30~40% 수소, 암모니아: 10%

자료: 일본 경제산업성

이와 같은 산업 전반의 전기화에 따라 2050년 전력수요는 현재보다 30~50% 확대될 전망이다. 일본 정부는 확대된 전력사용량에 대응하기 위해 탈탄소 에너지원을 활용, 부족분을 보충하는 한편 에너지절약 관련 산업을 신성장분야로 육성해 나갈 방침이다.

그림 5 | 일본 정부의 탈탄소화 사회

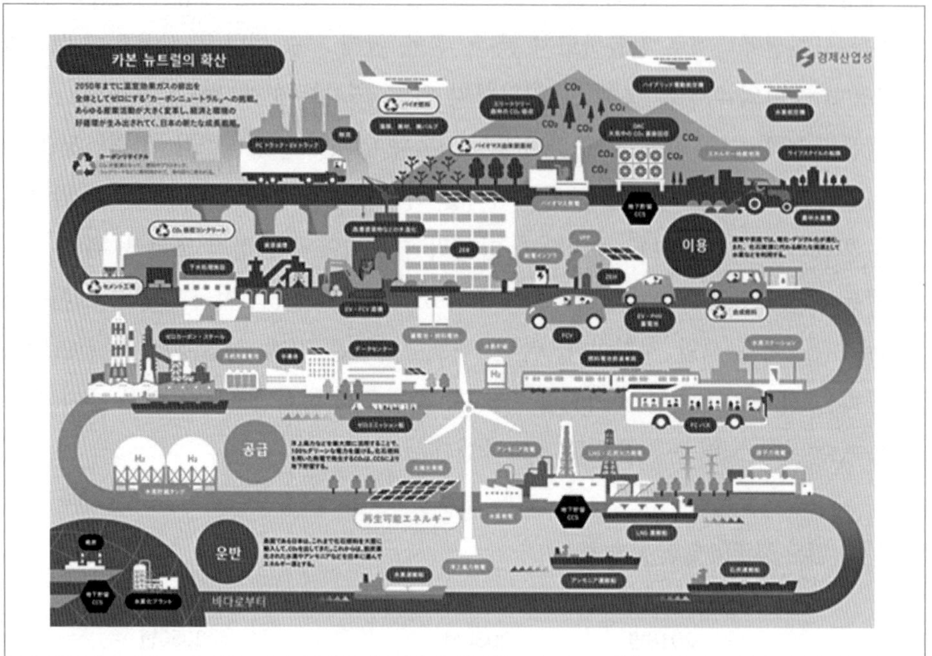

자료: 일본 경제산업성

일본 정부는 탈탄소화 실행계획으로 에너지, 운송·제조, 가정·오피스의 3부문 14개 중점전략을 설정하고 민간기업의 투자를 촉진할 수 있는 환경을 조성할 계획이다.

14개 중점전략은 해상풍력, 암모니아, 수소, 원자력, 자동차·축전지, 반도체·정보통신, 선박, 물류, 식료·농림수산, 항공기, 카본 리사이클, 주택, 자원순환, 라이프스타일 부문이다. 구체적으로는 차세대 태양광발전, 低cost 축전지, 카본 재활용 관련 기업을 지원함으로써 첨단기술의 개발 및 상용화를 촉진할 계획이다. 또한, 수소·해상풍력 등 신재생에너지 관련 인프라를 확충하고 디지털기술 활용을 통해 발전(發電)의 효율을 높일 방침이다. 한편, 2035년까지 일본 내 신차판매는 모두 전동차(EV)로 유도할 계획이다. 전동차(EV)는 일반적으로 가솔린차보다 100만 엔 정도 판매가격이 높으나, 현재 1kWh당 1만 엔대 중반에서 2만 엔대인 축전지 가격을 2030년까지 1만 엔 이하가 되도록 유도하면 가능할 것으로 판단하고 있다.

표 1 | 일본 정부 탈탄소화 실행계획

	중점 전략	목표
에너지	해상풍력	생산능력 확충(2040년까지 4,500만KW)
	암모니아	암모니아의 화력발전 활용 확대(2030년까지 약 20%)
	수소	2050년까지 소비량 2,000만 톤으로 확대
	원자력	신형 원자로 기술개발, 국제협력
운송·제조	자동차·축전지	2030년대 중반까지 신차를 전동차로 전환
	반도체·정보통신	파워 반도체 소비전력 2030년까지 반감
	선박	2050년까지 수소 등 대체연료로 전환
	물류	항만 등 탈탄소화 추진
	식료·농림수산	2050년까지 농림수산업 CO_2 배출제로
	항공기	전동화 및 대체연료 기술개발
	카본 리사이클	효율성 제고 및 비용절감
가정오피스	주택	2030년까지 신축주택 CO_2 배출제로
	자원순환	바이오매스 활용 확대
	라이프스타일	지역별 탈탄소비지니스 추진

자료: 일본 경제산업성

일본 정부는 현재 탈탄소화 정책수행을 위해 5개 분야(예산, 세제, 금융, 규제개혁·표준화, 국제연계)별 주요 정책수단을 개발·실행을 계획하고 있다.

가 예산

향후 기금(Green Innovation Fund)을 조성하여, 탈탄소화에 노력하는 기업에 대해 연구개발 단계부터 제품상용화까지 지원할 계획이다.

구체적으로는 국립연구개발법인인 신에너지·산업기술종합개발기구(NEDO; New Energy and Industrial Technology Development Organization)에 10년간 2조 엔의 기금

을 조성할 예정이다. 또한, 탈탄소화의 산업기반이 되는 친환경전력(Green)·전기화, 열·전력분야 수소화, CO_2 재이용 분야에 대해 2030년까지 민관 공동 목표치를 설정한 후 민간의 혁신을 정부가 규제 완화 등 제도면에서 지원하려 한다. 기업 경영자에게는 탈탄소화를 경영과제로 설정·실행할 수 있도록 지원기업에 대한 장기적 사업비전(10년간 장기계획, 경영자 직속 조직 신설 등) 제출을 유도한다. 즉, 일본 정부는 2조 엔의 예산을 마중물로 하여 탈탄소화 관련 민간기업의 연구개발 및 설비투자 15조 엔을 창출하고 현재 3천조 엔대의 글로벌 탈탄소화 관련 자금(ESG: Environmental, Social, and Governance)의 일본 국내 유치에도 힘쓸 생각이다.

나 세제

일본 정부는 탈탄소 기업에 대한 세제 지원을 통해 향후 10년간 약 1.7조 엔의 민간투자 창출효과를 기대하고 있다. 이를 위해 탈탄소화 관련 투자촉진세제를 신설하여 탈탄소 관련 설비투자 기업에 대해 향후 3년간 최대 10%의 세액공제 또는 50%의 특별상각을 실시할 계획이다. 또한 코로나19 감염 확산으로 손실이 발생한 탈탄소 추진 기업에 대해 한시적(최대 5년)으로 투자금액 범위 내에서 이월결손금을 현행 50%에서 최대 100%까지 인상하려 한다. 연구개발세제의 경우 코로나19 감염 확산으로 매출액이 2% 이상 감소했음에도 불구하고 적극적으로 연구개발투자를 실시하고 있는 기업에 대해 연구개발세제상 공제한도를 25%에서 30%로 확대할 계획이다.

다 금융

일본 정부는 에너지절약 관련 저탄소화(transition), 탈탄소화를 위한 혁신기술(innovation) 두 부분으로 나누어 자금을 지원할 계획이다.

우선, 저탄소화 전환금융(transition finance)이란 저탄소화에 필요한 기술에 대한 자금을 공급하는 것을 의미한다. 10년 이상 장기 절전 사업계획을 인정받은 기업에 대해 장기 자금공급과 성과연동형 이자지원(3년간 1조 엔)을 추진한다. 한편, 혁신금융(innovation finance)은 탈탄소화 관련 혁신을 추진하고 있는 기업(2020.10월 현재 320사)과 민간 투자자간 대화의 창구를 신설할 예정이다.

구체적으로는 「그린투자촉진펀드(사업규모 800억 엔)」를 신설(일본정책투자은행)하고 탈탄소화 관련 기업정보공개 시스템도 개선할 계획이다. 또한, 정책금융과 민간 금융기관 간 협력체제를 구축함과 아울러 사채(社債)시장 활성화를 위한 인프라 확충에도 정책적 노력을 기울일 계획이다.

라 규제개혁·표준화

신기술 창출을 위한 규제를 개혁함과 아울러 국제 표준화 추진을 통한 관련 수요 창출 및 생산 확대를 도모한다. 예를 들어 수소의 경우 전력회사의 수소 등 탈탄소 에너지원에 대한 의무구입제를 실시하고 해상풍력은 송전망 우선 사용권 부여, 정부의 안전심사 단일화 등으로 대응할 예정이다. 또한 시장메커니즘을 활용한 기존 탄소가격제(carbon pricing) 대상을 확대하고 관련 제도도 정비할 계획이다.

마 국제연계

일본 정부는 탈탄소 추진 기업의 일본 국내 시장뿐 아니라 해외시장 진출을 위해 국가간 자금·기술·정보를 공유하고 탈탄소화 관련 글로벌 협조체제를 구축한다. 선진국과는 공동 프로젝트, 글로벌 표준 및 규칙(rule)제정 추진 등에 협력하고 개발도상국과는 일본이 보유하고 있는 탈탄소화 관련 기술을 제공, 수출시장을 선점할 계획이다.

표 2 | 일본 정부의 탈탄소 주요 정책수단

	주요 정책수단
예산	2조 엔 기금 신설을 통한 장기적 기술개발 지원
세제	에너지절약형 기업 대상 투자촉진 연구개발촉진세제 도입
금융	정보공개, 은행대상 환경융자 목표 설정
규제개혁·표준화	수소 충전소, 가솔린 자동차 규제 급속 충전, 바이오제트연료 등 규격화 및 국제표준화
국제연계	국가 간 자금·기술·정보를 공유

자료: 일본 경제산업성

이와 같은 탈탄소화 추진으로 일본 정부는 2050년 연간 190조 엔의 부가가치 창출 효과가 있을 것으로 예상하고 있다. 그러나 일부 민간전문가들은 일본 정부의 탈탄소화 정책이 신기술 개발을 전제로 하고 있는 분야가 많은 데다 실용화를 위한 구체적인 대책이 다소 부족하다고 지적하고 있다.

2 | 일본 정부의 경제정책 방향에 대한 평가 및 시사점

일본 정부의 디지털화와 탈탄소(Green) 정책 추진은 포스트 코로나 시대 일본의 경제성장에 크게 기여할 것으로 기대되고 있다. 저출산 고령화에 따른 인구감소를 직면하고 있는 일본은 구조개혁과 혁신을 통해 총요소생산성을 높이겠다는 생각이다. 이를 위한 인프라로 디지털화와 탈탄소화는 핵심 전략으로 고려되고 있다. 다만, 국민들의 정책에 대한 이해 및 참여가 아직까지 높지 않고 탈탄소화의 경우 비용 증가를 우려한 일부 기업들의 반발이 예상되고 있다. 그러나 일본 정부는 포스트 코로나 시대 저성장 지속을 포함한 뉴노멀시대에 대한 대응과 4차산업혁명 시대 도래에 따른 신성장동력 확보를 위해 디지털화와 탈탄소화에 정책역량을 집중할 것으로 예상된다.

이와 같은 일본 정부의 디지털화 및 탈탄소화 추진은 저성장, 저출산·고령화 등 사회경제적 문제를 해결해야 하는 우리나라에게 유용한 참고자료가 될 것으로 기대된다. 또한, 디지털화 및 탈탄소화 관련 우리나라 기업들에게는 위기이자 기회로 작용할 전망이다. 전자상거래·교육·의료 등 다양한 분야의 디지털화가 추진됨에 따라 그 기반이 되는 통신망(5G 및 광통신)에 대한 인프라 투자는 물론, 관련 분야의 제도 개선도 빠르게 이루어질 것으로 예상되기 때문이다. 탈탄소화의 경우 친환경제품에 대한 수요확대뿐 아니라 주변국과의 환경 프로젝트 공조도 활성화될 것으로 보인다. 디지털화와 탈탄소화를 두 축으로 하는 일본 정부의 포스트 코로나 시대 경제정책 방향을 주시하면서 향후 산·관·학이 공동 또는 개별 대응전략을 모색할 필요가 있을 것으로 보인다.

2. 일본 내 벤처 창업활동

일본 내 벤처기업을 비롯한 창업활동은 미국, 영국, 독일 등 주요국에 비해 상대적으로 부진한 상황이다. 창업활동과 관련된 통계는 영국 런던비즈니스스쿨과 미국 뱁슨 칼리지가 공동으로 매년 국가별 지수를 공표하고 있다. 일본의 벤처 창업활동지수를 보면 2001~2019년간 연평균 3.8% 상승하여, 미국(11.9%), 영국(7.1%),

독일(5.0%)을 하회하고 있다. 2019년의 경우 일본이 5.4%로 전년대비 소폭 상승하였으나 주요국 평균(9.8%)에 비해서는 여전히 크게 낮은 수준이다. 국가별로 보면 2019년 캐나다가 18.2%로 가장 높고 다음으로 미국(17.4%), 한국(14.9%), 아일랜드(12.4%), 스위스(9.8%) 등의 순을 나타내고 있다.

그림 6 | 벤처 창업활동지수주) 추이

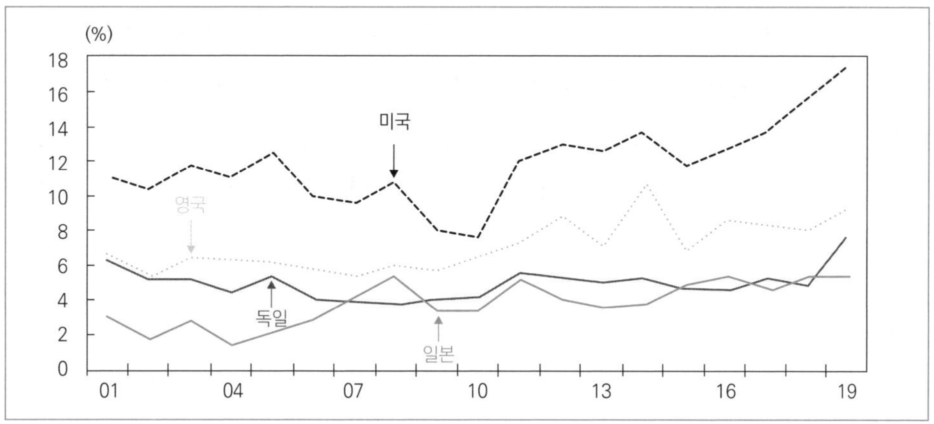

주: Total early-stage Entrepreneurial Activity
자료: GEM(Global Entrepreneurship Monitor)

그림 7 | 벤처 창업활동지수 국제비교주)

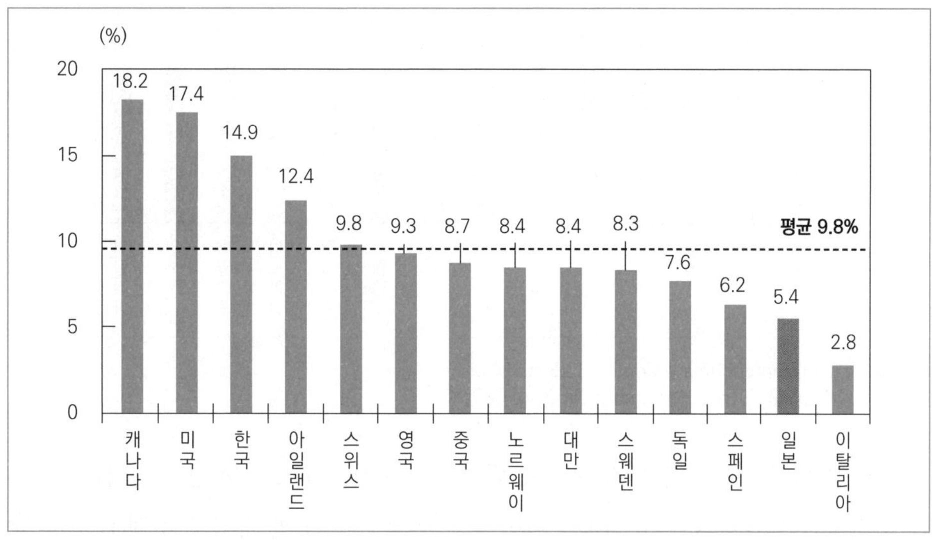

주: 2019년 초기창업활동지수(TEA)기준
자료: GEM(Global Entrepreneurship Monitor)

1 일본 내 벤처 창업활동 부진 요인

❶ 벤처 창업의욕 부족

글로벌 기업가정신 연구(GEM; Global Entrepreneurship Monitor)는 벤처 창업활동 관련 국가별 벤처창업의욕지수를 매년 발표하고 있다. 이를 통해 벤처 창업의욕에 대한 각국별 상황을 비교할 수 있다.

벤처창업의욕지수를 보면 일본은 벤처 창업의욕이 주요국에 비해 상대적으로 부족한 상황이다. 벤처창업의욕지수(2019년)가 4.7%로 주요국 평균(5.2%)을 하회하고 있다. 국가별로 보면, 스위스가 6.1%로 가장 높고 네델란드(6.0%), 중국(5.9%), 미국(5.3%), 스페인(5.2%), 캐나다(5.2%) 등의 순이며, 우리나라는 5.1%로 주요국 평균을 다소 하회하고 있다.

그림 8 | 벤처창업의욕지수[주)] 국제비교

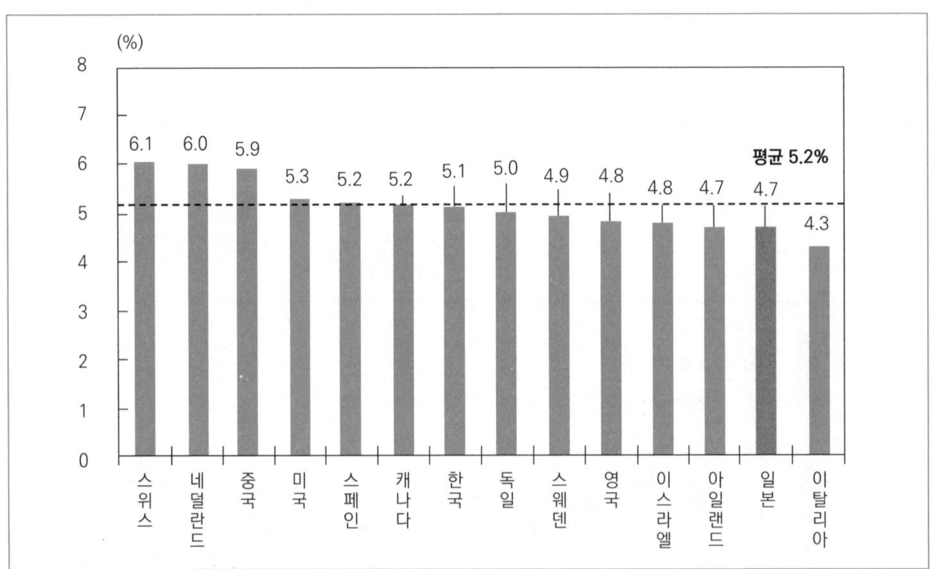

주: National Entrepreneurship Context Index(NECI)
자료: GEM(Global Entrepreneurship Monitor) 2019년

한편, 일본의 벤처 창업부진 요인에 대한 설문조사 결과(2019년)를 보면 실패에 대한 두려움의 응답비율이 37.6%로 가장 높고 다음으로 주변 창업가 부재(19.5%), 학교 및 가정 교육(각각 15.0%, 7.5%), 사회 문화(6.0%) 등의 순으로 나타났다.

그림 9 | 일본의 벤처 창업부진 요인[주)]

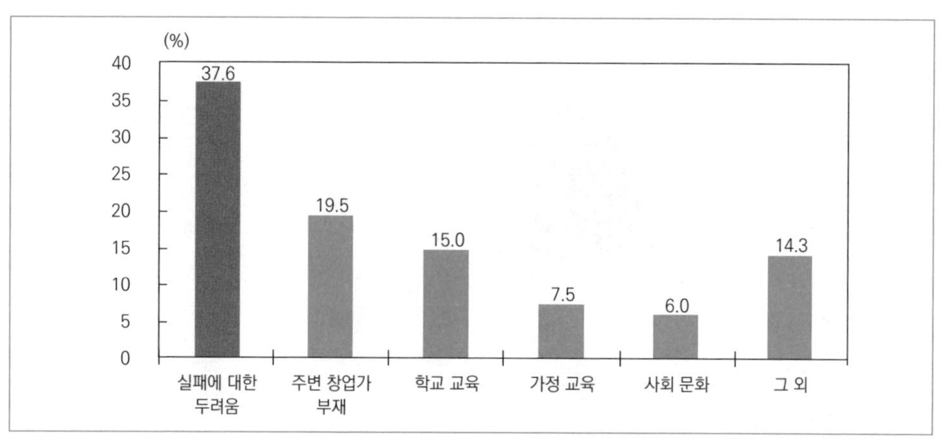

주: 現창업가의 응답비율
자료: 벤처엔터프라이즈센터(「벤처백서2020」)

일본은 벤처 창업의 주요 결정요인인 주변 창업가를 알고 있는 정도 및 창업에 필요한 지식·능력·경험 보유 비율도 주요국에 비해 상대적으로 떨어지는 것으로 나타났다.

주변 창업가를 알고 있는 비율이 14.0%, 창업에 필요한 지식·능력·경험 보유비율이 9.0%로 주요국(각각 30.9%, 38.3%)을 크게 하회하고 있다.

그림 10 | 벤처 창업활동 국제비교

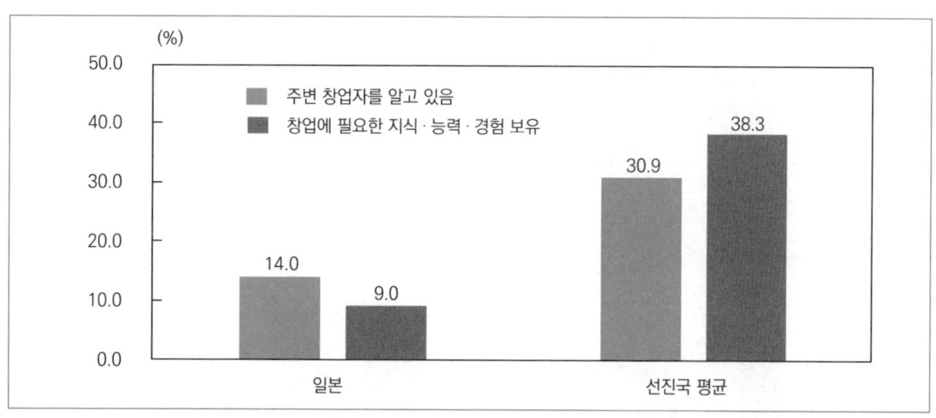

자료: GEM(「기업가정신에 관한 조사」, 2019년)

벤처 창업에 가장 큰 영향을 주는 요인으로는 주변 창업가가 29.4%로 가장 높고, 다음으로 창업에 관심 있는 친구(15.4%), 성공한 유명 기업가(11.8%) 등의 순으로 조사되었다.

그림 11 | 벤처 창업에 영향을 미치는 인적 요인

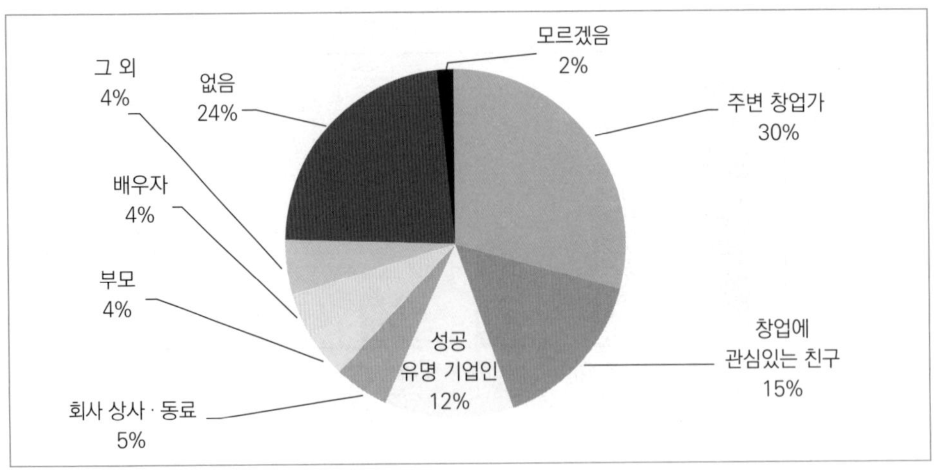

자료: 벤처엔터프라이즈센터(「벤처백서2020」)

② 벤처캐피탈 부족

일본의 경제규모(GDP)에 비해 일본의 벤처캐피탈 투자규모는 OECD국가 중 이탈리아를 제외하고는 가장 낮은 수준이다. OECD의 2018년 기준 자료에 보면, 미국이 0.40%로 가장 높고 그 다음으로 캐나다(0.18%), 영국(0.08%), 프랑스(0.06%), 독일(0.03%), 일본(0.03%), 이탈리아(0.01%)의 순으로 나타났다.

그림 12 | 주요국 GDP대비 벤처캐피탈 투자규모

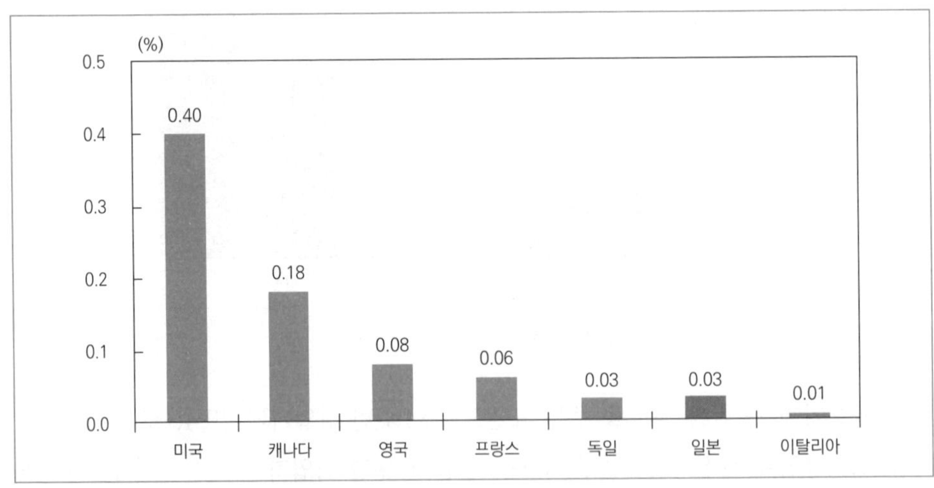

자료: OECD(「Entrepreneurship at a glance 2018」)

미국은 코로나19 감염 확산으로 경제활동이 크게 위축된 2020년에도 벤처캐피탈 투자액이 확대된 반면 일본은 축소되었다. 2020년 미국 벤처캐피탈의 투자액은 16.7조 엔으로 전년대비 10.8% 증가한 반면 일본은 0.15조 엔으로 오히려 30.1% 감소하였다. 이에 따라 미국 벤처캐피탈 전체 투자규모대비 일본 벤처캐피탈의 비중도 2019년 1.5%에서 2020년 0.9%로 하락하였다.

미국의 벤처캐피탈 투자

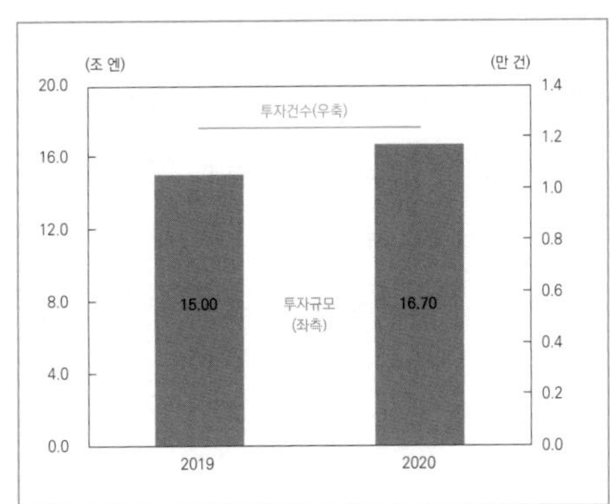

일본의 벤처캐피탈 투자

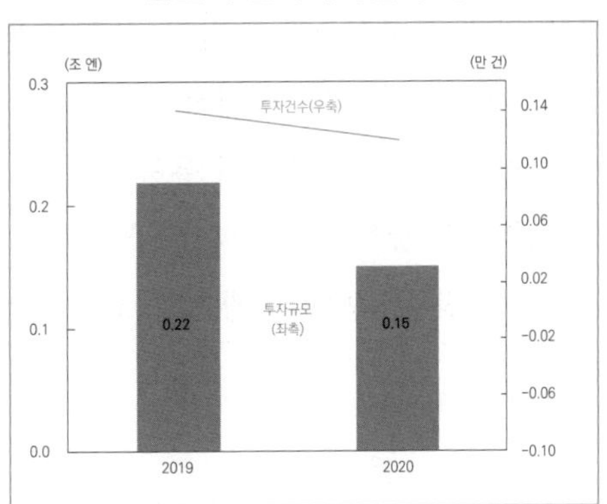

자료: 벤처엔터프라이즈센터, NVCA PitchBook

벤처캐피탈의 대규모 투자처인 유니콘(Unicorn) 기업의 수를 살펴보면, 일본은 2021.3월 4개사로 주요국 전체 528개사의 0.8%에 불과하다. 여기서 유니콘(Unicorn)기업이란 시가총액이 10억 달러 이상이고 창업한지 10년 이하인 비상장 스타트업 기업을 의미한다.

주요국 유니콘 기업 수[주)]

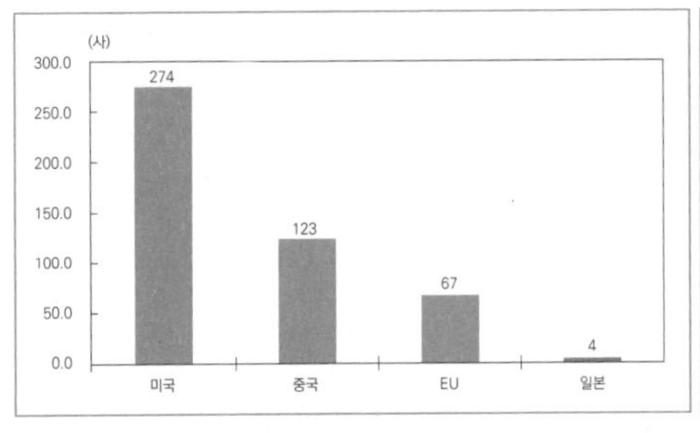

주요국 유니콘 기업의 시가총액

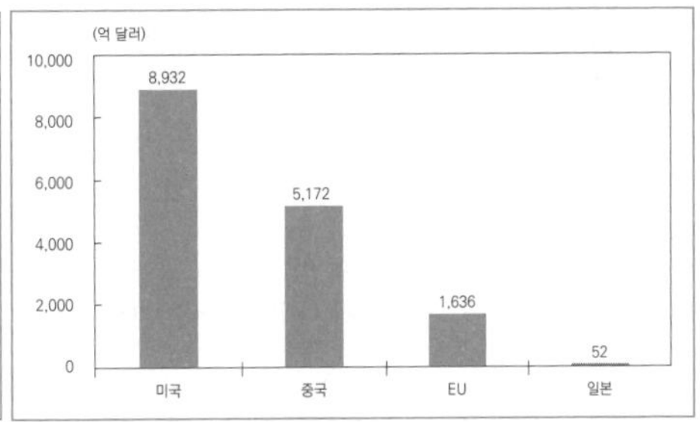

주: 2021.3월 기준 전체 528개사
자료: CB Insights(「The Complete List Of Unicorn Companies」, 2021.3월)

주요국 유니콘 기업 수를 보면, 미국이 274개로 가장 많고 다음으로 중국(123개), EU(67개) 등의 순으로 나타났다. 일본 유니콘 기업의 시가총액도 52억 달러로 미국(8,932억 달러)의 0.6% 수준에 불과한 상황이다.

③ 벤처기업의 자금조달 인프라 취약

일본은 벤처기업의 성장 단계별(stage of growth) 자금조달 인프라가 미국 등 주요국에 비해 상대적으로 취약한 것으로 평가된다. 일본은 벤처기업의 자금조달원이 한정적이고 유동성도 상대적으로 낮은 편이다. 이와는 반대로 미국의 경우 벤처기업에 있어서 비상장주식의 유동성이 높고 자금조달 수단도 다양하다. 미국은 벤처캐피탈 시장 참가자가 은행·사채(社債), 주식투자펀드(PE, 뮤추얼 펀드) 등 다양하고 시장도 비상장주식 마켓플레이스, 점두등록시장(OTC), M&A 등이 있어 유동성이 높은 편이다.

그림 13 | 일본 벤처기업의 자금조달 경로

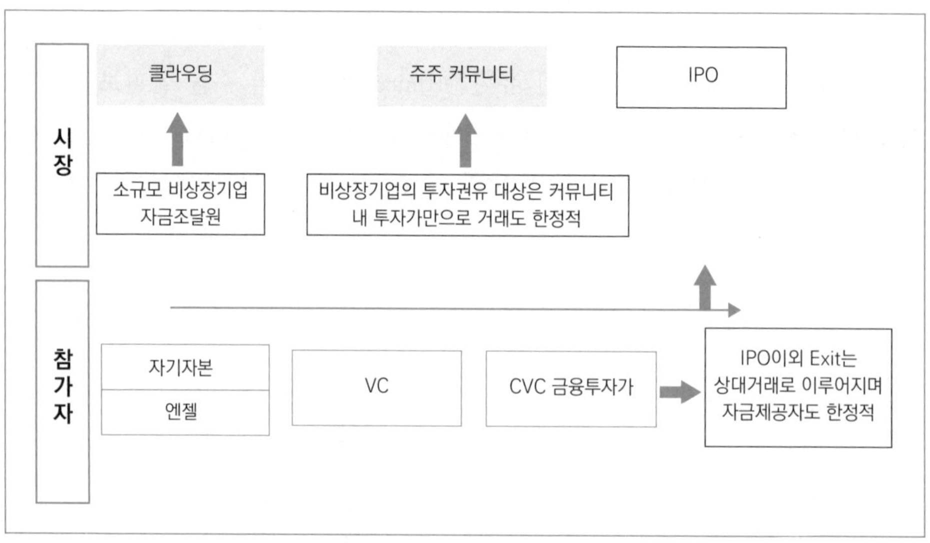

자료: 벤처엔터프라이즈센터(「벤처백서2020」)

일본 벤처기업의 주식공개(IPO)를 통한 자금조달 규모도 주요국에 비해 상대적으로 적은 것으로 나타났다. 신규주식공개(IPO; Initial Public Offering) 1건당 자금조달액이 미국, 아시아(일본 제외), 유럽에 비해 상대적으로 적었다. 미국의 경우 신규주식공개 1건당 자금조달액이 2019년 3.17억 달러에서 2020년 3.72억 달러로 증가했으나 일본은 같은 기간 0.43억 달러에서 0.36달러로 감소하였다. 일본 벤처기업의 신규 상장 수도 2020년 50개로 전년에 비해서는 7개 증가하였으나 2015년 62개를 여전히 하회하고 있다.

그림 14 | 벤처기업 주식공개 건당 자금조달 규모

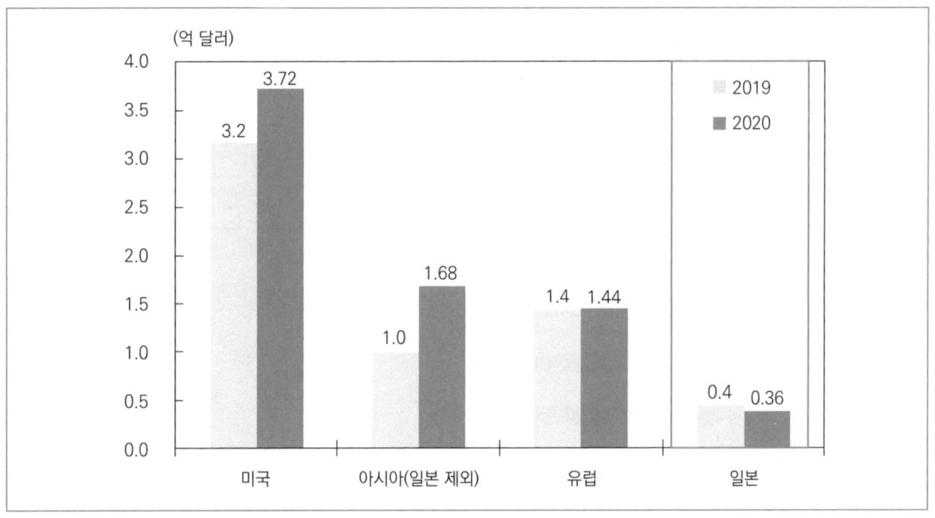

자료: 벤처엔터프라이즈센터(「벤처백서2020」)

그림 15 | 일본 벤처기업의 신규 상장건수

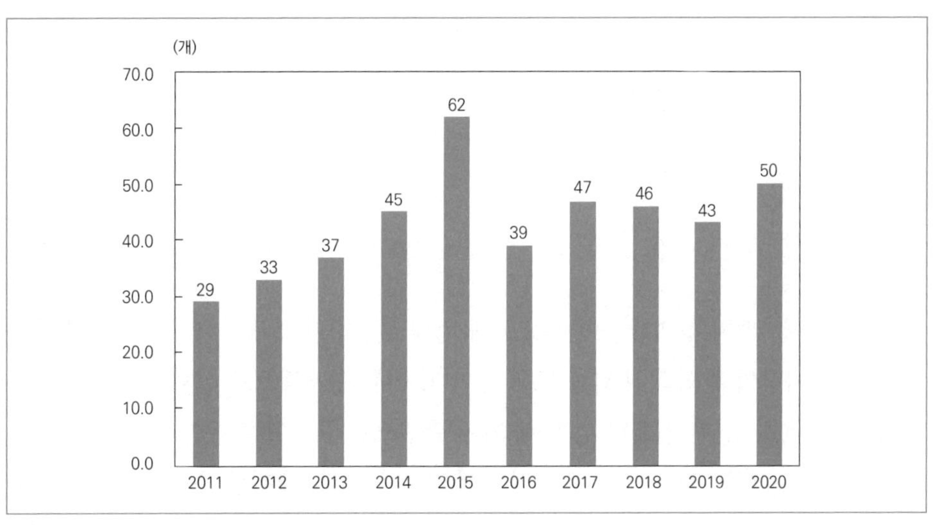

자료: INITIAL Enterprise(2020 Japan Startup finance)

④ 대기업과 벤처기업 간 연계 부족

일본은 유럽이나 미국 등 주요국에 비해 대기업과 벤처기업 간 연계가 부족한 것으로 나타났다. 대기업 주도의 기업 관행으로 제품·서비스의 조달, 자본·사업 제휴, 공동연구 등이 상대적으로 저조한 것으로 조사되었다(「벤처기업 전문가회의」, 2014.4월).

한편, 일본 내 벤처기업이 대기업과 협력하고 싶은 분야로는 자금조달이 63.2%로 가장 크고, 다음으로 기술제휴(36.8%), 인재교류(33.3%), 구입·판매 제휴(29.8%), 지적재산권 활용(26.3%) 등의 순으로 나타났다.

그림 16 | 일본 벤처기업이 대기업과 협력하고 싶은 분야

분야	(%)
그 외	1.8
주식 상호 보유	14.0
생산제휴	22.8
지적재산권 활용	26.3
구입 · 판매 제휴	29.8
인재교류	33.3
기술제휴	36.8
자금조달	63.2

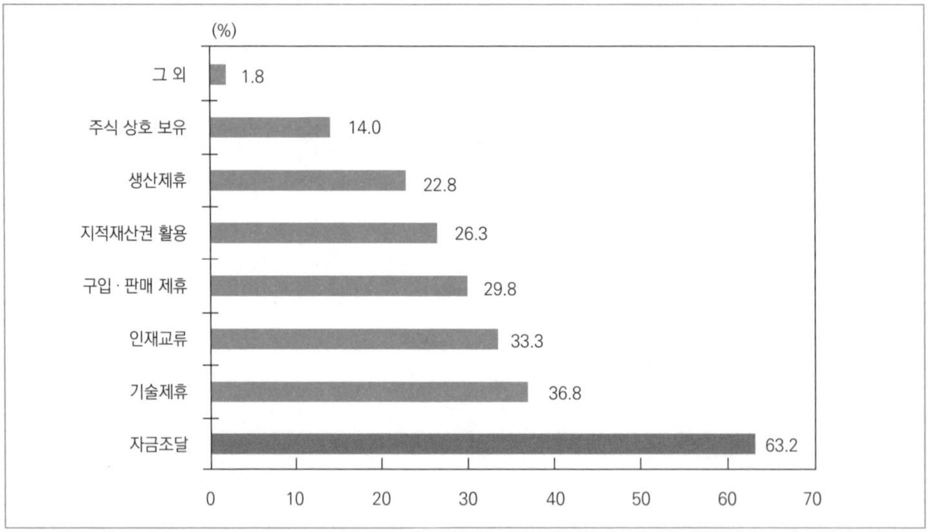

자료: 벤처엔터프라이즈센터(「벤처백서2020」)

2 일본 내 벤처 창업활동 부진에 대한 평가 및 우리 경제에의 시사점

일본 정부는 벤처 창업활동이 주요국에 비해 부진하다고 평가하고 전문가회의 등을 통한 벤처창업 활성화 대책을 모색 중이다. 이를 구체적으로 살펴보면 크게 제도개혁, 인재 육성, 관련 인프라 강화 세 가지 측면으로 요약할 수 있다.

우선, 제도개혁의 경우 연금 투자액내 벤처투자 강화, 세제상 우대조치, 공공기관의 벤처기업 제품 우선구매 및 R&D지원 등을 들 수 있다. 특히 세제상 우대조치로

는 벤처 창업 후 일정기간 세금 부담을 경감시켜 주고, 엔젤투자에 대한 세제 우대(소득공제액 확대 등), 특구제도 강화 등이 있다.

다음으로 인재육성의 경우 벤처창업에 대한 조기교육을 실시하고, 대학 간 창업 네트워크를 강화하려 한다. 또한 벤처기업 관련 인재육성을 위해 여성, 노인층에 대한 창업 교육, 글로벌 인재육성 등을 실시하려 한다. 이와 더불어 벤처창업 실패자에 대한 재도전 지원 등도 병행 실시할 예정이다.

마지막으로 인프라 강화의 경우 벤처투자의 출구전략으로 M&A 촉진, 성공벤처로부터의 Spin-off 유도, 크라우딩 펀드 확대를 통한 창업지원 모델 구축 등을 들 수 있다.

이와 같은 일본 정부의 창업활성화 대책에 대해 일본 내 전문가들은 대다수 일본 기업이 도입·운용 중인 종신고용제도가 벤처창업에 대한 의욕을 약화시킨다고 지적함과 아울러 회사의 유관 벤처기업 투자를 확대해야한다고 강조하고 있다. 즉, 노동시장의 경직성 개선을 위한 노동시장 규제 개혁 및 다양한 인센티브 설계가 필요하다는 의견이다. 일본 내 現 회사를 사직하지 않고 창업할 수 있는 사내 벤처에 대한 관심과 투자도 필요하다.

그림 17 | 일본 민간기업의 벤처기업 투자구조

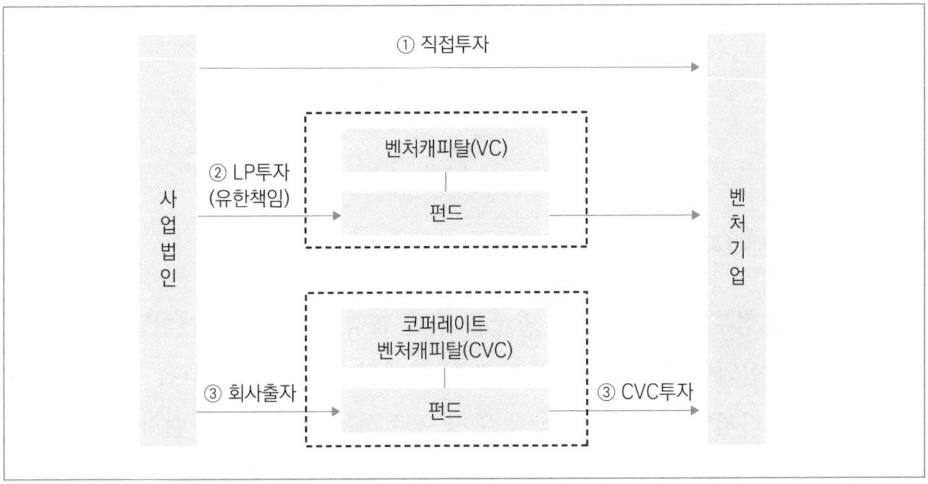

자료: INITIAL Enterprise(2020 Japan Startup finance)

민간회사가 직접 펀드를 조성, 유관 벤처기업에 투자하는 코퍼레이트벤처캐피탈(CVC, corporate venture capital) 규모를 확대할 필요가 있다는 주장이다. 여기서 코퍼레이트 벤처캐피탈이란 회사가 자기자금으로 펀드를 조성, 관련 벤처기업에 투자함으로써 통상 벤처캐피탈의 투자수익보다는 사업시너지효과를 기대하는 것을 의미한다. 예를 들어 택배 및 물류업의 대기업인 토마토홀딩스는 2020.4월 글로벌 브레인사와 공동으로 KURONEKO Innovation Fund를 설립(펀드규모는 50억 엔, 운용기간은 10년, 투자대상은 초기 벤처기업)하고 물류상 혁신기술 비즈니스모델을 보유한 글로벌 벤처기업에 투자 중이다.

한편 2020년 일본 민간기업의 벤처기업 투자규모를 보면, 최대 이동통신사인 NTT도코모가 100억 엔으로 가장 크고, 다음으로 이토츄상사 88.1억 엔, SOMPO홀딩스 66.6억 엔, 소프트뱅크 41.2억 엔 등의 순으로 나타났다.

표 3 | 일본 민간기업의 벤처기업 투자규모

	2020년 연간투자액(억 엔)
NTT도코모	100.0
이토츄상사	88.1
SOMPO홀딩스	66.6
소프트뱅크	41.2
링크앤모티베이션	40.8
스즈켄	29.7
덴츠그룹	27.1
ENEOS	25.0
마루이그룹	23.7
KDDI	23.4

자료: INITIAL Enterprise(2020 Japan Startup finance)

향후 일본은 정부의 신성장동력 발굴을 위한 新경제정책, 벤처캐피탈 등 금융인프라 지원책에 힘입어 벤처창업 활동이 점차 확대될 것으로 예상된다.

일본 정부는 디지털화와 탈탄소화를 두 축으로 하는 경제정책이 벤처창업을 증가시킬 수 있다는 입장이다. 우선, 디지털화는 행정을 비롯한 사회경제 전반의 구조개혁과 혁신(innovation)을 유도하여 벤처창업 등을 통한 총요소생산성(TFP)의 제고를 지향하고 있다. 다음으로 탈탄소화는 지구온난화에 대한 대응뿐 아니라 관련 산업에 대한 투자촉진, 생산성 향상을 통한 구조 고도화, 친환경산업 육성 등을 추진할 계획이므로 관련 벤처 창업 및 투자도 활성화될 것으로 기대된다.

특히 일본은행의 분석자료를 보면, 벤처캐피탈을 비롯한 벤처기업에 대한 금융지원은 창업, 특허 등 벤처기업의 혁신활동을 촉진시키는 것으로 나타났다(일본은행 금융시장국, 2021.3월).

이를 구체적으로 살펴보면, 일본 내 벤처캐피탈의 금융지원을 받은 일본의 벤처기업은 지원받지 못한 비교대상 벤처기업에 비해 60% 이상 특허출원 건수가 유의미하게 증가한 것으로 분석되었다. 즉, 일본 벤처캐피탈에 의한 벤처기업에 대한 금융지원 및 지적재산권을 비롯한 경영지원은 벤처기업의 특허출원 건수의 증가에 영향을 미칠 가능성이 있는 것으로 분석되었다.

이에 일본은행은 벤처 창업활동 촉진을 위해 ① 기관 투자가에 의한 벤처캐피탈 투자규모 확대, ② 벤처기업의 지속성장을 위한 상장기회의 확대, ③ 지적재산권 관리 및 전문인력의 확보·육성이 긴요하다고 지적하였다.

그림 18 | 미·일 간 벤처캐피탈 투자가 구성

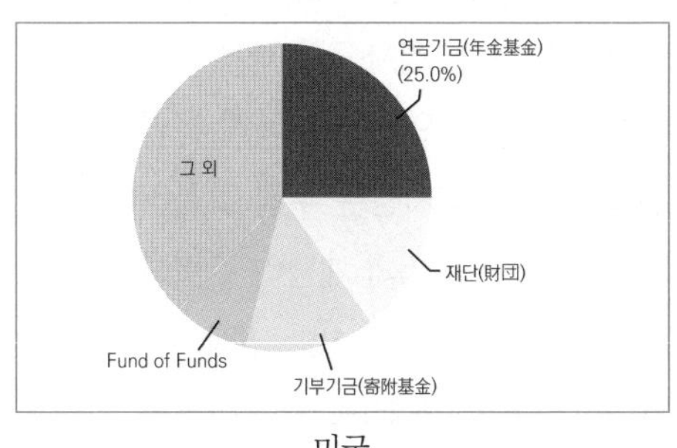

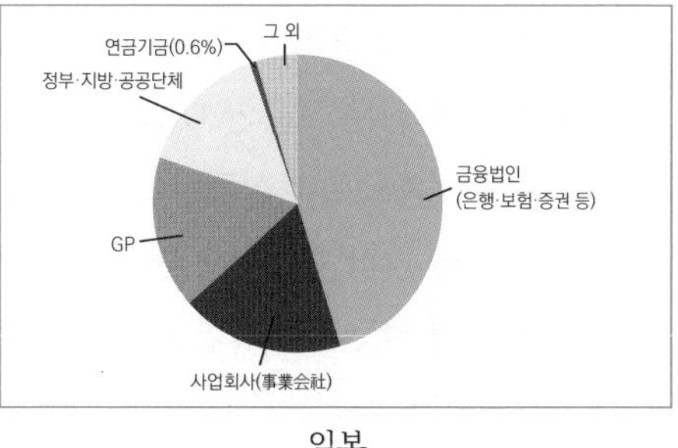

미국 일본

자료: 일본은행(「벤처캐피탈과 벤처기업의 혁신」, 2021.3월)

마지막으로 일본 내 벤처 창업이 부진한 이유는 벤처캐피탈 등 자금조달 인프라 취약, 노동시장 경직성 등이 복합적으로 작용하고 있는 점에 비추어, 우리나라도 벤처생태계 개선을 위한 정책 입안시 일본의 사례를 참고할 필요가 있다.

특히 대기업이 직접 펀드를 조성, 유관 벤처기업에 투자하는 코퍼레이트벤처캐피탈 규모가 확대되고 있는 점은 주목할 필요가 있다.

또한 일본 정부의 디지털화 및 탈탄소화 추진은 우리 관련 벤처기업의 일본 시장 진출의 기회이자 위기로 작용할 소지도 있을 것으로 보인다.

즉, 전자상거래·교육·의료 등에 대한 인프라 투자 및 제도 개선이 예상되고 친환경 제품에 대한 수요 확대, 주변국과의 환경 프로젝트 공조도 활성화될 것으로 보인다.

쉬어가기

일본의 Uchi(内)와 Sotto(外)

일본인들에게는 익숙하지만 한국인에게는 어색한 개념이 있다. 바로 Uchi와 Sotto의 관계이다. 일본에서 비즈니스를 하거나 일본인과 교류하는 가운데 가장 어색하게 느끼는 부분 중 하나일 것이다. 우리는 회사에서 근무 중 외부로부터 전화가 와서 회사 내 상사를 찾는 전화를 받는다면 뭐라고 할 것인가? “저희 사장님, 지금 외출 중이십니다.”라는 표현을 많이 듣고 익숙할 것이다. 그러나 일본에서는 “우리 야마다(사장 이름)는 외출 중입니다.”라는 답변을 듣게 될 것이다. 사장이름을 존칭없이 부른다고? 그렇다. 이게 일본인들에게 익숙한 Uchi와 Sotto의 단면이다. 회사 직원에게 사장은 우리와 같은 그룹인 Uchi에 속한다. 그러므로 외부인(Sotto)에게 본인 그룹을 낮춤으로써 상대방을 높여주는 간접적 효과와 사장은 우리 그룹이라는 것을 나타낸다. 이처럼 일본사회에는 Uchi와 Sotto의 개념이 뚜렷하여 일종의 선긋기가 자연스럽다. 일례로 일본의 각 도시마다 있는 성(城)을 가보면 성을 중심으로 Uchi Bori(内堀)와 Sotto Bori(外堀)로 구분되어 있는 것을 보게 될 것이다. 일본사람들이 이름을 부를 때 기본적으로 성에 상(さん)을 붙여 부르고 친한 사람들 사이에서만 이름을 부르는 것도 어쩌면 선긋기의 일종은 아닐까? 과연 우리는 어떤 그룹에 있어 Uchi에 속할까? 아니면 Sotto에 속할까?

CHAPTER

03

일본의 노동시장의 특징

들어가기

일본 기업은 소위 '종신고용'으로 알려져 있다. 신입사원으로 채용되면 정년까지 고용이 보장되는 시스템이다. 매년 봄이 되면 대학교 4학년생들은 취업을 위해 똑같은 흰색 와이셔츠와 검정색 정장을 입고 면접 등 취업시험을 보러 다니는 모습을 쉽게 볼 수 있다. 이와 같이 연공서열주의를 통한 종신고용 기업문화는 경기사이클과 관계없이 고용을 안정적으로 유지해 주는 장점이 있는 반면, 고용의 경직성 또한 야기한다. 즉, 취업시즌에 취업하지 못하면 노동시장에 참여하기 어렵고 경력직 채용 또한 일반적이지는 않다.

일본은 취업이 잘된다고 하는데, 앞으로 우리나라도 청년인구가 줄어들면서 일본처럼 취업이 쉬워지는 걸까? 인공지능 확대, 외국인노동자 증가 등은 우리나라 청년들의 취업에 위협요인으로 작용하는 반면 생산가능인구 감소는 기회요인으로 작용할 것인가? 일본 노동시장의 특징을 통해 알아보자.

Chapter 03

일본의 노동시장의 특징

1. 일본의 실업률이 상대적으로 낮은 요인

1 일본의 실업률 추이

최근 일본의 실업률은 미국, 유럽 등 주요국을 하회하는 낮은 수준 지속하고 있다. 미국, 독일 및 프랑스는 코로나 팬데믹 발생 이후 상승하였다가 최근 들어 하락하고 있으나 일본은 낮은 수준 유지하고 있다. 특히 일본의 실업률은 일반적으로 알려진 자연실업률 수준(3% 정도)을 하회하는 것으로 알려졌다.

그림 1 | 주요국 실업률

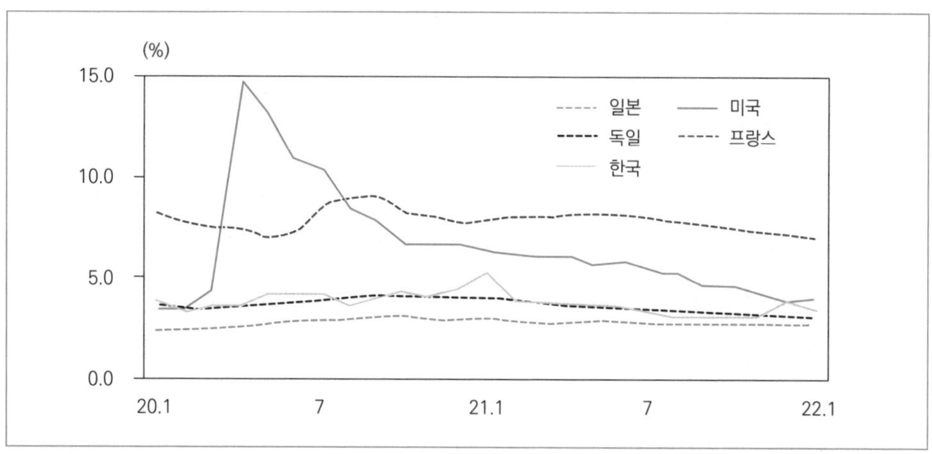

자료: OECD

일본 내 노동시장 참가자의 구직난을 나타내는 유효구인배율[1](유효구인자 수/유효구직자 수, SA)은 2020.9월 이후 상승세(1.04배 → 1.21배)를 나타내고 있다.

그림 2 | 실업률 및 유효구인배율

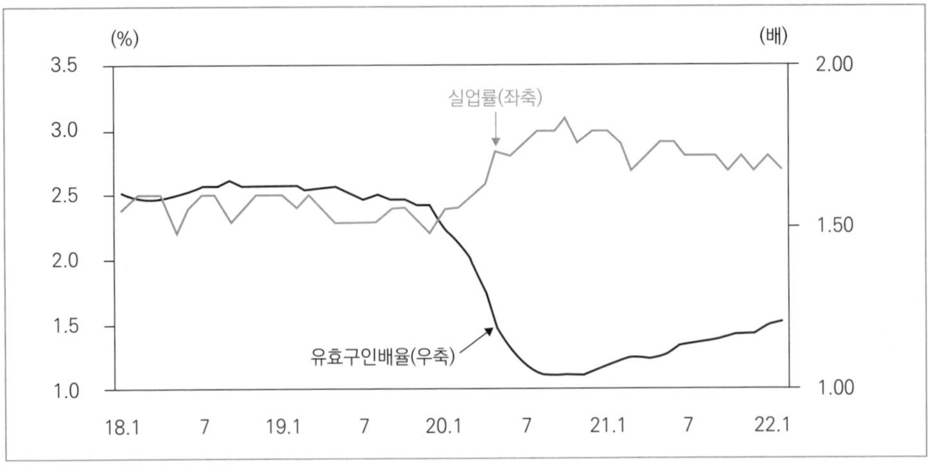

(%) (배)
3.5 2.00
3.0
2.5 1.50
2.0
1.5
1.0 1.00
18.1 7 19.1 7 20.1 7 21.1 7 22.1
실업률(좌축)
유효구인배율(우축)

자료: 총무성

2 일본의 실업률이 상대적으로 낮은 주요 요인

일본의 실업률이 미국, 유럽과 달리 상대적으로 낮은 것은 인구구조적 요인, 고용안정성 중시의 기업문화, 일본 정부의 정책적 지원, 고용통계적 요인 등을 들 수 있겠다. 아래에서는 각각의 주요 요인에 대해 구체적으로 살펴보았다.

① 인구구조적 요인

일본은 저출산·고령화에 따른 생산가능인구 감소로 노동력 부족현상 발생하고 있다. 일본의 생산가능인구(15~64세)는 1995년 8,717만 명을 정점으로 감소하였으며, 총인구도 2008년(1.3억 명) 이후 감소세를 지속하고 있다. 일본은 고령화가 빠르게 진행되면서 2050년에는 65세 이상의 노인이 전체 인구의 38.8%를 차지할 전망이다.

1 구직자 1명에 대해 기업이 몇 명의 구인을 원하는지를 나타내는 지표로 1보다 높으면 구인이 구직을 상회한다는 의미한다.

그림 3 | 일본의 생산가능인구

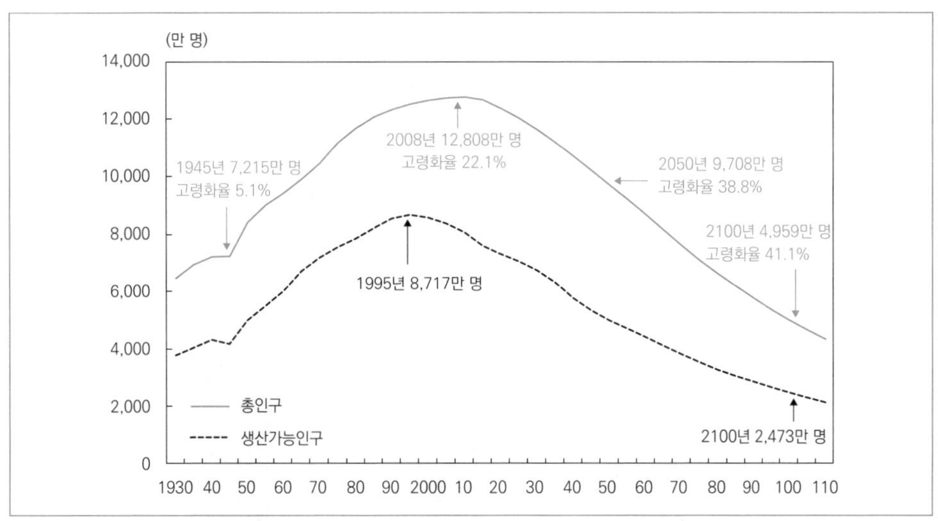

자료: 총무성, 국립사회보장인구문제연구소

일본의 전체 인구대비 생산가능인구 비중을 보면, 일본은 2021년 58.9%로 한국(71.7%), 미국(64.4%), 독일(64.0%), 영국(63.4%)을 포함한 OECD 평균(64.5%)을 하회하고 있다. 그만큼 전체 인구에서 일할 수 있는 사람이 차지하는 비중이 낮다는 의미이다.

그림 4 | 주요국의 생산가능인구 비중

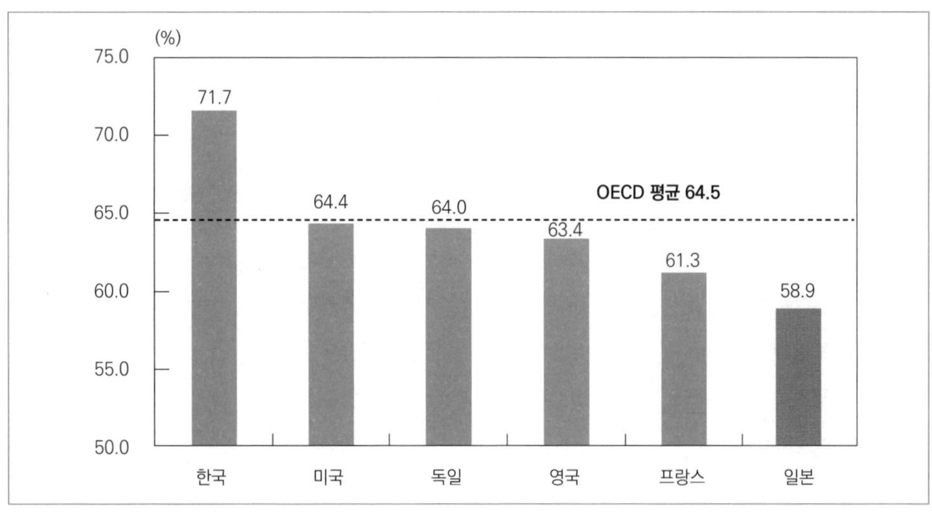

자료: OECD(2021년)

향후에도 일본은 저출산·고령화가 진전되면서 생산가능인구뿐 아니라 절대인구가 감소하면서 노동력 부족현상은 심화될 전망이다(일본 내각부 고령사회백서).

이를 구체적인 수치로 살펴보면, 일본 내 인력부족 규모는 2020년 384만 명에서 2030년에는 644만 명으로 1.7배 확대될 것으로 예상하고 있다(일본 Persol종합연구소).

그림 5 | 일본의 인력부족 규모

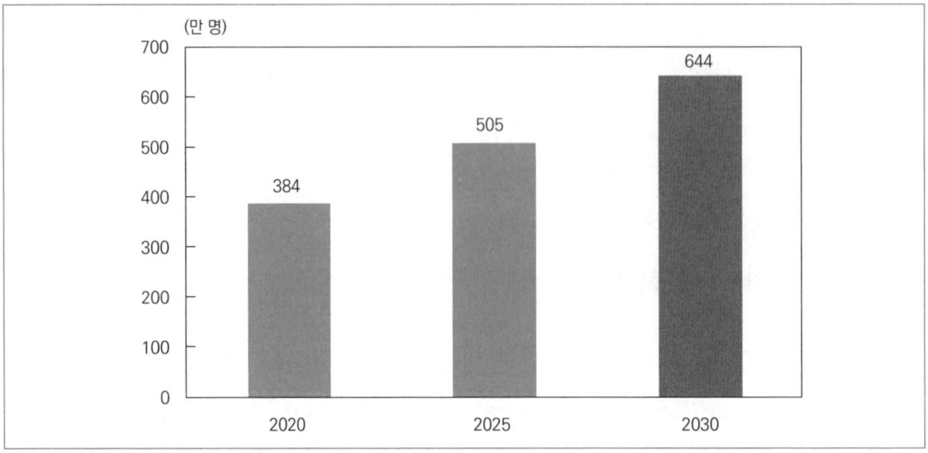

자료: 일본 Persol종합연구소(2020.12월)

일본의 2030년 인력부족 상황을 산업별 살펴보면, 음식·숙박 등 서비스업이 400만 명으로 가장 크고 의료·복지(187만 명), 도소매(60만 명), 제조업(38만 명) 순으로 인력부족이 예상된다.

표 1 | 2030년 일본의 산업별 인력부족 전망

(만 명)

산업	부족 인력	산업	부족 인력
음식숙박서비스	400	배달운송	21
의료복지	187	전기가스수도	7
도소매	60	공공부분	4
제조업	38	농림수산	-2
통신정보서비스	31	금융보험부동산	-30
교육	28	건설	-99

자료: 일본 Persol종합연구소(2020.12월)

② 고용안정성 중시의 기업문화

일본 기업들은 Membership(일괄고용) 채용을 통한 고용안정을 중시하고 있다.

최근 우리나라는 중소기업 등에서 근무한 경력이 있는 경력자에 대한 채용이 많아지고 있으나, 일본은 여전히 연초 대규모 신규 채용을 통한 일괄고용이 일반적이다. 일본은 연간 필요 직원의 대규모 일괄고용 후 정년을 보장해 주는 종신고용 기업문화가 여전히 강해 근무연수가 길고 이직률이 상대적으로 낮은 편이다. 2020년 일본 내 이직률은 14.2%로 과거 10년(2010~'20년) 연평균(14.9%)을 하회하고 있다.

표 2 | 美·日 고용시스템 차이

	주요 내용
업무 범위	• 미국은 업무기술서 범위 내 업무만 수행하나 일본은 명확한 업무기술없이 다양한 업무수행 - 일본 대기업 종합직의 경우 기업상황에 따라 근무처, 업무내용도 변경가능
급여	• 미국은 성과에 따른 차별보상인 직무급인 반면 일본은 근무기간에 따른 직능급
채용·해고	• 미국은 직무에 따른 채용 및 해고가 가능하나 일본은 잠재능력을 고려한 장기고용이므로 해고가 어려움
인재 육성	• 미국은 직무급이므로 직원교육의 의무가 없으나 일본은 OJT 및 경력개발 실시

자료: International Comparisons of Annual Labor Force Statistics

일본의 평균 근무연수(2019년)는 11.9년으로 미국(4.2년)의 2.8배에 달한다. 미국, 유럽은 직무중심(Job)의 수시 채용이 일반화되고 시장상황 및 실적에 따른 고용해지가 상대적으로 용이한 데 비해 일본은 노동시장 유연성이 상대적으로 낮은 편으로 평가받고 있다.

그림 6 | 근로자의 기업 내 평균 근무년수 비교

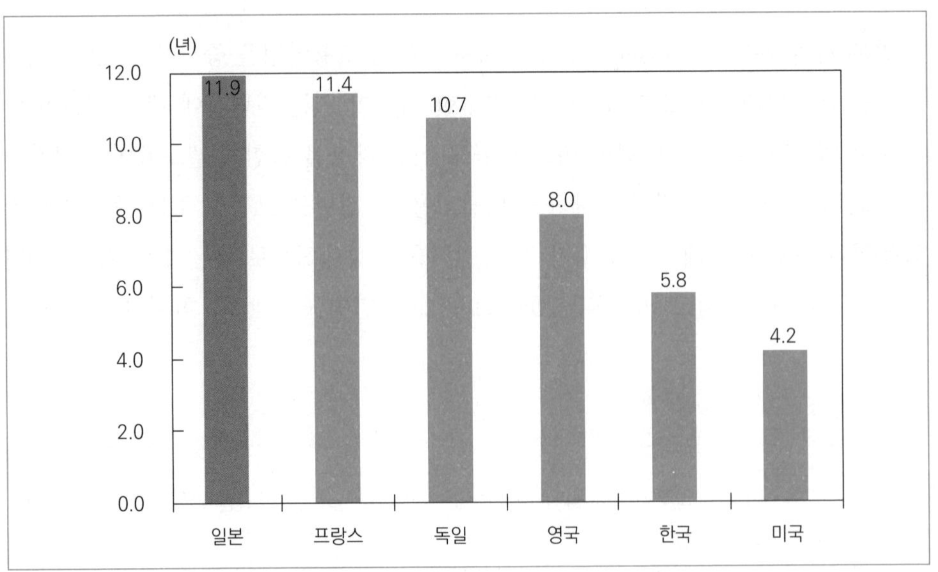

자료: 일본 노동정책연구·연구기구(2019년)

3 일본 정부의 정책적 지원

일본 정부는 근로자의 고용안정성 제고를 위해 고용유지 보조금 지급, 정년연장 등 다양한 지원책을 마련·시행하고 있다. 코로나 팬데믹 등 경제위기 발생 시 실업률 상승을 억제하기 위해 고용유지 기업에 대규모 보조금을 지급하고 있다. 실제로 코로나 영향으로 매출이 감소하였으나 종업원의 고용을 유지하고 있는 기업을 대상으로 해당 종업원 1인당 1일 최대 1.5만 엔을 지원하였다(고용조정조성금 특례조치, 후생노동성).

이와 같이 일본은 경제 위기 발생 시 정부의 고용유지 지원금을 통해 고용안정을 도모하고 있으며, 고용유지 기업은 영업부진을 정부의 보조금을 통해 메꾸고 있다. 예를 들어 2022년 2월 중 일본의 고용보조금 신청건수(신규 6.4만 건, 누적 600만 건)는 독일(신규 1.8만 건) 등 주요국을 크게 상회하였다.

그림 7 | 일본의 고용보조금 신청건수

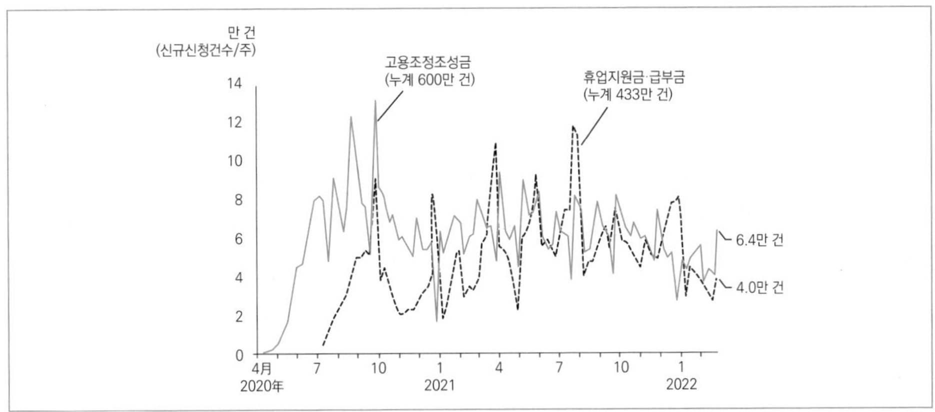

그림 8 | 독일의 고용보조금 신청건수

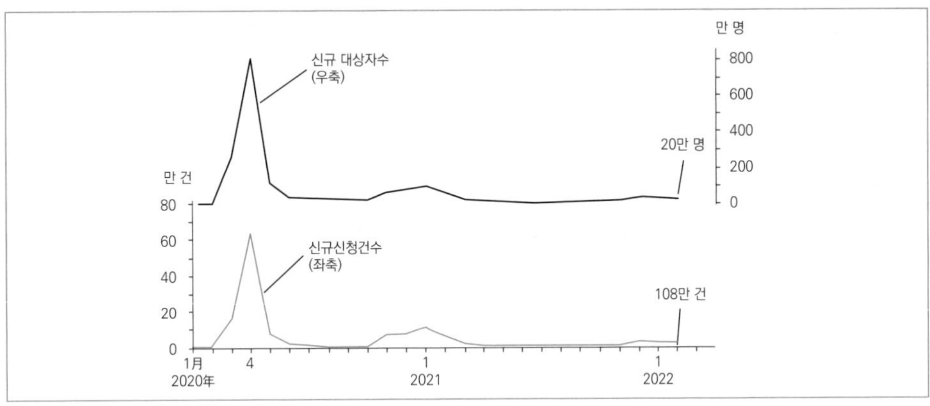

그림 9 | 프랑스의 고용보조금 신청건수

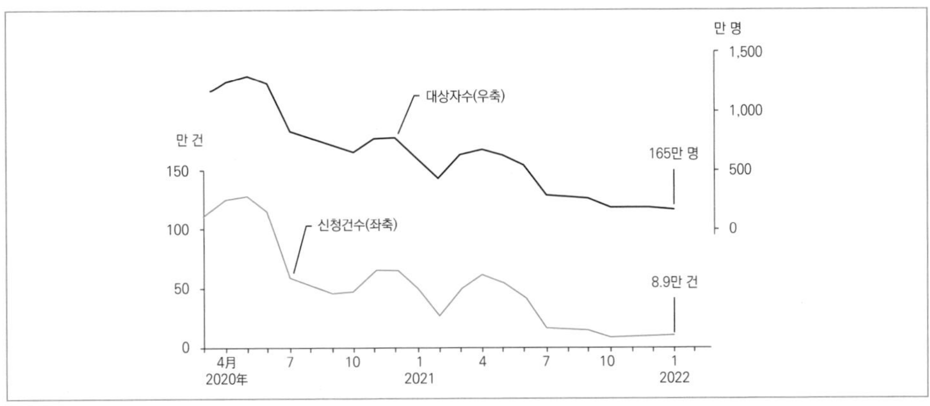

자료: 일본 노동정책연구·연수기구(2022.3월)

일본 정부의 정년 및 은퇴연령을 점진적으로 연장하는 근로자의 근로연장 정책도 고용안정성 제고에 기여하고 있는 것으로 나타났다.

일본은 1998년 60세 정년 의무화를 시행하였으며 2006년에는 65세까지 연장한데 이어 2021년 4월부터는 희망근로자에 대해 70세까지 취업기회를 제공하고 있다. 최근 들어서는 정년이란 개념을 없애자는 목소리까지 나오고 있다.

이에 따라 고령자(60~64세) 취업률이 지속적으로 상승해 2021년에는 71.5% 수준에 이르고 있다. 관련 통계를 살펴보면, 고령자 취업률이 2000년 51.0%, 2006년 52.6%(65세 고용확보조치 의무화), 2013년 58.9%(희망자 전원에 대한 고용확보조치 실시), 2021년 71.5%로 지속적으로 상승했다.

표 3 | 일본의 근로연장 정책

	주요 내용
1986년	고령자 고용안정법을 제정하고 60세 정년 노력 의무화
1994년	60세 정년 의무화(1998년 시행)
2000년	65세까지의 고용확보조치 노력 의무화
2004년	65세까지 고용확보조치 단계적 의무화(2006년 시행)
2020년	70세까지 취업확보 노력 의무화(2021년 시행)

자료: 닛세이기초연구소

그림 10 | 일본의 고령자 취업률

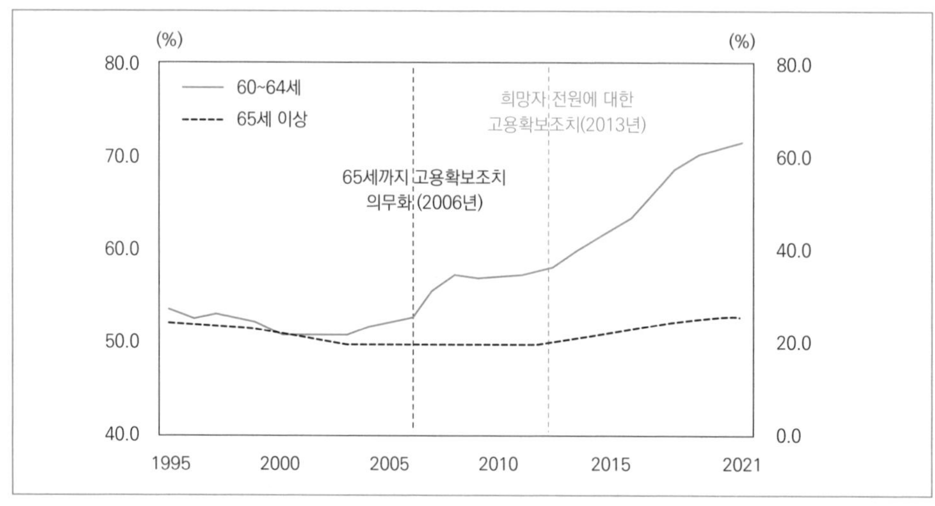

자료: 총무성 통계국

④ 고용통계적 요인

일본은 취업단념자(discouraged worker) 등 비경제활동인구 비율이 높은 편이며, 이는 실업률을 낮추는 통계적 요인으로 작용하고 있다.

각국의 실업률[실업자/(취업자+실업자)]을 산출할 때 취업단념자는 경제활동인구에서 제외하여 편제하게 되어 있다. 이에 따라 우리가 일반적으로 생각하는 실업자와 통계상 실업자는 다소 다른 개념이다. 일정하게 취업을 위해 노력하는 사람은 실업자인 반면, 취업하기를 포기한 사람은 통계상 실업자가 아니라는 뜻이다.

그림 11 | 일본의 비경제활동인구

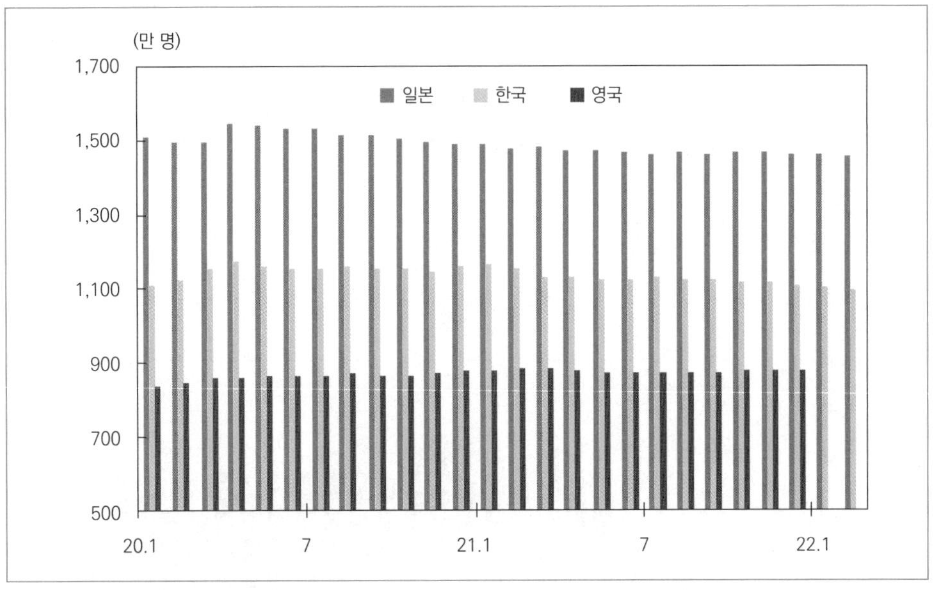

자료: 총무성

일본의 비경제활동인구 비율(비경제활동인구/15세 이상 인구)은 37.9%(2019년)로 미국(36.9%), 영국(36.8%), 한국(36.7%)을 상회하고 있다.

표 4 | 주요국 비경제활동인구 비율

(%)

	2016	2017	2018	2019
일본	40.0	39.5	38.5	37.9
미국	37.2	37.1	37.1	36.9
영국	37.1	37.1	36.9	36.8
한국	37.1	36.8	36.9	36.7

자료: OECD, 일본 총무성

특히 청년층 중 니트족(NEET)이 많아지면서 통계상 청년층 실업률을 낮추는 요인으로 작용하고 있다. 여기에서 니트족(NEET)이란 일하지 않고 일할 의지도 없는 청년(15~39세) 무직자를 뜻하는 신조어(Not in Education, Employment or Training)로 이들은 통계상 비경제활동인구로 분류된다. 일본 정부(내각부)에 따르면 일본 내 니트족(NEET)은 2020년 기준으로 87만 명으로 추정된다.

그림 12 | 일본 니트족 추이

(만 명)

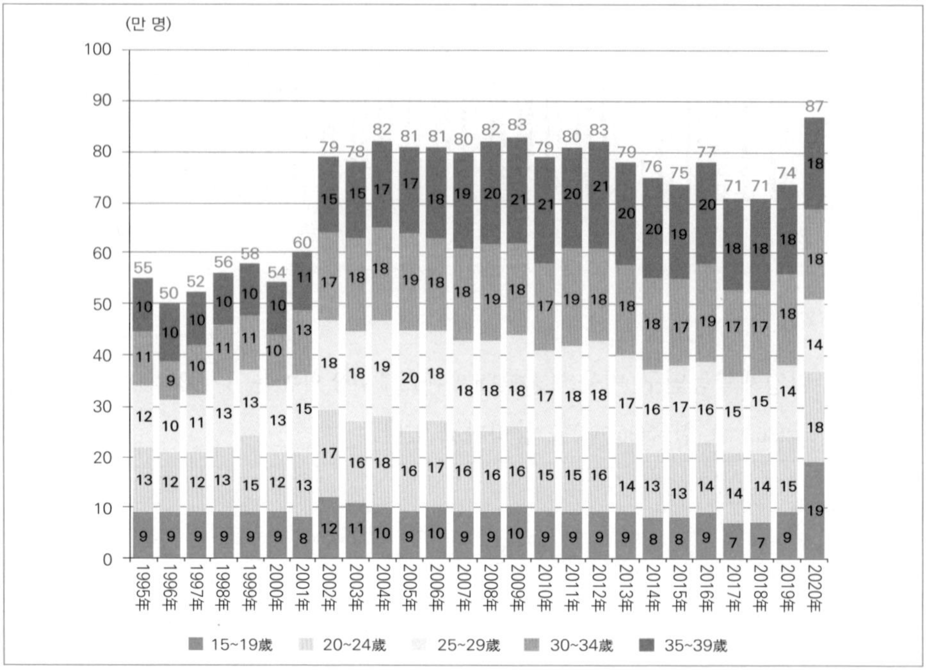

자료: 일본 내각부(2021.6월)

이에 따라 코로나 팬데믹 당시 일본의 잠재실업률은 협의의 실업률(약 3%)을 크게 상회하는 6~13%로 추정되었다(일본 현대비즈니스). 광의의 실업자란 실업자, 휴업자, 취업희망자를 모두 합한 기준의 실업률을 의미하며, 이들을 포함한 일본의 잠재실업률은 2020년 1/4분기 10.1% , 2/4분기 13.0%, 3/4분기 10.0%, 4/4분기 9.1%로 분석되었다.

또한 일본의 취업 및 실업 관련 정의(측정 기간 및 범위)와 통계산출 방식도 주요국에 비해 다소 상이하다.

청년(대학졸업자) 취업률의 경우 한국은 졸업예정자 수 대비 취업자로 통계를 편제하는 반면 일본은 취업희망자대비 취업자의 비율로 시산함으로써 일본의 취업률이 상대적으로 과대 평가되는 경향이 있다.

이와 같은 개념을 통해 살펴보면, 2021.3월 일본 대학졸업자의 취업률은 일본 기준으로는 96.0%가 되고 한국 기준으로는 77.7%로 나타났다(후생노동성, 문부과학성).

3 일본 실업률에 대한 평가 및 전망

최근 일본 실업률이 미국, 유럽 등 주요국에 비해 상대적으로 낮게 유지되고 있는 이유는 인구구조, 고용시스템, 정부지원, 고용통계적 차이 등이 복합적으로 작용한 데 주로 기인하는 것으로 보인다.

일본은 저출산·고령화로 생산가능인구가 줄어들고 있는 데다 고용안정을 중시하는 기업문화와 일본 정부의 강력한 정책지원 등이 실업률을 낮추는 주요 요인으로 작용하고 있다.

향후 일본은 경기 회복으로 노동수요가 확대되는 반면 저출산·고령화 진전으로 노동력 공급부족이 심화되면서 당분간 고용사정은 안정적인 모습을 나타낼 전망이다.

다만 니트족 등 비경제활동인구 증가, 장기(1년 이상) 실업자 확대 등은 실제 고용사정을 제대로 반영시키지 못하는 요인으로 작용하고 있다.

그림 13 | 일본의 인구구조

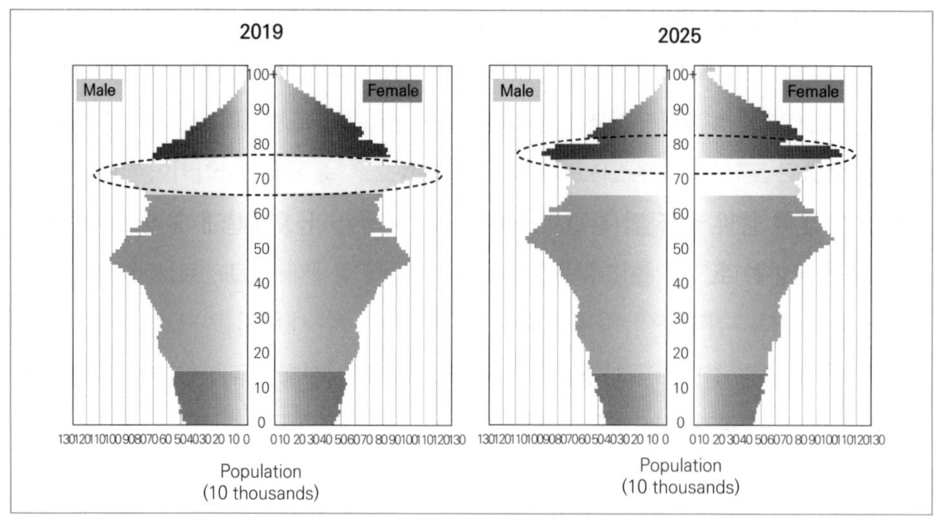

자료: 일본 내각부

그림 14 | 일본의 여성 취업자 수 및 고령층 경제활동참가율주)

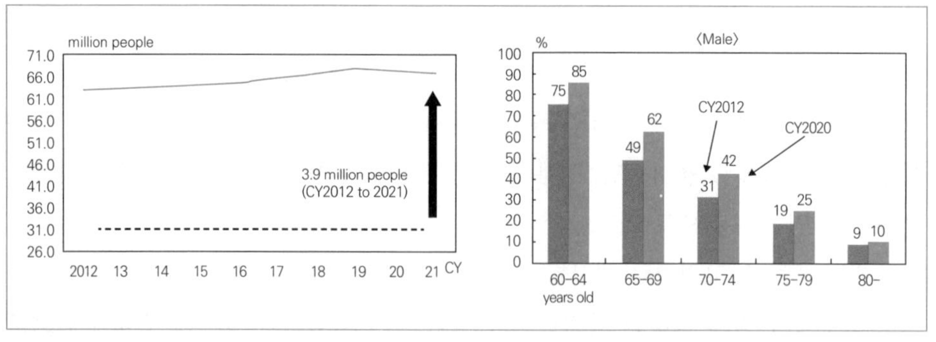

주: 남성 기준
자료: 일본 내각부

일본 정부는 저출산·고령화에 따른 노동력 부족현상의 완화를 위해 여성 및 노인층의 경제활동 참여 유도, 외국인 노동자의 고용 촉진, 청년층의 성인연령 인하[2] 등의 정책을 계속 추진하고 있다.

특히 외국인 노동자의 고용 촉진을 위해 2018.11월 외국인 수용 범위를 대폭 확대하는 출입국 관리법을 개정·시행 중이다(2019.4월). 이에 따라 일본 내 외국인 노

2 일본 정부는 2022.4.1일부터 성인 연령을 기존 만 20세에서 만 18세로 인하(민법 개정)하여 청년층의 경제활동 활성화(운전면허, 통장개설, 공인자격시험, 결혼 등)를 지원하고 있다.

동자 수는 2019년 166만 명에서 2025년 178만 명, 2030년 209만 명으로 크게 증가할 전망이다(Persol종합연구소, 2020.12월).

그림 15 | 일본 내 외국인 취업자 수

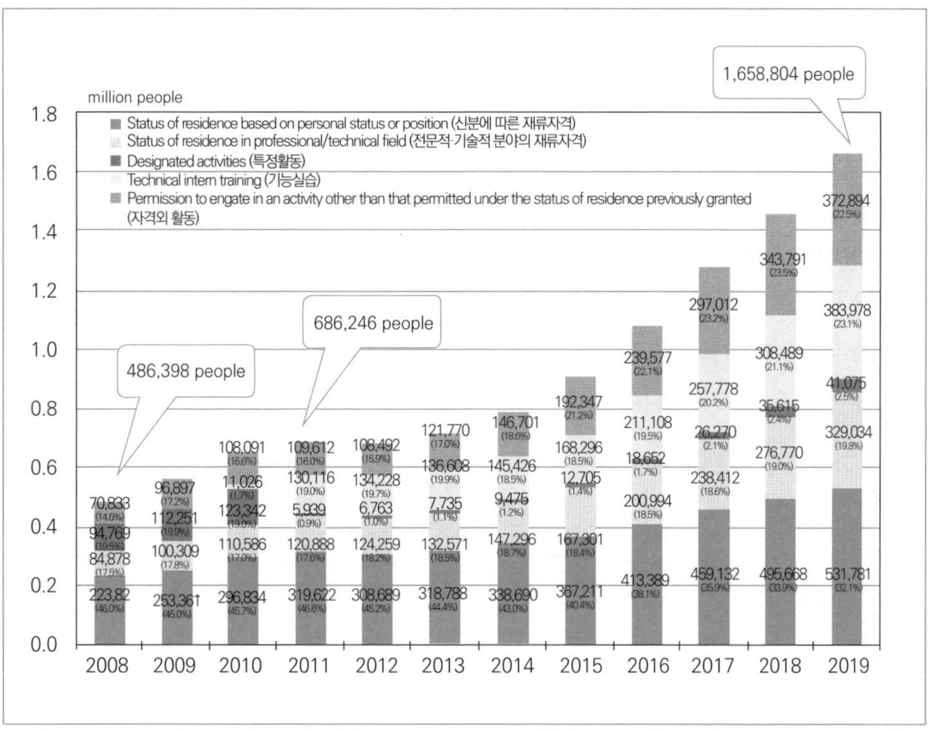

자료: 일본 내각부

2. 일본의 임금상승이 더딘 요인

1 일본의 주요 임금 비교

1 일본의 명목임금[3]

2021년 일본 일반근로자의 월간 명목임금은 30.7만 엔으로 전년대비 0.1% 하락하였다. 성별로는 여성이 25.4만 엔으로 남성(33.7만 엔)의 75.2% 수준이다. 과거 1990년대비 여성은 7.9만 엔, 남성은 4.7만 엔 각각 증가하였다.

그림 16 | 일본 일반근로자 임금[1)]

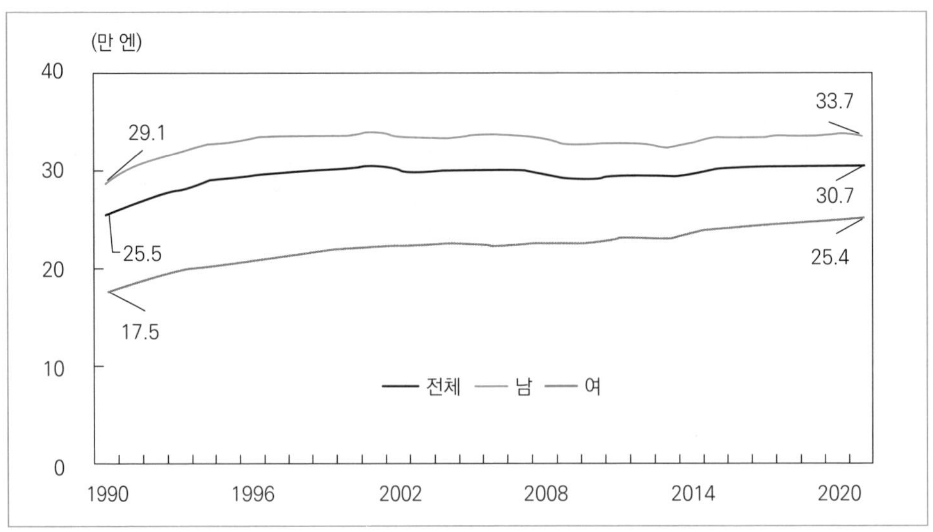

주: 월간 명목임금
자료: 후생노동성

학력과 성별을 고려한 신규 초임(2019년 기준)은 대졸 남성이 21.3만 엔으로 가장 높고 대졸 여성(20.7만 엔), 고졸 남성(16.9만 엔), 고졸 여성(16.5만 엔)의 순으로 나타났다.

3 단시간 노동자를 제외한 일반노동자의 1인당 평균 월간 명목임금(기본급 및 각종 수당이 포함된 세금 공제前 현금급여액)을 의미한다.

그림 17 | 일본 학력별 신규 초임주)

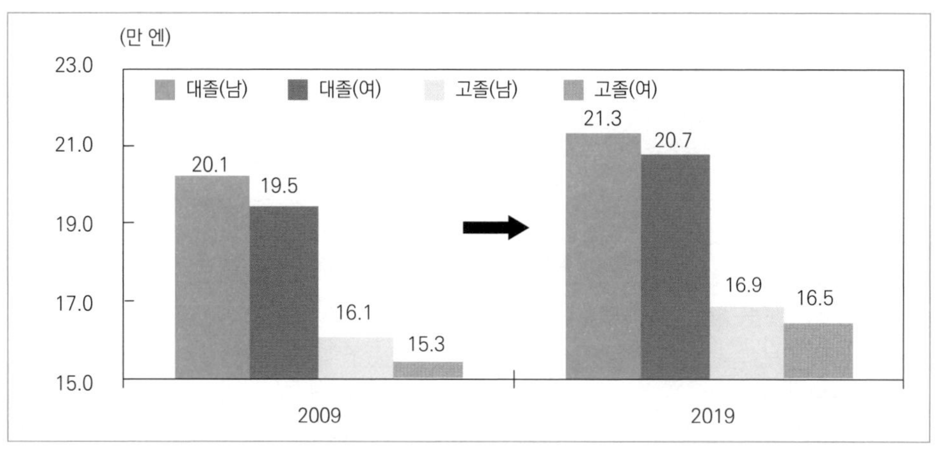

주: 통상적인 근무시간 및 일수를 근무한 신규취업자의 6월 기준 소정급여(통근수당 제외)
자료: 후생노동성

기업규모별로는 대기업이 34.0만 엔으로 가장 높고 중기업(30.0만 엔), 소기업(28.0만 엔)의 순이었다. 남성 기준으로 대기업(100)과의 임금격차를 보면 대기업을 100으로 했을 때, 중기업이 87.3, 소기업이 80.8을 나타냈다.

그림 18 | 일본 기업규모·성·연령별 임금주)

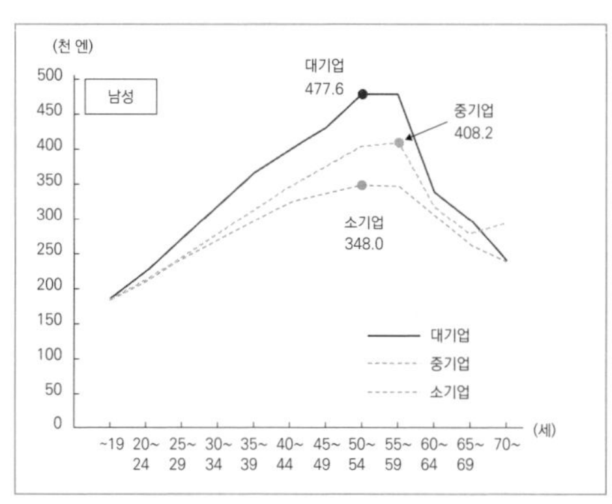

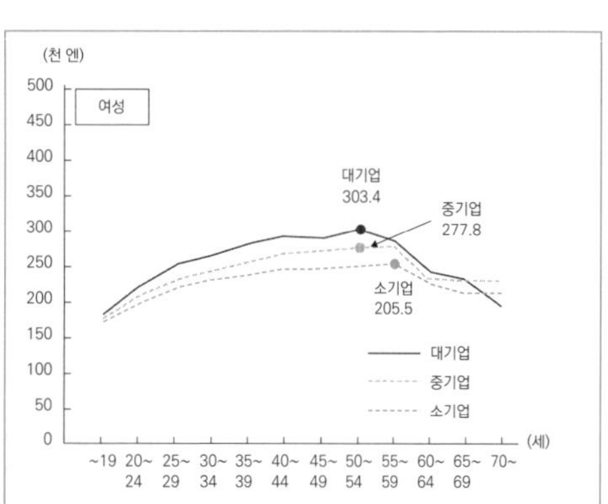

주: 2021년 기준
자료: 후생노동성

산업별로는 전기·가스·수도업에 종사하는 근무자가 42.0만 엔으로 가장 높고 음식·숙박업이 25.8만 엔으로 가장 낮게 조사되었다. 성별로 보면, 남성은 금융·보험업에 종사하는 근무자가 48.5만 엔으로 가장 높았고 여성은 전기·가스·수도업에 근무하는 근로자가 32.8만 엔으로 최고치를 나타냈다.

표 5 | 일본 산업별 임금주)

(만 엔)

	전체	남성	여성
건설업	33.3	34.6	25.3
제조업	29.5	31.9	22.2
전기가스수도	42.0	43.4	32.8
정보통신업	37.4	39.2	31.6
운수업	27.9	28.8	22.7
도소매업	30.8	34.4	23.9
금융보험업	38.4	48.5	29.3
부동산업	32.6	36.2	25.9
음식숙박업	25.8	28.7	21.5

주: 월간 명목임금
자료: 후생노동성

한편, 제조업(남성 기준)의 경우 평균 29.5만 엔의 급여를 받는 것으로 나타났으며, 연령별로는 임금피크제가 적용되는 55~59세(40.6만 엔)가 가장 높으며 이후 빠르게 하락하는 모습을 보였다.

그림 19 | 일본 제조업의 연령별 임금주)

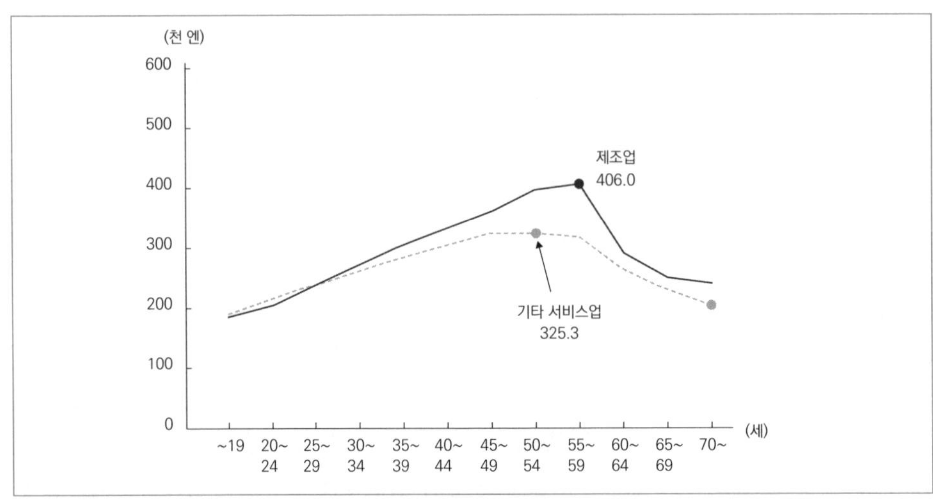

주: 남성 기준
자료: 후생노동성

② 물가를 반영한 일본의 실질임금[4]

일본의 실질임금은 2022년 들어 마이너스 상승률을 기록하였다. 2022년 1월에 마이너스로 전환된 후 하락폭이 확대되는 모습을 나타냈다.

그림 20 | 일본의 실질임금지수

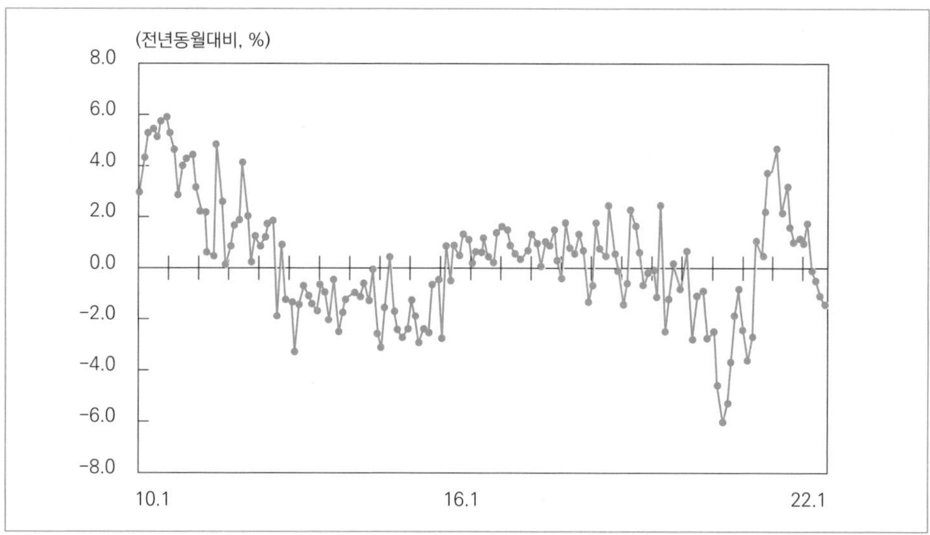

자료: 후생노동성

③ 주요국과 비교한 일본의 최저임금

일본의 최저임금은 OECD 주요 회원국 중 상대적으로 낮은 수준이다. 구매력으로 평가한 최저임금이 2020년 8.7달러로 OECD 주요국 평균(11.2달러)을 크게 하회하고 있다. 2005~21년간 일본의 최저임금은 연평균 2.0% 상승하였으며, 코로나19가 확산된 2020년은 최저임금이 동결되었다.

4 명목임금을 소비자물가로 조정하여 산출한 실질임금지수를 기준으로 설명한다.

그림 21 | 주요국 최저임금[주)]

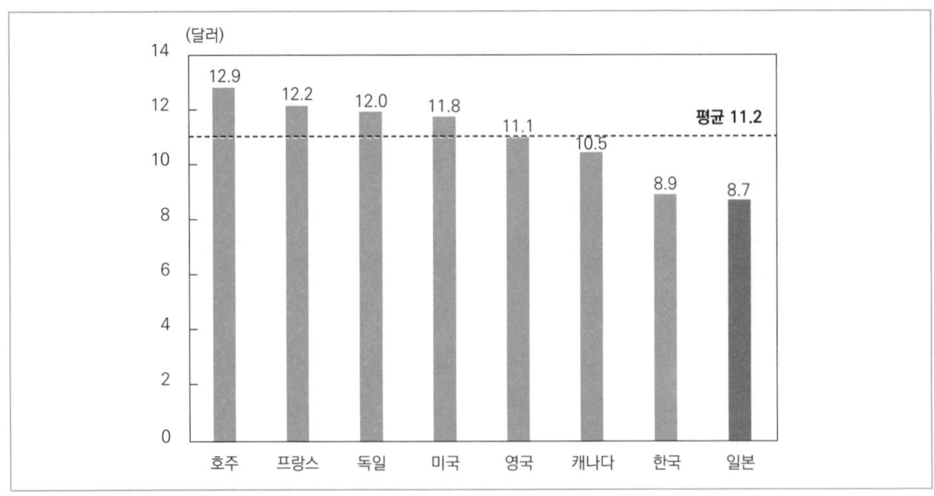

주: 2020년 구매력평가 기준
자료: OECD

그림 22 | 일본의 최저임금

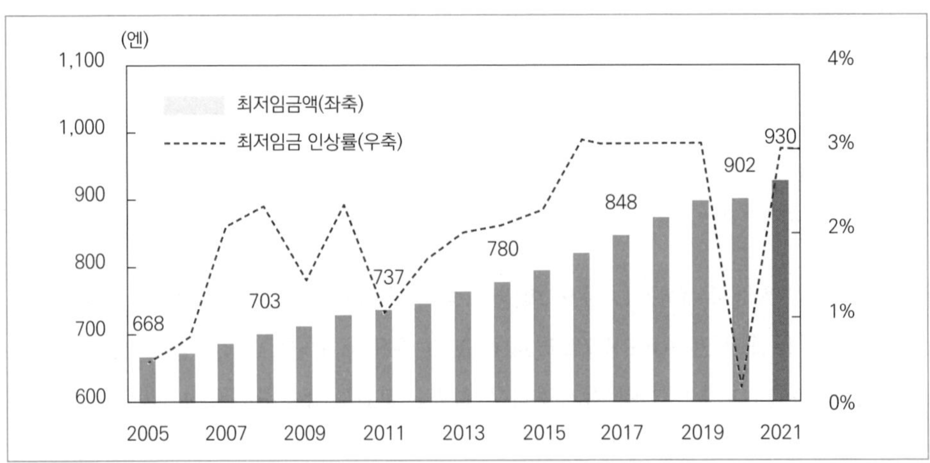

자료: 일본 후생노동성

일본은 우리나라와 달리 일본 내 지역·산업 간 최저임금이 상이하다. 47개 광역 지자체 중 지역 간 격차(최고-최저)가 2003년 103엔에서 2021년 221엔으로 2.1배 확대되었다. 산업별로도 일본은 지자체 내 산업별로 최저임금을 별도로 설정하고 있는데, 철강업(치바현, 1,023엔)이 가장 높고 육류·유제품 제조업(미야자키현, 678엔)이 가장 낮다.

그림 23 | 최저임금의 최고·최저 지역 간 격차

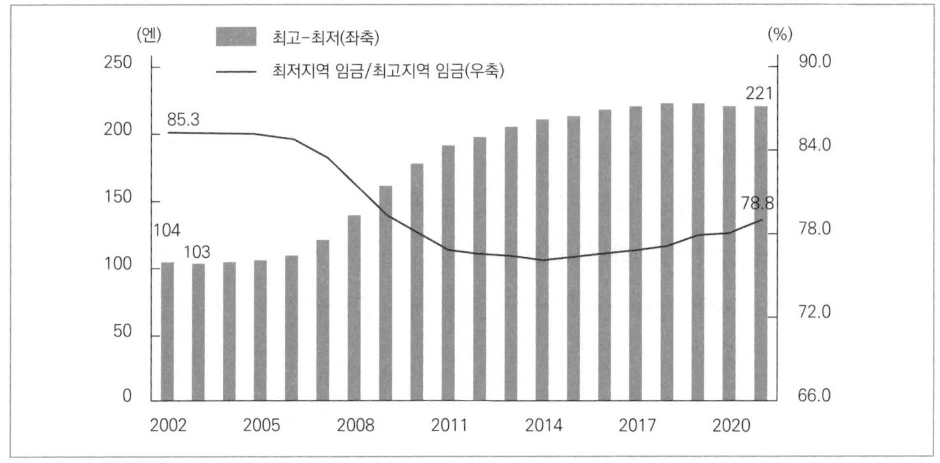

자료: 후생노동성

④ 주요국과 비교한 일본의 연평균 임금[5]

일본의 임금을 다른 국가들과 비교하기 위해 연평균 임금통계를 살펴보면, 일본의 연평균 임금은 미국, 유럽 등 주요국을 하회하는 낮은 수준이 지속되고 있다. 일본의 2020년 연평균 임금이 3.9만 달러로 미국(6.9만 달러)을 비롯한 OECD평균(4.9만 달러)을 하회하고 있다.

그림 24 | 주요국 연평균 임금[주]

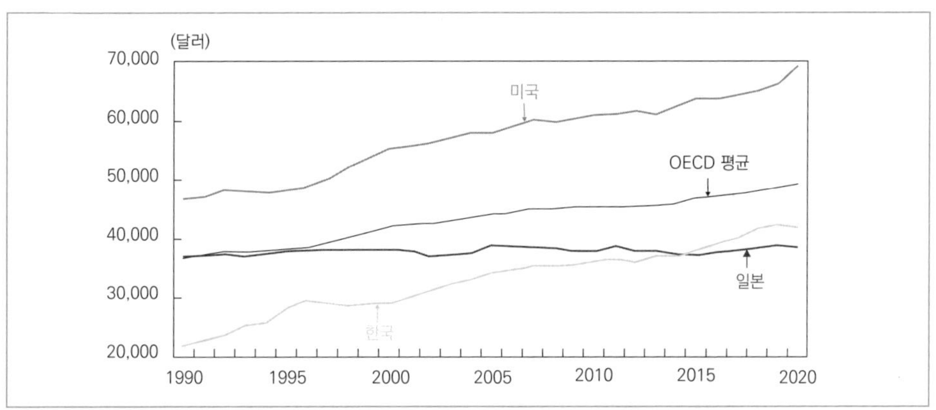

주: 구매력 평가기준 연평균 임금
자료: OECD, Dataset-Average Annual Wages

5 OECD가 국가 간 임금을 비교하기 위해 매년 발표하는 구매력 평가기준이다.

2 일본의 임금상승이 더딘 주요 요인

최근 10여년 정도의 기간 중에 일본 근로자의 임금상승이 정체된 요인으로 일본 국내 경기침체 장기화에 따른 기업들의 수익 악화, 일본 내 저임금 외국인근로자의 유입확대 등의 요인을 들 수 있다(일본닛세이연구소, 2022.6월). 특히 일본 정부는 2018.11월부터 외국인의 일본 국내 수용 범위를 대폭 확대하는 출입국 관리법을 개정·시행 중이다. 이에 따라 외국인 근로자 수가 2008년 48.6만 명에서 2019년 165.9만 명으로 3.4배 증가하였으며, 2030년에는 209만 명에 이를 전망이다(Persol 종합연구소, 2020.12월).

그러나 보다 일본 경제의 구조적 요인으로 ① 노동생산성 저하, ② 비정규직 증가, ③ 고용안정성 중시의 기업문화, ④ 노동조합의 임금교섭력 약화 등이 학계 및 연구기관에 의해 제기되고 있는 상황이다.

❶ 노동생산성 저하

일본의 낮은 노동생산성은 임금상승을 더디게 하는 주요 요인으로 작용하고 있다. 2020년 일본의 시간당 노동생산성은 49.5로 아일랜드(121.8), 미국(80.5) 등을 포함한 OECD평균(59.4)을 크게 하회하고 있다. 이와 같은 일본의 시간당 노동생산성(49.5달러)은 주요국 전체 38개국 중 23위를 기록하였고 일본의 취업자 1인당 노동생산성은 78,655달러로 전체 38개국 중 28위를 차지하고 있다.

그림 25 | 주요국 노동생산성[주)]

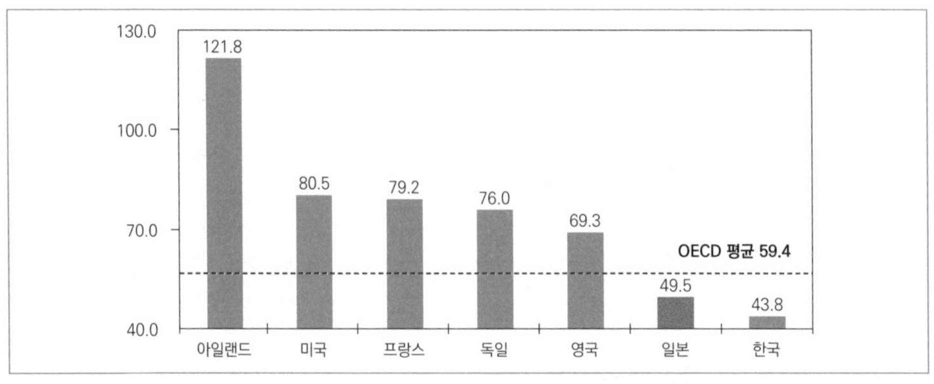

주: 2020년 기준 시간당 노동생산성
자료: 일본 생산성본부

표 6 | 노동생산성 추이[주)]

	1970	1980	1990	2000	2010	2020
1	스위스	스위스	룩셈브루크	룩셈브루크	룩셈브루크	아일랜드
2	미국	룩셈브루크	독일	노르웨이	노르웨이	룩셈브루크
3	룩셈브루크	네델란드	네델란드	벨기에	미국	노르웨이
4	스웨덴	미국	벨기에	네델란드	벨기에	덴마크
5	캐나다	스웨덴	스위스	스웨덴	아일랜드	벨기에
	일본 (20위)	**일본 (20위)**	**일본 (21위)**	**일본 (20위)**	**일본 (20위)**	**일본 (23위)**

주: 시간당 노동생산성으로 OECD 38개국 내 순위

자료: 일본생산성본부

일본의 노동생산성이 낮은 이유로는 잔업을 포함한 장시간 근무관행, 연공서열 임금체계에 따른 젊은 층의 근로의욕 저하, 중소기업의 공장자동화 및 R&D투자 부진 등에 주로 기인하는 것으로 분석되고 있다(일본닛세이연구소, 2022.6월).

특히 일본 내 중소 영세기업들은 수익이 낮아져도 임금을 인상하지 못하거나 저임금 비정규직 근로자를 확대 고용하면서 일본 전체 평균임금을 하락시키고 있는 것으로 파악되고 있다.

일본 후생노동성도 노동생산성과 임금상승간에는 양(+)의 상관관계가 성립하는 것으로 추정하고 있다(내각부 경제재정보고). 즉, 노동분배율이 일정할 경우 근로자 1인당 부가가치가 증가하면 실질임금은 상승하는 것으로 분석되었다.

② 비정규직 증가

일본 내 저임금의 비정규직 근로자가 빠르게 늘어난 점도 평균임금의 감소요인으로 작용하고 있다.

일본 내 비정규직 근로자 수는 1984년 604만 명에서 2021년 2,064만 명으로 3.4배 증가하였다. 이에 따라 일본 전체 노동자 수에서 비정규직이 차지하는 비중도 같은 기간 중 15.3%에서 36.7%로 크게 상승하였다.

그림 26 | 일본의 비정규직

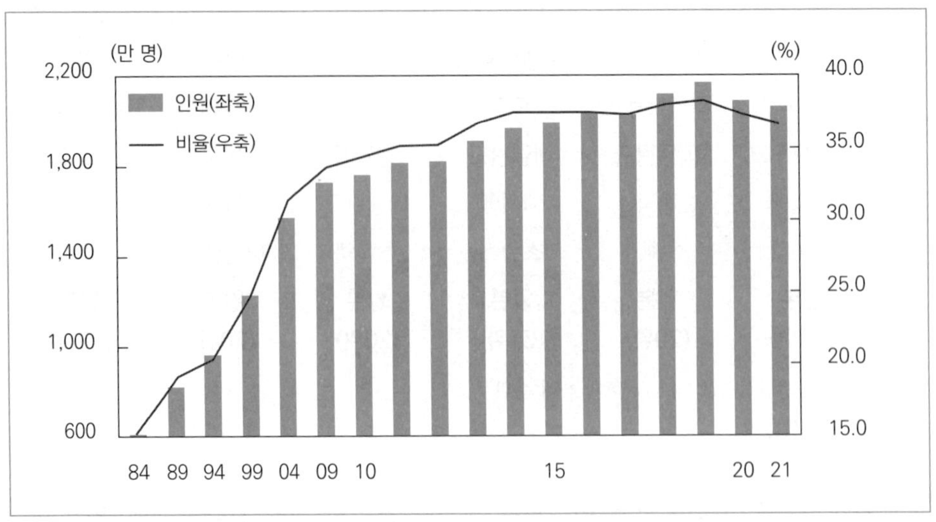

자료: 후생노동성

일본 내 비정규직 근로자의 급여(시급기준)는 2021년 1,337엔으로 정규직(2,021엔)의 66.2% 수준에 머물고 있다. 특히, 근무기간이 길어질수록 정규직과 비정규직 간의 임금격차는 커지는 경향이 있다.

그림 27 | 일본의 고용형태별 시급[1)]

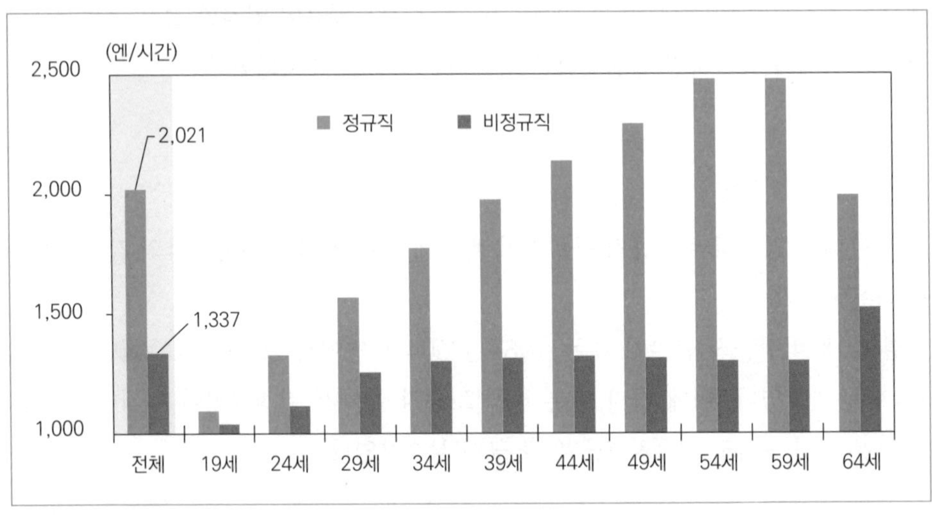

주: 2021년 기준
자료: 후생노동성

일본 내 비정규직 근로자가 증가한 배경으로는 일본 국내 경기의 장기침체에 따른 기업의 인건비 절감, 일본 정부의 노동법 제·개정, 근로자의 가치관 변화 등이 원인으로 보인다(일본닛세이연구소, 2022.6월).

실제로 일본 국내 근로자파견법, 파트타임노동법이 제·개정되면서 일본 기업들은 인건비 절감을 위해 파견 및 파트타임 근로자 채용을 선호하고 있다.

표 7 | 일본의 노동관련법 제·개정

법률	제정 및 개정
직업안정법	1947년
노동기준법	2015년 개정
고용보험법	1947년, 1975년 개정
고령자고용안정법	1971년, 2013년 개정
노동안전보건법	1972년
남녀고용기회균등법	1986년, 2007년 개정
근로자파견법	**1986년, 2015년 개정**
파트타임노동법	**1993년, 2008년 개정**
노동계약법	2007년, 2013년 개정

자료: 후생노동성

3 고용안정성 중시의 기업문화

일본 기업들은 정규직을 채용하는 노동시장에서 Membership(일괄고용) 채용을 통한 고용안정을 중시하면서도 임금인상에는 소극적인 모습을 보이고 있다.

즉, 일본 기업들은 연간 필요한 직원 수를 대규모로 일괄고용 후 정년을 보장해주는 종신고용 기업문화가 정규직 노동시장에서 여전히 강하다. 이에 따라 일본 기업에 종사하는 근로자들은 근무연수가 길고 이직률이 상대적으로 낮은 편이다. 실제로 2020년 일본 내 이직률은 14.2%로 과거 10년(2010~'20년) 연평균(14.9%)을 하회하고 있다. 일본 근로자의 평균 근무연수(2019년)는 11.9년으로 미국(4.2년)의 2.8배에 이르고 있다.

미국, 유럽은 직무중심(Job)의 수시 채용이 일반화되고 시장상황 및 실적에 따른 고용해지가 상대적으로 용이한 데 비해 일본은 노동시장 유연성이 상대적으로 낮은 편이다.

표 8 | 美·日 고용시스템 차이

	주요 내용
업무 범위	• 미국은 업무기술서 범위 내 업무만 수행하나 일본은 명확한 업무기술없이 다양한 업무수행 - 일본 대기업 종합직의 경우 기업상황에 따라 근무처, 업무내용도 변경가능
급여	• 미국은 성과에 따른 차별보상인 직무급인 반면 일본은 근무기간에 따른 직능급
채용·해고	• 미국은 직무에 따른 채용 및 해고가 가능하나 일본은 잠재능력을 고려한 장기고용이므로 해고가 어려움
인재 육성	• 미국은 직무급이므로 직원교육의 의무가 없으나 일본은 OJT 및 경력개발 실시

자료: International Comparisons of Annual Labor Force Statistics

그림 28 | 근로자의 기업 내 평균 근무년수 비교

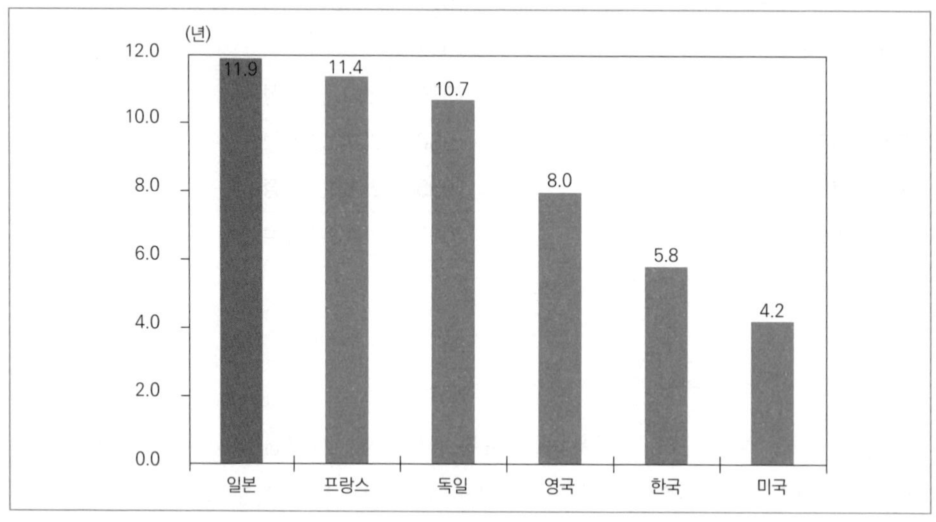

자료: 일본 노동정책연구·연구기구(2019년)

한편 일본은행은 코로나 팬데믹 발생 등 외부 충격발생 시 제품수요 변화에 대응하는 미·일 간 기업 행동의 차이가 임금 격차를 발생시킨다고 분석하고 있다(일본은행, 2021.9월).

즉, 미국 기업은 코로나 확산 시 직원 감원으로 대응한 후 최근 수요 확대에 따라 임금인상으로 노동수급의 미스매칭 해소를 도모하는 반면 일본 기업은 경기상황과 관계없이 종신고용제를 통한 고용을 유지하는 반면 임금인상에는 소극적인 모습을 보이고 있다.

❹ 노동조합의 임금교섭력 약화

일본은 근로자의 고령화, 일본 기업의 고용안정중시 문화 등으로 기업 내 노동조합의 결성률이 하락하면서 임금상승의 동력도 약화되고 있다.

일본 기업의 노동조합 결성률을 보면, 1949년 55.8%로 최고치를 기록한 후 지속적으로 하락하여 2021년에는 16.9%를 기록하였다. 시간제 비정규직 근로자의 노동조합 조직률도 2021년 8.4%에 머물고 있다.

일본 국내의 노동조합 수(단일노조 기준)를 보면, 1984년 3.5만 개에서 2021년 2.3만 개로 오히려 감소하였다.

그림 29 | 일본 노동조합 수 및 결성률주)

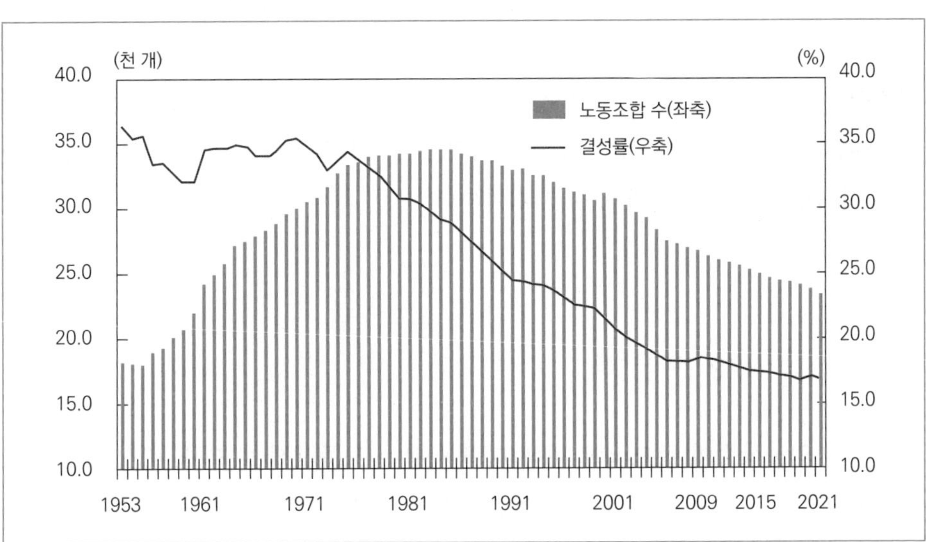

주: 단일노동조합 기준
자료: 일본 노동정책연구·연수기구

일본은 산업별 노조가 아닌 기업별 노조 중심이어서 주요국에 비해 노사협약 적용률이 크게 낮고 인적교류의 장소로서 노동조합을 활용하는 비율도 상대적으로 낮은 편이다. 또한 일본은 노동조합 조합원의 고령화로 인해 노동조합이 임금인상보다 고용유지를 선호하는 것으로 조사되었다(「노동조합실태조사」, 후생노동성).

주요국 노동조합 비교[주)]

(%)

	결성률	노사협약 적용률	인적교류 장(場)의 노동조합
일본	**17.5**	**16.9**	**2.7**
미국	10.7	11.8	4.8
프랑스	9.0	98.5	11.1
덴마크	67.4	82.0	17.0

주: 2020년
자료: 리쿠르트연구소

주요 기업 임금인상률[주)]

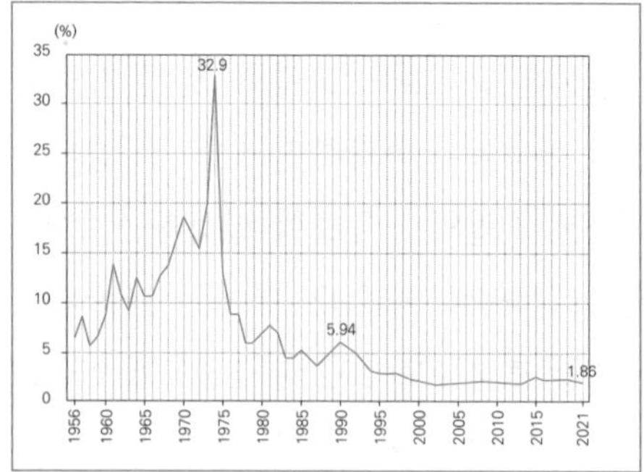

주: 주요 기업 평균
자료: 일본 노동정책연구·연수기구

일본 내 노동조합 조직률이 하락한 이유로는 일본경제 산업구조의 서비스화, 고용구조의 변화, 일하는 방식의 변화에 노동조합이 제대로 대응하지 못한 데 주로 기인한다는 분석이다(리쿠르트, 2021.9월). 즉, 일본은 경제의 서비스화가 진전되고 시간제 근로자 등 비정규직 근로자 수가 증가하였으나 노동조합은 이와 같은 시대의 변화를 제대로 수용하지 못한 것으로 평가된다.

3 일본 내 임금 전망

일본의 임금상승이 주요국에 비해 더딘 이유는 노동생산성 저하, 비정규직 증가, 고용안정성 중시의 기업문화, 노동조합의 임금교섭력 약화 등의 구조적 요인이 복합적으로 작용한 데 기인하는 것으로 평가되고 있다.

일본은행은 기업의 장기고용관행, 저물가 지속이 임금상승의 제약요인으로 작용했을 가능성을 지적하고 있다. 그동안 일본은 소비자물가가 근로자의 정기승급분을 지속 하회함에 따라 개별 가계가 물가에 무관심[6]해지면서 기본급 인상에 소극적이었다.

그러나 향후 일본은 경기 회복, 소비자물가 상승, 일본 정부의 임금인상 정책에 힘입어 임금이 점차 높아질 것으로 보인다.

6 경제주체의 경제적 의사결정 시 필요성이 낮다고 판단한 정보에는 무관심해지기 쉽다는 가설이다.

기업규모별로는 종업원 수 1,000명 이상 대기업, 업종별로는 자동차 등 제조업이 임금상승을 주도할 전망이다. 최근 성과연동형 직무급(JOB) 급여체계를 도입하고 있는 기업도 증가세에 있다. 일본 전체 기업의 12%가 현재 직무급을 도입하고 있고 23%의 기업은 도입을 검토 중인 것으로 나타났다(일본경제신문사).

일본 정부는 연 3% 이상의 임금 인상을 추진하고 있다. 이를 위해 임금인상 기업에 대한 세제지원(「임금인상 세제」), 간호·보육 등 공공분야 종사자에 대한 급여 인상, 대기업과 협력관계 중소기업 간 공정거래 감독을 강화하겠다고 발표하였다. 한편, 일본 내 일부에서는 지속적으로 증가하는 일본기업의 내부유보 현금자산의 일정 부분을 종업원의 임금 인상분으로 활용해야한다는 의견도 제시[7]되고 있다(마이니치신문).

표 9 | 일본 정부의 임금인상 정책

	주요 내용
임금인상 기업에 대한 세제지원	• 급여인상률(총액)이 전년대비 2.5% 이상인 기업에 대해 법인세 공제 (대기업은 최대 30%, 중소기업은 40%)
공공분야 종사자에 대한 급여 인상	• 간호·사회복지·보육 관련 종사자의 급여를 인상 - 2022.2월부터 매월 4~9천 엔 인상(공공분야 가격평가위원회)
대기업과 중소기업 간 공정거래 감독 강화	• 대기업과의 파트너쉽 구축으로 거래대금 집행 강화 - 중소기업청 담당 공무원 증원을 통한 공정거래 감시·감독

자료: 일본 내각부 관저(2022.6월)

일본은행은 일본 기업의 임금상승이 실현되기 위한 거시경제환경을 제공하고 최근의 기대인플레이션 상승이나 가계의 가격인상 허용도 변화를 지속적인 물가 상승으로 이어나갈 수 있도록 정책을 유지하겠다는 방침이다. 기업의 노동비용이 상승하고 서비스를 포함한 가격 인상이 매년 이루어지는 상황을 조성, 임금 및 소득 증가가 소비자의 가격인상 허용도를 높이는 선순환구조를 정립하겠다는 뜻으로 풀이된다.

7 2011~2018년 일본 기업 내부유보 현금자산의 20%를 종업원 임금 인상분으로 활용하면 연평균 4.4% 임금인상이 가능하다는 분석이다.

쉬어가기

일본의 스미마센(すみません) 문화

한국인들이 일본에 여행을 가거나 비즈니스 목적으로 출장을 가거나 일본인들에게 가장 많이 듣는 단어는 아마도 스미마센(すみません)이란 말일 것이다. 도대체 스미마센은 언제 써야하는 걸까?

일본 지하철 안에서 앞사람을 지나치려 하면 스미마센이라고 주의환기를 시킨다. 이때는 "비켜주세요"라는 뜻일 것이다. 편의점에서 어떤 상품을 찾고 있다가 제품이 어디에 있는지 몰라 점원에게 스미마센이라고 하면, "저기요"라고 점원을 부르는 뜻이 된다. 어느 집에 들어가 스미마센이라고 하면, "계세요?"라는 뜻이다.

물론 어떤 사람과 부딪쳤을때의 스미마센은 "죄송합니다"의 뜻일 것이다.

이처럼 스미마센은 일본 사회에서 일반적으로 사용되는 말이고 상황에 따라 그 의미를 해석해야 한다. 스미마센을 미안하다는 의미로만 이해하고 사용하거나 이해해서는 오해를 하기 싶다.

엘리베이터에서 짐을 양 손에 쥐고 탔을 때 엘리베이터 앞에 있는 사람에게 말을 걸때도 스미마센으로 시작하는게 일반적이다.

일본 여행 시 본인이 하루에 말하는 스미마센과 상대방으로 듣는 스미마센은 몇 번 정도나 될까?

CHAPTER

04

일본의 부동산, 물가 및 소비 변화

1 코로나 시기 일본 부동산시장에 대한 평가

2 일본의 주요국대비 물가

3 일본 내 소비세 인상 이후 일본의 소비변화

들어가기

일본경제는 소위 잃어버린 20년 또는 30년이라는 말을 많이 듣는다. 1990년대 초 버블이 붕괴되면서 일본은 부동산 가격이 급격히 하락하였다. 당시 금융기관들은 시세 이상으로 대출을 시행하면서 부실규모가 확대되었고 부동산 매물이 증대되면서 가격이 급락하였다. 이러한 버블 붕괴는 부동산 등 자산가격 하락과 물가 하락을 야기하였다. 이는 일본 국민들의 소비패턴에도 큰 변화를 일으켰다. 할인, 세금 등에 민감하게 반응하게 되었다.

우리나라도 글로벌 금융위기 이후 확대된 유동성으로 인해 자산가격이 급격히 상승하였다. 부동산가격 급등은 근로의욕을 저하시키고 세대간 격차마저 야기하고 있다.

과연 우리나라의 부동산가격의 향방은 어찌될 것인가? 일본처럼 급락하는 것이 아닌가 하는 우려와 일본과는 다르다는 낙관론이 상존하고 있다.

Chapter 04

일본의 부동산, 물가 및 소비 변화

1. 코로나 시기 일본 부동산시장에 대한 평가

일본은 코로나19로 인한 경기 부진이 지속될 경우 부동산시장의 장기 침체가 금융시스템 불안으로 이어질 가능성을 우려하는 분위기였다.

일본은행은 일본의 부동산 임대시장이 인구 및 세대 수 감소에 따른 장기 구조적 리스크뿐 아니라 코로나19 감염 확산에 따른 임대료 하락 등 재무적 측면의 리스크가 축적되고 있는 것으로 분석하였다(일본은행 金融システムレポート, 2020.10월).

그림 1 | 일본의 GDP대비 부동산업대출

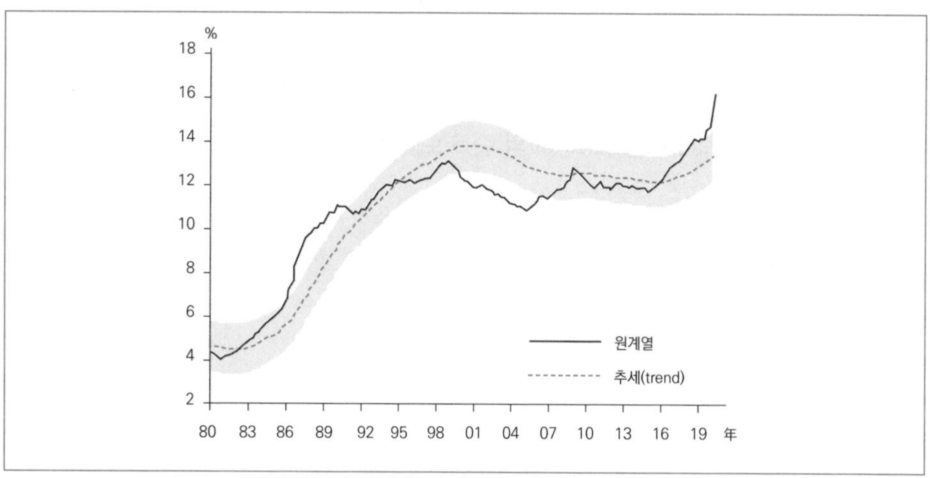

자료: 일본은행 「금융안정보고서」(2020.10월)

그동안 부동산임대업 등 부동산대출을 확대한 금융기관은 자칫 코로나19 감염이 장기화·심각화될 경우 신용리스크 확대 등 금융시스템 불안으로 이어질 가능성이 있는 것이다. 금융시스템 불안은 기존 대출조정 압력 강화로 작용하여 경기 하강을 가속화할 우려도 있다.

그림 2 | 일본의 대출잔액대비 부동산업대출

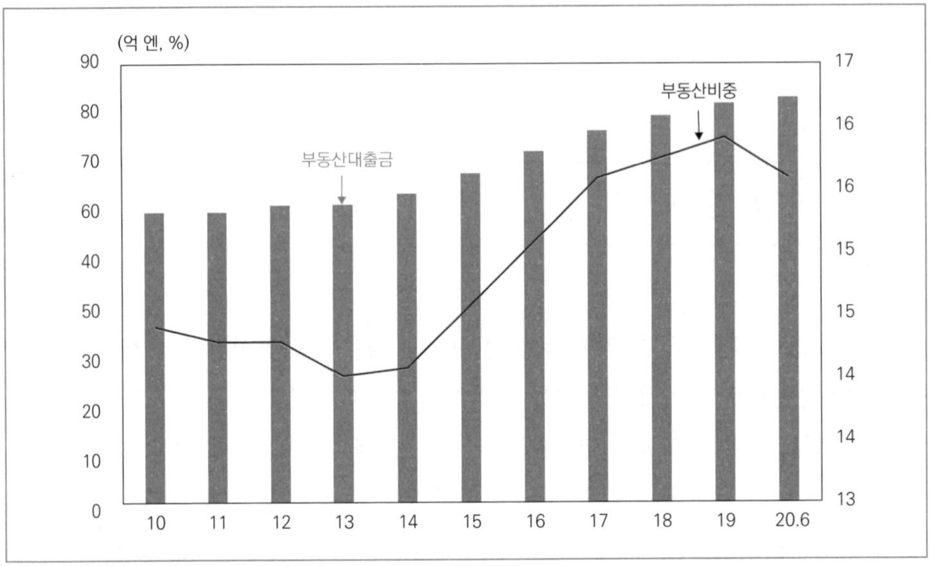

자료: 일본은행, 통계시스템 자체 추출

그러나 일본의 現 부동산가격은 실물여건에 비해 과도한 수준은 아니며, 포스트 코로나 이후 상승 전환될 것으로 보는 견해가 우세하다. 2019년 주요국 주택가격지수(OECD, 2010년=100)를 보면 독일이 138.7로 가장 높고 중국(132.9), 미국(128.4), 영국(116.0), 일본(112.0), 프랑스(101.5)의 순으로 나타났다.

그림 3 | 주요국 주택가격지수 추이주)

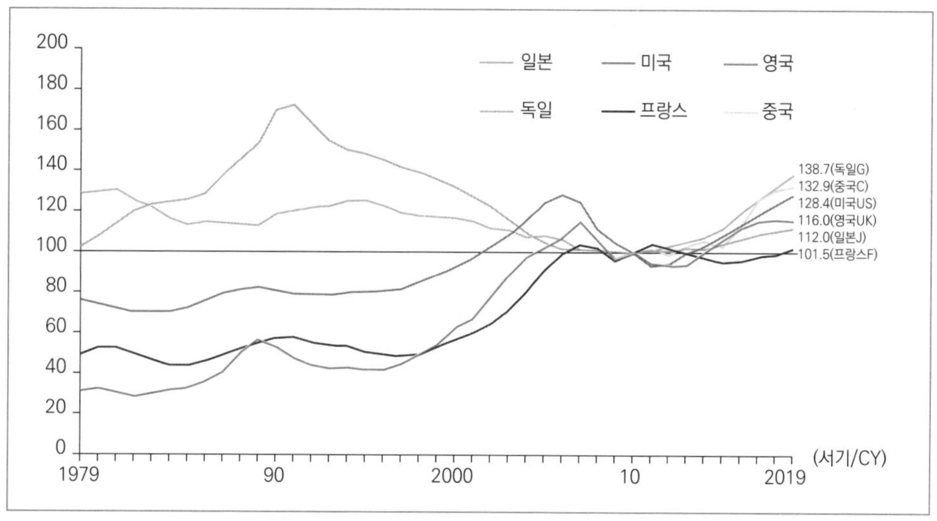

주: 실질가격(2010년=100)으로 지수화
자료: OECD, 미츠이부동산

GDP대비 주택투자 비중(2019년)도 일본(3.1%)은 독일(6.6%), 미국(3.7%), 영국(3.5%)보다 낮은 수준이다.

표 1 | 주요국 GDP대비 주택투자 비중주)

(조 엔, 십억 달러, 십억 파운드, 십억 유로, %)

	명목GDP	국내총고정자본형성	주택투자
일본	553.7 (100.0)	134.7 (24.3)	17.0 (3.1)
미국	21,427.7 (100.0)	3,675.6 (17.2)	797.5 (3.7)
영국	2,214.9 (100.0)	350.5 (15.8)	77.0 (3.5)
독일	3,435.2 (100.0)	746.5 (21.7)	227.4 (6.6)

주: 공시지가 기준
자료: 내각부, 국토교통성, 미츠이부동산

이에 따라 포스트 코로나 이후 외국인 노동자, 유학생, 관광객 등 입국자가 증가하면 관광지 등 일부 지역을 중심으로 주택가격이 상승할 것으로 예상된다(일본부동산유통시스템, 2020.6월). 다만 재택근무 확산, 주택선호도 변화 등으로 상승률은 완만할 전망이다.

1 | 코로나 확산 당시 일본 부동산시장 가격변화

코로나 확산 당시 일본 부동산 가격은 하락세를 지속하였다. 일본의 주택가격지수가 2020년 1~7월 중 전년동기대비 0.63% 하락하였다.

그림 4 | 일본의 주택가격지수[주)] 추이

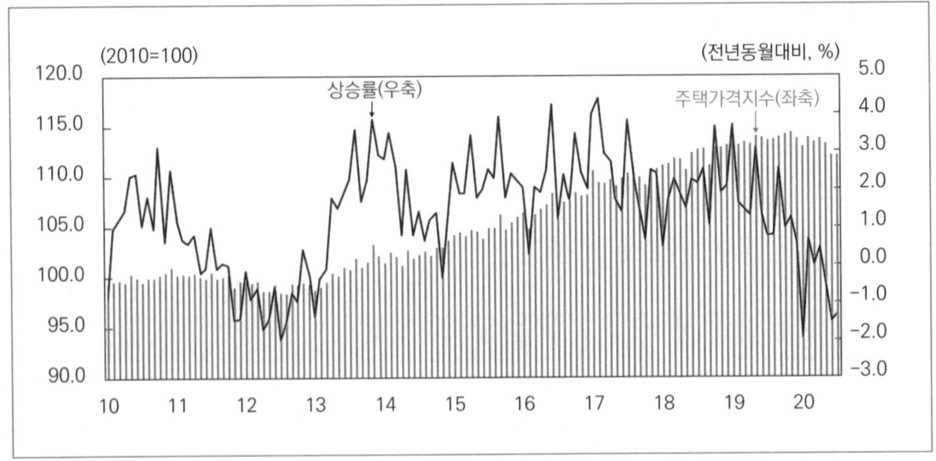

주: 주택종합 기준
자료: 국토교통성

주택별로는 맨션(condominiums, 3.7%)은 상승세를 유지하였으나 주택지(residential land, -2.1%) 및 단독주택(detached house, -2.4%)이 하락하였다.

그림 5 | 일본의 주택별 가격지수[주)] 추이

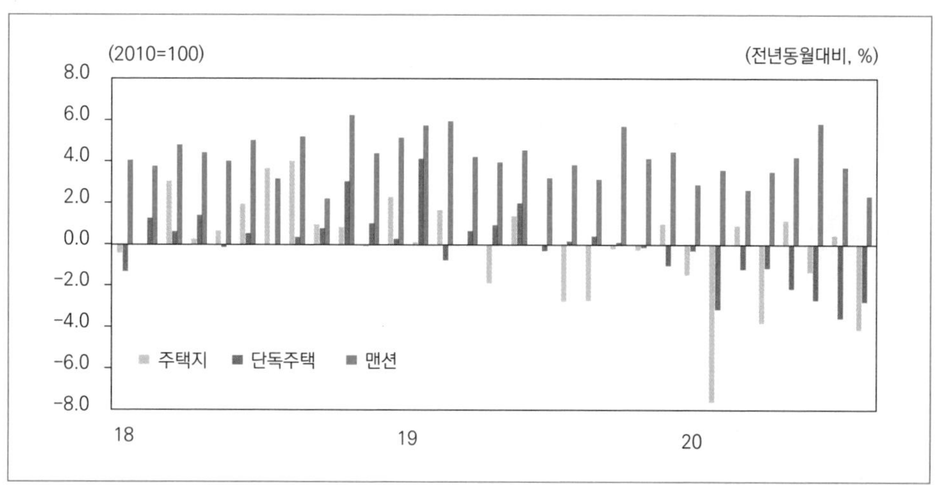

주: 전국 기준
자료: 국토교통성

일본 내 지역별로는 3대 도시 중 도쿄 및 오사카는 같은 기간 중에 각각 전년동기대비 0.3% 하락하였고, 나고야는 보합수준을 나타냈다.

그림 6 | 일본의 지역별 가격지수[주)] 추이

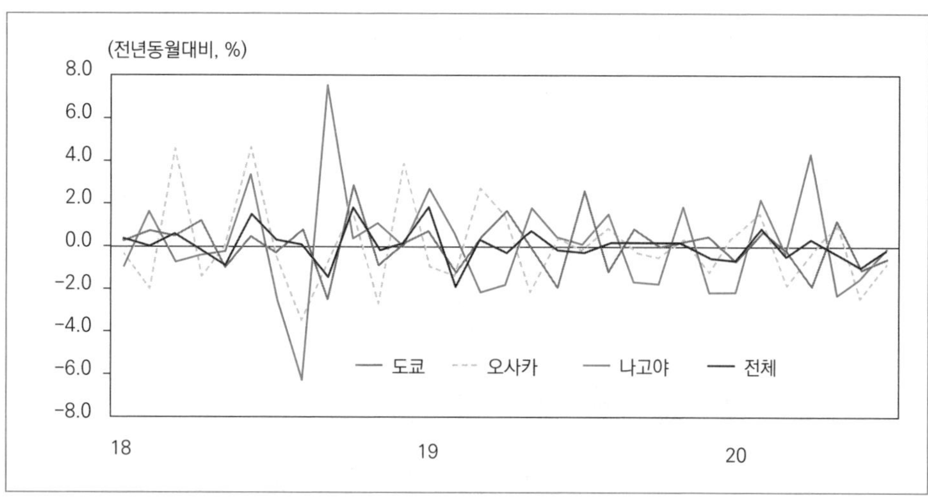

주: 3대 도시 및 전국 기준
자료: 국토교통성

코로나 당시 일본의 주택가격 하락에 따라 주택거래와 신규주택 건축도 줄어드는 추세였다. 주택거래량(2020.1~7월 중 전년동기대비)은 매매 4.0%, 임대 7.7% 모두 축소되었다. 다만, 임대거래는 주택가격 하락 등으로 2020년 7월 이후 증가세(7월 0.3% → 8월 1.8% → 9월 1.2%)로 전환되었다.

그림 7 | 일본의 주택거래량 증감률주)

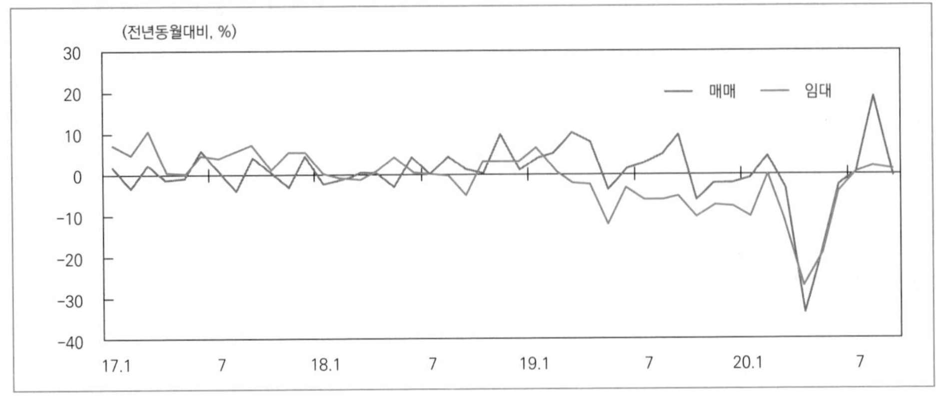

주: 계약 보고 건수 기준
자료: 부동산유통추진센터

일본의 민간주택 착공건수도 감소폭이 확대되었다. 민간주택 착공건수 증감률이 2019년 -7.3%에서 2020.1~9월 중 -10.9%로 나타났다.

그림 8 | 일본의 민간주택주) 착공건수

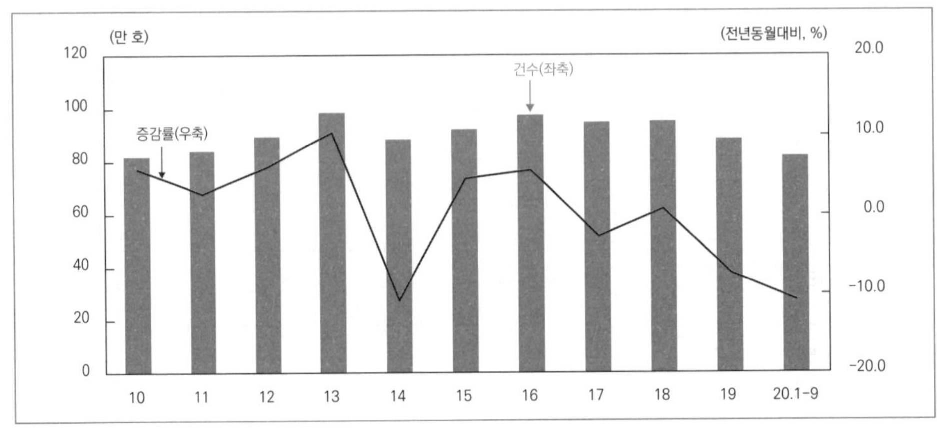

주: 신축 기준
자료: 국토교통성

코로나 확산 당시 일본은행의 REIT 매입 확대에도 불구하고 부동산 관련 증권화 투자상품은 부동산가격 하락으로 인해 부진한 모습을 보였다. REIT 관련 시가총액이 13.7조 엔(2020.9월말)으로 2019년말(16.4조 엔)대비 2.8조 엔 감소하였다.

그림 9 | 일본의 REIT 상장 건수와 시가총액주)

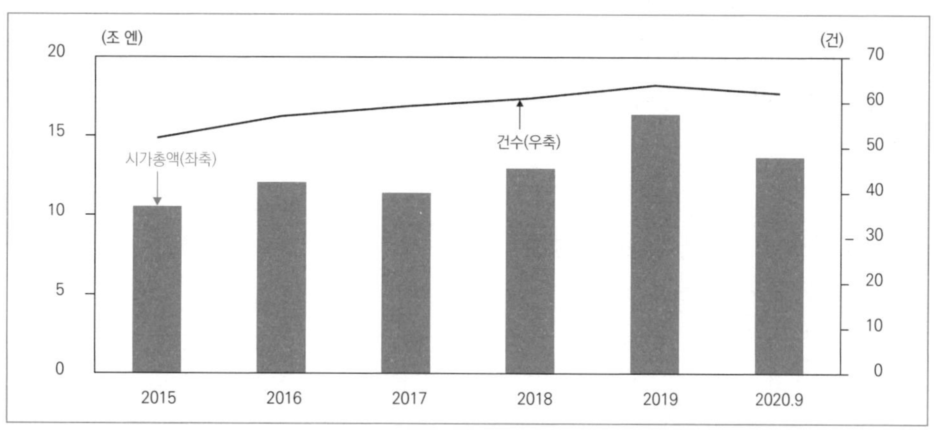

주: 말 기준
자료: 부동산증권화협회

일본은행의 REIT 매입액은 증가세를 지속하였다. 일본은행은 코로나19 감염 확산에 따른 금융시장 안정을 위해 당시 REIT의 연간 매입상한(보유잔액 순증 기준)을 기존 900억 엔에서 1,800억 엔으로 2배 증액한 바 있다.

일본은행 REIT 매입액주) 추이

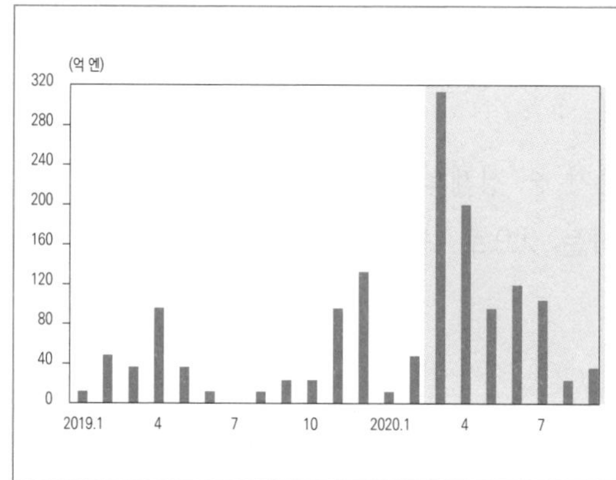

주: 음영은 3월 이후
자료: 일본은행

매입주체별 REIT 매입액주)

매입주체	금액(억 엔)주)
일본은행	**955**
투자신탁	691
해외투자가	297
증권회사 위탁	4
그외 금융기관	-22
그외 법인	-26
생명, 손해 보험	-29
사업법인	-86
개인	-225
증권회사 자체	-434
은행(일본은행 제외)	-1,460

주: 2020.1~9월 누계 기준
자료: 부동산증권화협회

2 코로나 확산 시 일본 부동산 가격하락 배경

① 경기적 요인

일본은 코로나 확산 당시 경기 및 고용상황 악화에 따른 주택수요 둔화로 인해 주택가격이 하락하게 되었다.

당시 일본 경기는 2018년 10월을 정점으로 침체기에 진입하였다. 한편 일본의 경기는 제2차 아베 정권 이후 경기확대국면(2012.12~'18.10월, 71개월)이었던 것으로 분석되고 있다.

그림 10 | 일본의 경기동행CI 및 선행CI주)

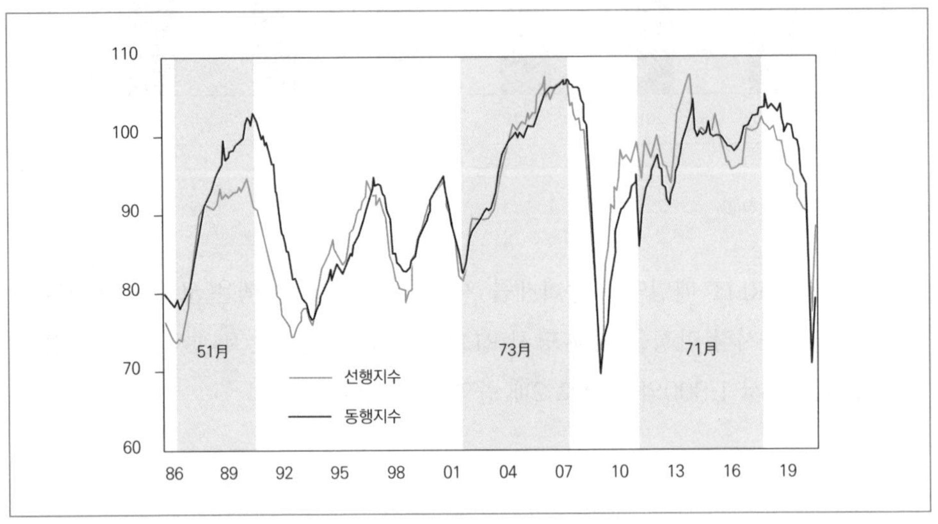

주: 2015=100
자료: 내각부

통계적으로도 2010.1/4~20.2/4분기 중 경제성장률과 주택가격상승률 간에는 양(+)의 상관관계(상관계수 0.71)가 존재하는 것으로 나타났다.

그림 11 | 일본의 경제성장률[주)]과 주택가격상승률

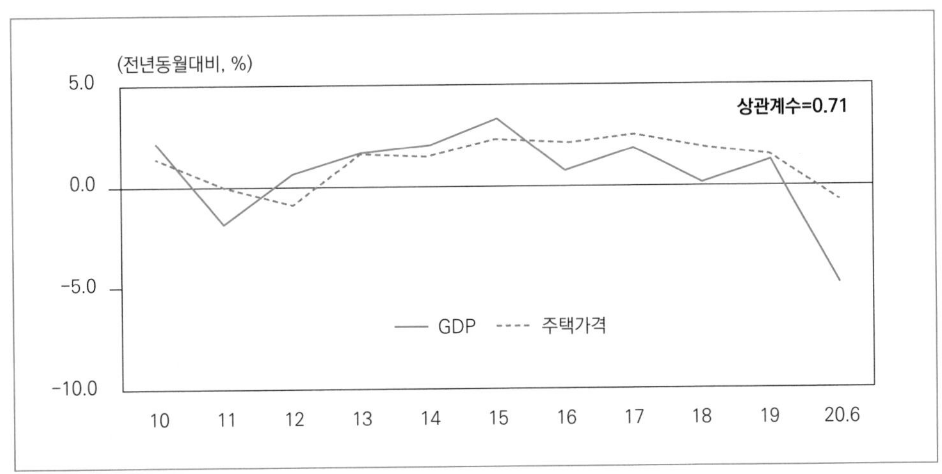

주: 명목 기준
자료: 내각부, 국토교통성

코로나 당시 일본의 실업자 수는 증가세를 지속하였고 소득수준도 다소 악화되었다. 2020년 9월 실업자 수는 210만 명, 실업률(S.A)은 3.0%를 기록하였으며, 명목 및 실질 임금도 전년동월대비 1.3%, 1.4% 각각 감소하였다.

그림 12 | 일본의 실업자 수와 실업률

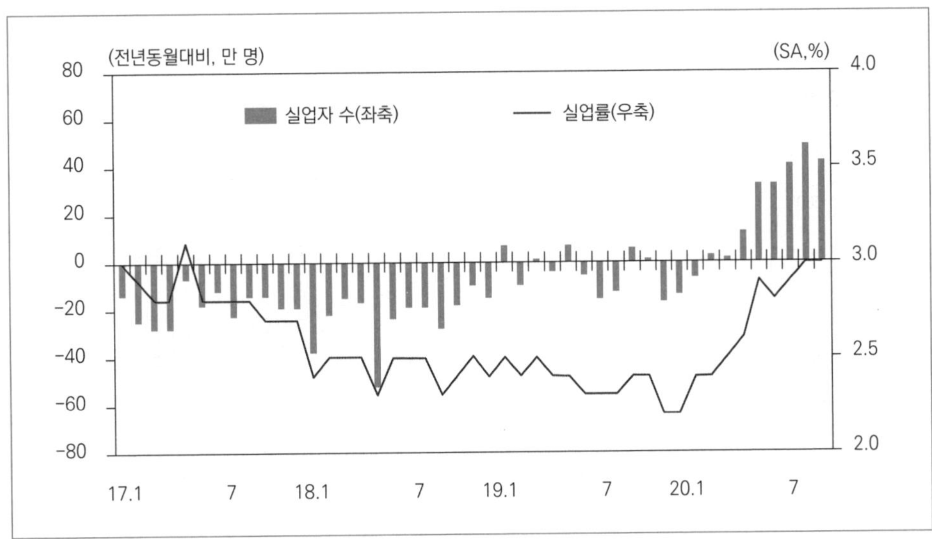

자료: 총무성

그림 13 | 일본의 명목 및 실질 임금 증감률(%)

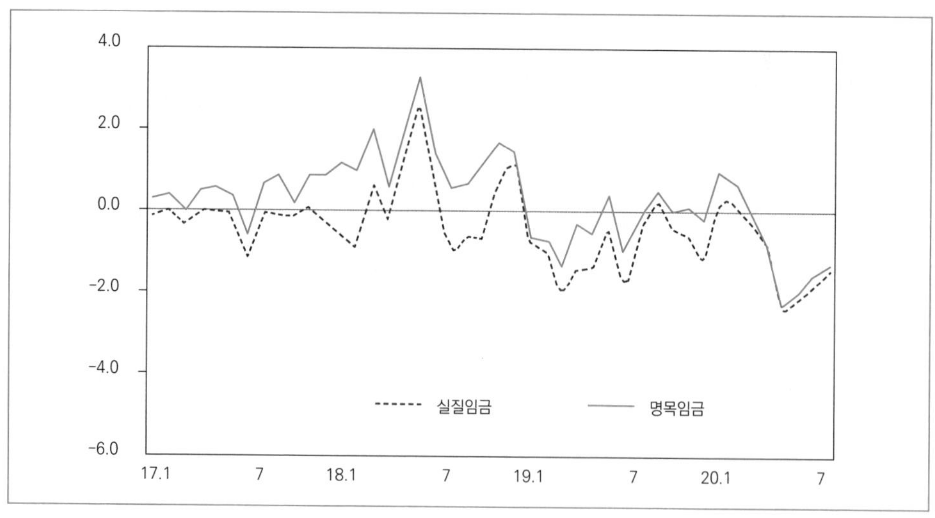

자료: 총무성

② 주택수급 요인

일본은 저출산·고령화에 따른 인구감소로 주택 공급이 수요를 초과하는 수급불균형이 지속되면서 주택가격 하락요인으로 작용하고 있다.

그림 14 | 일본의 인구 추이주)

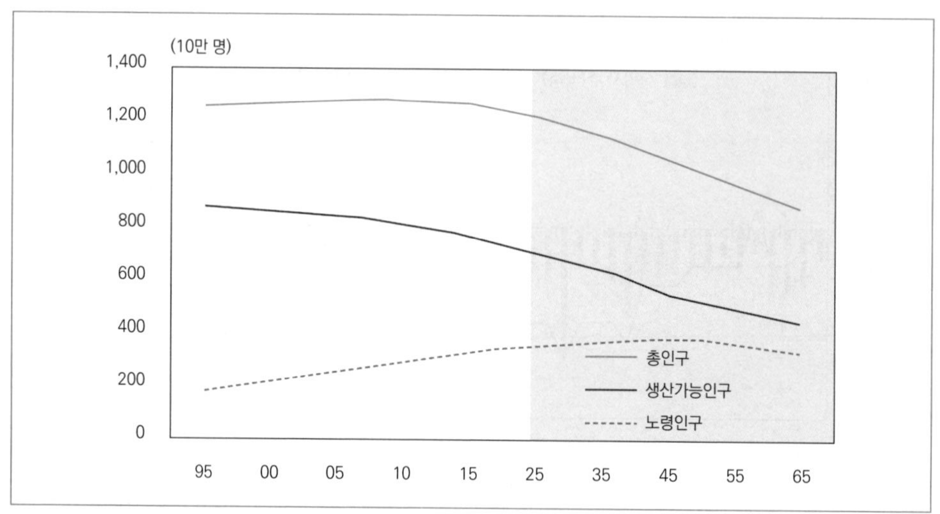

주: 2025년 이후는 추계인구

자료: 총무성, 사회보장인구문제연구소

최근 10년(2010~19년)간 신규 주택착공 건수는 평균 91만 건으로 세대 수 증가(40.7만 세대)를 크게 상회하고 있다.

일본의 주택공급 추이[주)]

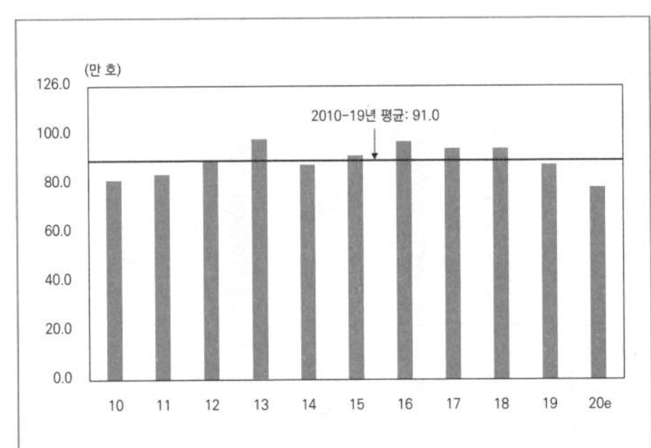

주: 신규 주택착공 건수
자료: 국토교통성

일본의 세대 수 추이[주)]

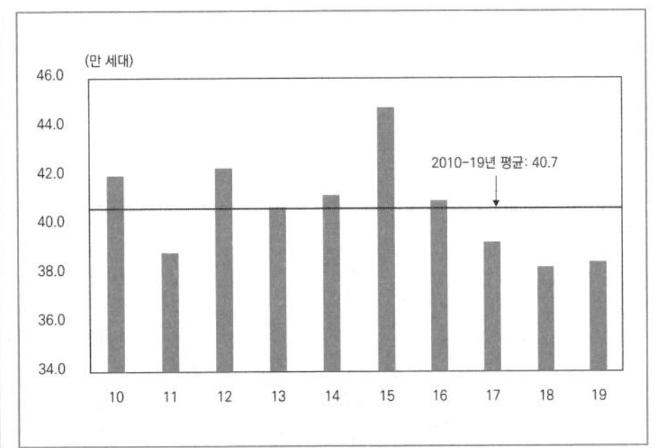

주: 전년대비 증감 기준
자료: 국토교통성

일본의 주택보급률은 기준치(1)를 상회하고 있으며, 빈 주택도 증가하는 추세이다. 세대당 주택 수가 1993년 1.11에서 2018년 1.16으로 확대되었으며, 빈 주택도 동 기간 448만 호에서 846만 호로 1.9배 증가하였다. 공실률(빈 주택/총주택)은 같은 기간 9.8%에서 13.6%로 크게 상승하였다.

표 2 | 일본의 주택보급률[주)]

(만 세대 및 호)

	총세대 (A)	총주택 (B)	세대당주택 (B/A)
93년	412	459	1.11
98년	444	502	1.13
03년	473	539	1.14
08년	500	576	1.15
13년	525	606	1.16
18년	540	624	1.16

주: 세대당 주택 기준
자료: 국토교통성

그림 15 | 일본의 빈 주택 및 공실률주)

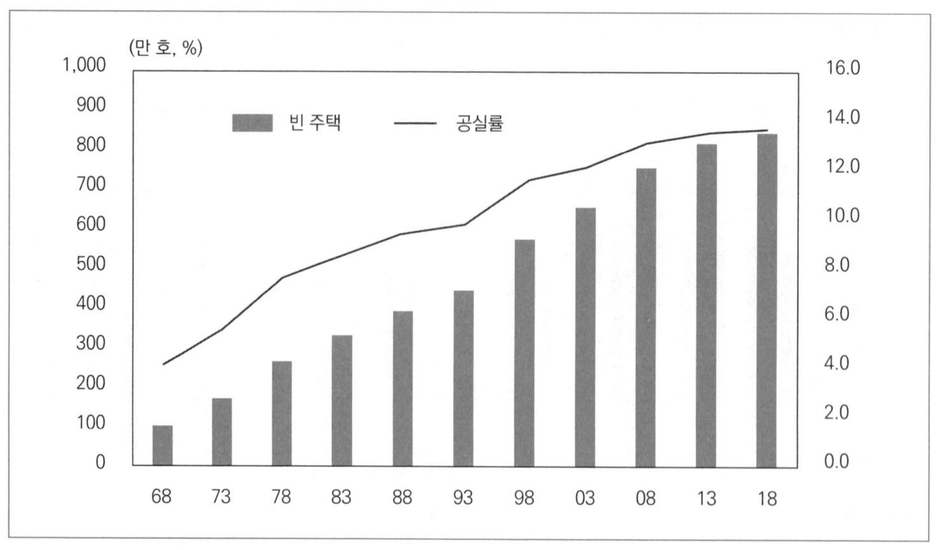

주: 빈 주택 / 총주택
자료: 국토교통성

❸ 감염병 확산 및 올림픽 연기

일본은 코로나19 감염 확산에 따른 출입국 규제로 방일 외국인 노동자 및 유학생이 크게 감소한 점도 주택가격 하락요인으로 작용하였다. 당시 일본은 입국 제한 국가 및 지역을 2020년 5월 100개에서 10월말 140개(한국 · 중국 · 호주 · 싱가포르 · 태국 · 뉴질랜드 · 브루네이 · 베트남 · 대만 해제)로 확대하였다. 코로나 이전 일본 내 외국인노동자는 그동안 일본 정부의 적극적 유입대책으로 증가세를 지속하였으나 2020년 2월 이후 코로나19 감염 예방종합대책에 따른 출입국 규제로 큰 폭 감소하였다. 일본 내 외국인 노동자 수가 2016년 81.4만 명에서 2019년 165.9만 명으로 2배 증가하였으나, 2020년 중에는 43만 명으로 전년대비 74.2% 감소할 것으로 예측되었다.

그림 16 | 일본 내 외국인 노동자 수[주)]

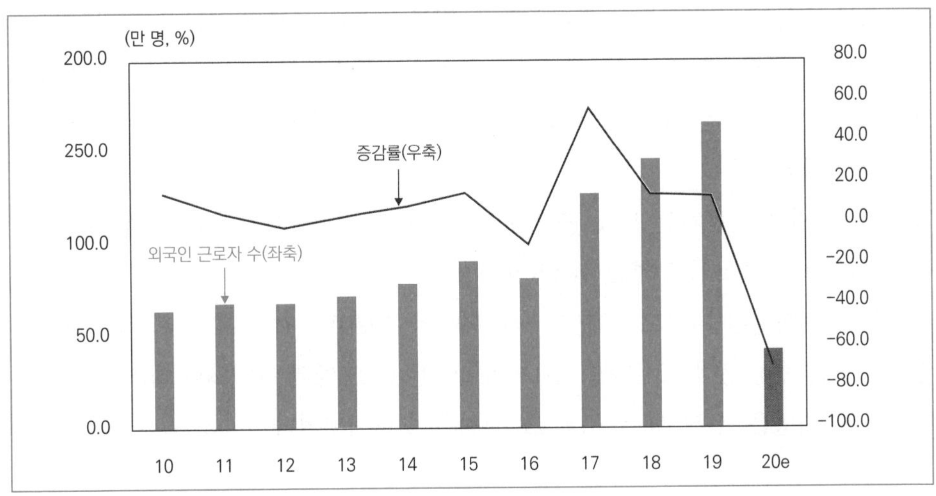

주: 외국인고용상황 통계 기준
자료: 후생노동성, 일본 법무부

일본 내 유학생수도 코로나19 감염 확산에 따른 출입국 규제, 학교 폐쇄 및 온라인수업 실시에 따른 일시 귀국으로 크게 감소하였다. 2020년 1~8월 중 유학 목적 일본 내 입국자는 11.3만 명으로 전년동기대비 67.4% 감소한 바 있다.

표 3 | 일본 내 유학생 현황[주)]

	유학생 수(만 명)	증감률(%)
2018	44.2	7.9
2019	47.7	7.3
2020.1	6.7	25.5
2	**2.1**	**-37.2**
3	**1.9**	**-75.9**
4	**0.1**	**-98.2**
5	**0.1**	**-96.3**
6	**0.1**	**-96.2**
7	**0.0**	**-98.2**
8	**0.2**	**-95.7**

주: 출입국 통계 기준
자료: 일본 법무부

코로나19 감염에 따른 방일 외국인 관광객 급감, 올림픽 개최 연기는 관광지를 중심으로 주택지 지가 하락을 초래하였다. 일본 정부는 글로벌 코로나19 감염 확산의 영향으로 도쿄올림픽 1년 연기를 공식 발표하였다. 이로 인해 숙박시설에 대한 예약취소 등으로 올림픽 개최에 맞춰 시설투자를 한 부동산임대업에 대한 업황이 크게 악화되었다.

일본 내 일부 전문가는 도쿄 올림픽 1년 연기로 인한 경제적 피해액을 6,408억 엔으로 추정·발표하기도 하였다(宮本 칸사이대 교수).

일본의 주택지내 지가도 2019년 -0.1%에서 2020년 -0.7%로 하락폭이 확대되었다. 지역별로는 3대 도시(도쿄, 오사카, 나고야)는 0.9%에서 -0.3%로 하락으로 전환하였으며, 지방은 -0.5%에서 -0.9%로 하락폭이 확대되었다.

그림 17 | 주택지 지가변동률주)

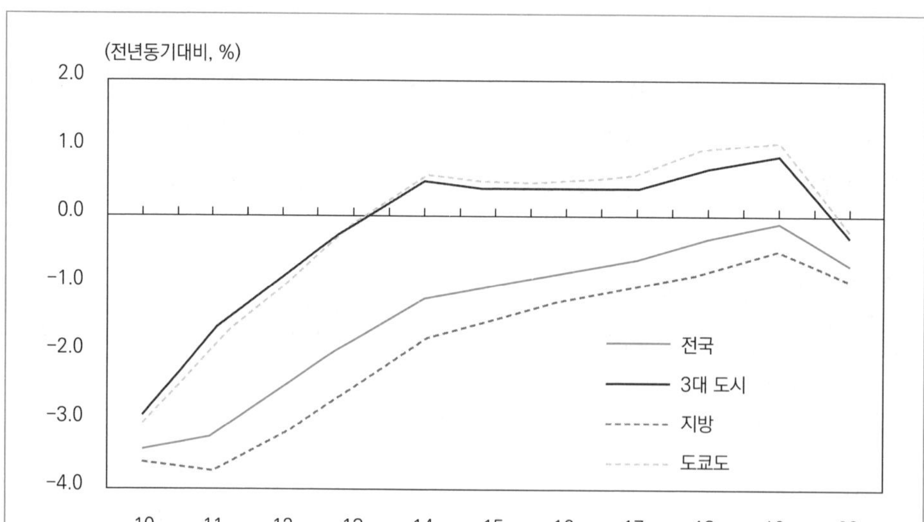

주: 7.1일 공시지가 기준, 3대 도시는 도쿄권, 오사카권, 나고야권을 의미
자료: 국토교통성

2020.1~10월 중 방일 외국인 관광객은 40만 명으로 전년동기대비 85.1% 감소하였다. 한국인 관광객은 4.8만 명으로 전년동기대비 90.6% 감소(전체 관광객의 12.1%를 차지)한 바 있다.

그림 18 | 방일 외국인 관광객 추이[주)]

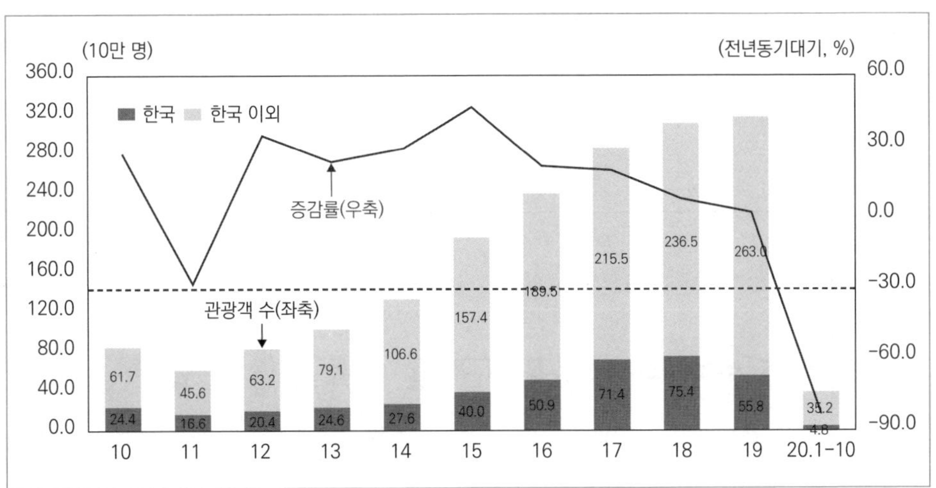

주: 증감률은 전년동기대비
자료: 일본관광청(JNTO)

2. 일본의 주요국대비 물가

1 상대적 저물가 요인

① 일본 경제활동 부진

전 세계적으로 큰 영향을 미친 코로나19의 영향으로 당시 일본 내 소비, 투자 등 경제활동이 부진하였으며, 이는 일본 국내 소비자물가를 하락시키는 요인으로 작용한 것으로 나타났다. 코로나 당시 일본 정부는 코로나 감염 확산을 방지하기 위해 음식점 임시 휴업 및 영업시간 단축 등을 주요 내용으로 하는 긴급사태 및 만연방지 중점조치를 선언하고 각종 정책을 시행하였다. 일본의 민간소비(계절조정, 전년대비)가 2018년 0.2%, 2019년 -0.5%, 2020년에는 -5.2%를 기록하였다가 2021년 1.4%로 소폭 증가하는 데 그쳤다. 분기별(계절조정, 전기비)로는 2020년 이후 대체로 마이너스, 플러스를 반복하였다. 분기별 증감률을 구체적으로 살펴보면, 2020.1/4분기

0.8%, 2/4분기 -8.6%, 3/4분기 5.3%, 4/4분기 1.6%, 21.1/4분기 -0.8%, 2/4분기 0.7%, 3/4분기 -0.9%, 4/4분기 2.7%의 흐름을 나타냈다.

그림 19 | 일본의 GDP 부문별 기여도 추이

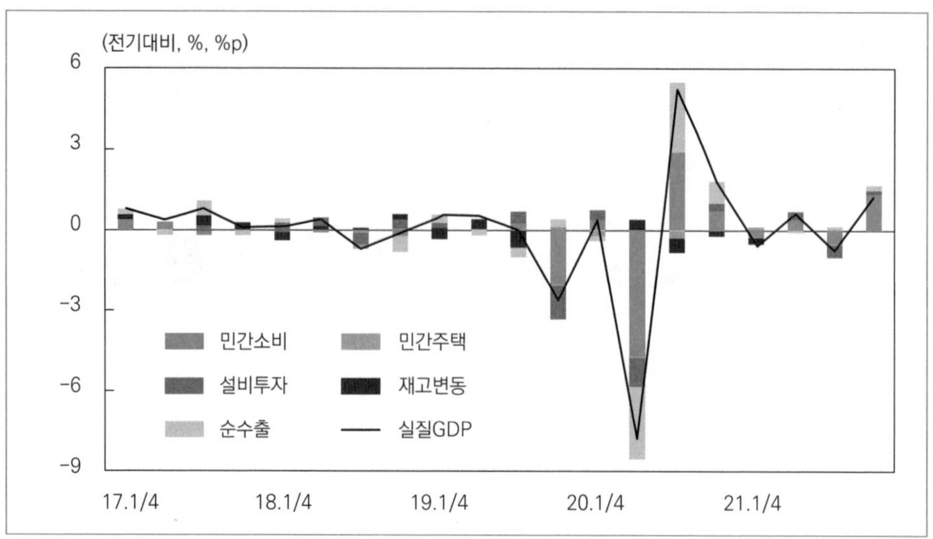

자료: 내각부

그림 20 | 일본의 실질소비활동지수

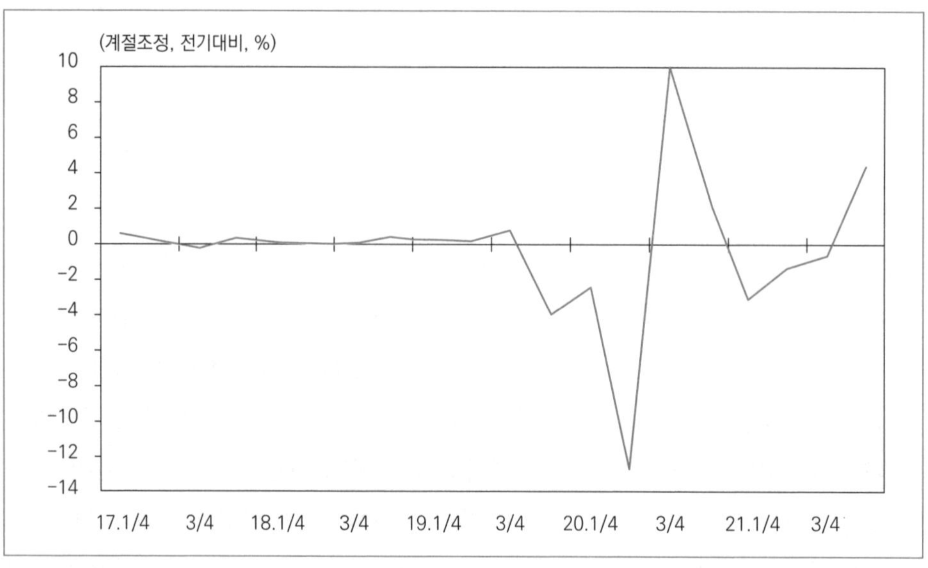

자료: 일본은행

일본의 실질소비활동지수[1](계절조정, 전기대비)는 2021.1/4분기 이후 감소세를 지속하다가 4/4분기 들어 소폭 증가하는 모습을 보였다. 구체적으로 증감률을 살펴보면, 2020.1/4분기 -2.4%, 2/4분기 -12.8%, 3/4분기 10.0%, 4/4분기 2.5%, 21.1/4분기 -3.1%, 2/4분기 -1.3%, 3/4분기 -0.6%, 4/4분기 4.4%의 흐름을 나타냈다.

② 일본 정부의 코로나 대응 정책

일본 정부의 관광 관련 산업 지원대책, 통신비 인하 정책은 일본 국내 소비자물가의 하락요인으로 작용하였다.

일본 국내 관광 관련 산업의 지원대책인 Go to Travel[2]은 0.4%p 정도의 소비자물가 인하 효과를 보인 것으로 분석되었다(일본 총무성). 일본은 Go to Travel 제도 시행(2020.8월) 이후 대상 숙박시설 및 지역 확대, 이용객 증대로 일본 국내 소비자물가가 오히려 하락하게 되었다. 이는 일본 정부의 여행 보조금으로 일본 국민들은 이전보다 더 저렴하게 일본 국내 여행을 할 수 있었기 때문이었다.

그림 21 | 일본 Go to Travel의 소비자물가 기여도[주)]

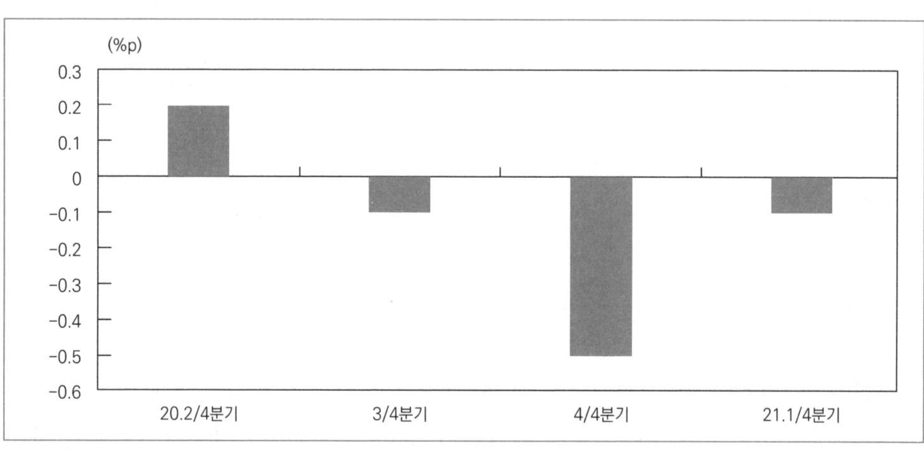

주: 소비세 인상(2019.10월, 8%→10%) 효과 포함
자료: 일본은행

1 일본은행이 소매판매·공급에 관한 기초통계를 활용하여 편제·공표하고 있다.

2 코로나19 감염 확산에 따른 소비둔화에 대응하고 관광 관련 산업의 붕괴방지 대책으로 한시적으로 시행하였으며, 숙박료(등록된 숙박시설 및 여행회사를 통한 숙박예약)의 35% 할인, 해당 지역에서 사용가능한 상품권을 여행대금의 15% 범위 내에서 지원하였다.

또한 일본 정부의 휴대전화 요금 인하 정책(통신 기여도)도 2021년 소비자물가를 0.95%p 하락시키는 요인으로 작용한 것으로 평가된다(일본 총무성). 일본 정부는 당시 경제·사회 전반의 디지털화를 목표로 휴대전화 요금 인하를 추진하였다.

이에 따라 일본의 휴대전화 요금 인하는 2021.3월 이후 일본 국내 소비자물가 하락에 대한 기여도가 확대되었다. 구체적으로 휴대전화 요금 인하의 기여도를 살펴보면, 2021.1월 0.01%p, 3월 -0.01%, 6월 -1.09%p, 9월 -1.26%p, 12월 -1.53%p, 22.1월 -1.51%p를 기록하였다.

그림 22 | 일본의 통신비[주)] 증감률

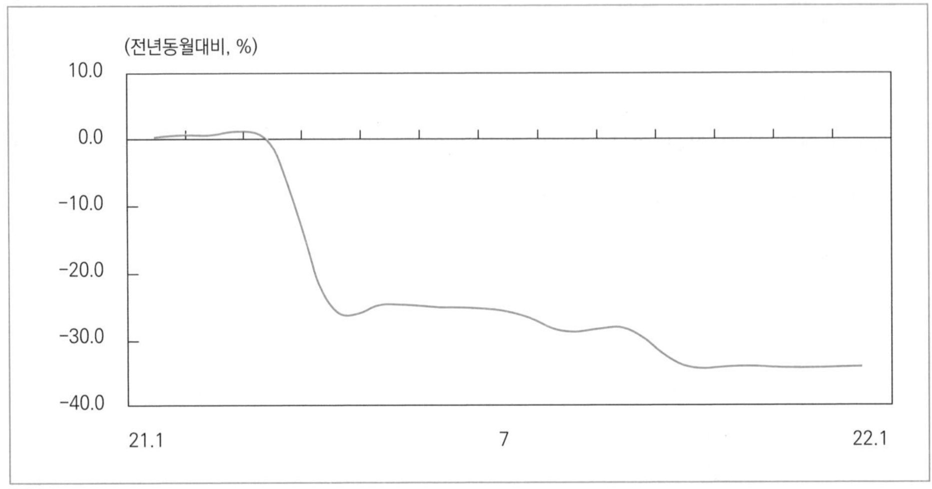

주: 중분류 기준
자료: 총무성

③ 일본경제 내 글로벌 공급망 제약의 영향이 제한적

일본은 코로나 확산에 따른 글로벌 부품 공급 제약이 소비자물가에 미치는 영향이 주요 선진국에 비해 상대적으로 제한적인 것으로 나타났다. 자동차 등 주요 산업이 지진 등 자연재해를 대비한 BCP계획이 이미 구축되어 있어서 글로벌 수요 확대에 빠르게 대응할 수 있었다(일본은행).

일본의 대표적 자동차회사인 토요타자동차의 경우 부품 협력사와 중장기 생산계획을 공유하고 부품재고를 데이터베이스화한 RESCUE시스템을 구축하여 코로나에 따른 글로벌 공급망 제약 하에서도 상대적으로 빠르게 생산을 늘리면서 수출을 확대하였다. 구체적으로 토요타의 RESCUE시스템이란 향후 3년 완성차 생산계획을 글로벌 부품 공급사와 공유하고 각 부품의 재고를 데이터베이스(DB)화하여 자동차부품의 안정적 조달이 가능하도록 하는 시스템을 일컫는다. 이에 따라 토요타의 2021년 글로벌 생산대수는 전년대비 9.4% 증가한 1,007.6만 대를 기록하였고 판매대수 또한 전년대비 10.1% 증가한 1,049.6만 대를 나타냈다.

그림 23 | 글로벌 공급제약주)

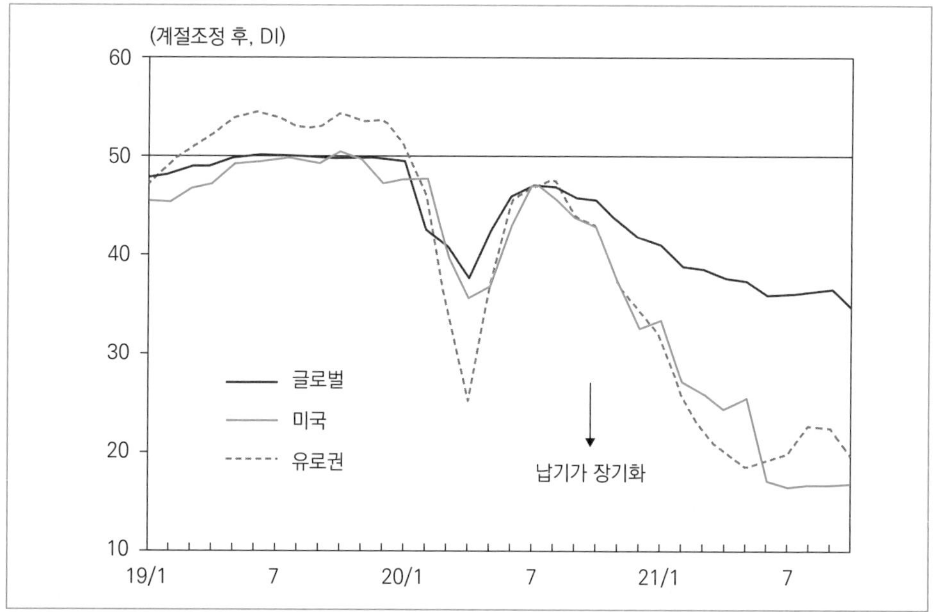

주: 공급자 납기PMI
자료: 일본은행

일본경제의 전체적인 공급과 수요의 Gap을 나타내는 수급갭이 2020.2/4분기 이후 개선세를 나타내고 있다. 일본은행도 글로벌 공급제약을 일시적인 요인으로 보고 있으며, 수급갭도 개선세를 유지할 것으로 예상하였다(2022.1월).

그림 24 | 일본의 공급과 수요 GAP주)

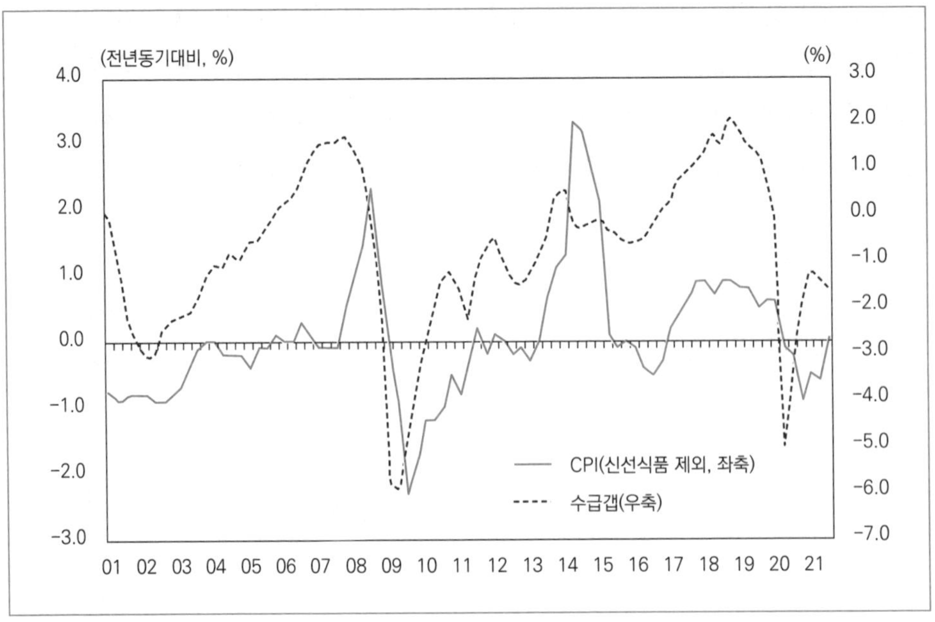

주: 과잉 - 부족, %p
자료: 일본은행, 총무성

④ 일본기업의 가격결정력 약화

일본은 장기간 디플레이션 경험으로 기업의 가격결정력이 약화되었으며, 이는 일본 국내 소비자물가 상승을 제약하고 있다.

일본 기업의 제조비용 상승분을 판매가격에 반영한 비율(%)을 나타내는 가격결정력 지표를 보면 제조업, 비제조업 모두 제조비용 상승분을 판매가격으로 제대로 반영하지 못하는 것으로 나타났다(일본 내각부).

특히 일본 내 중소 제조업의 가격결정력 지표는 전기대비 마이너스를 지속하고 있으며, 대기업도 2020년 코로나 펜더믹 이후 보합권으로 하락하였다.

그림 25 | 일본 기업의 가격결정력 지표[주)]

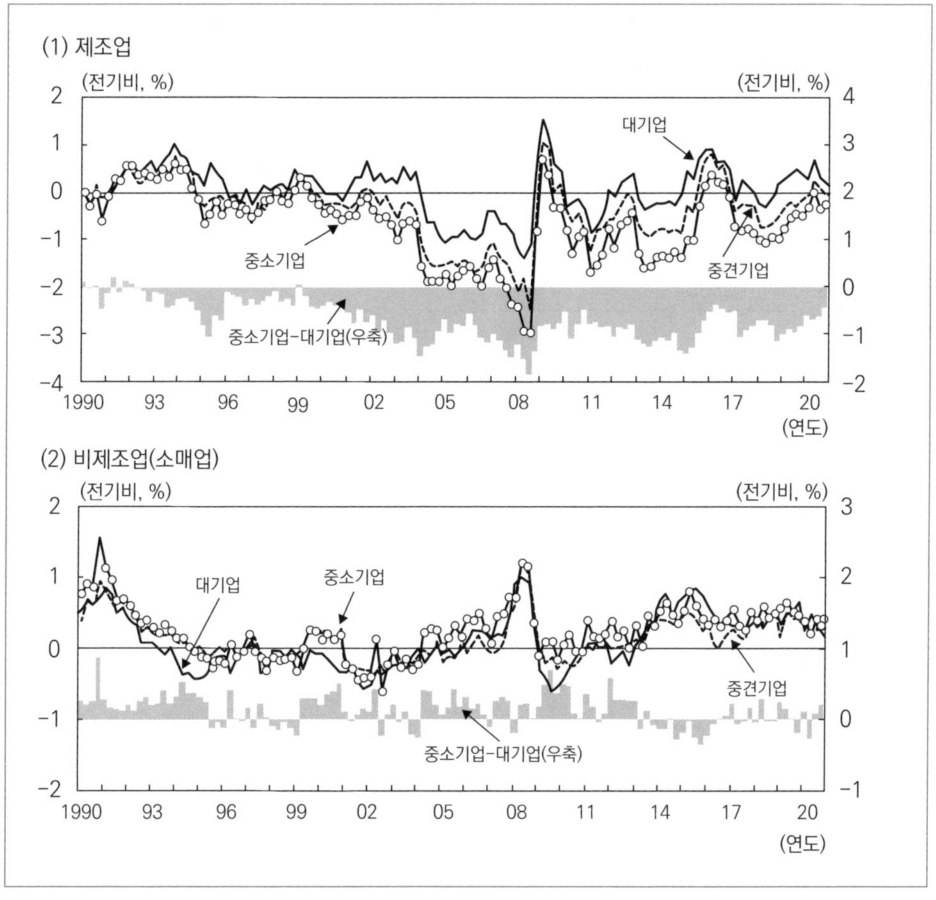

주: 제조비용의 상승분을 판매가격으로 반영한 비율
자료: 내각부(일본경제백서)

이는 일본 경제의 장기간 디플레이션 경험으로 일본 소비자의 기대인플레이션이 낮은 수준에 머무면서 일본 내 기업이 제품가격을 인상하기 어려워진 데 주로 기인하는 것으로 보인다.

일반적으로 기대인플레이션율은 장기간 경험에 의해 형성되는 측면이 강한 것으로 분석되는데, 일본은행 분석에 따르면 낮은 인플레이션을 경험한 세대가 상대적으로 기대인플레이션율이 낮은 것으로 나타났다(일본은행). 즉, 일본 경제의 장기간 디플레이션 중에 태어난 젊은 세대들에게는 물가 상승이나 인플레이션을 경험한 적이 없기에 기대인플레이션이 낮게 형성되는 것은 당연한 일일지 모르겠다.

일본은 단위노동비용[3](Unit Labor Cost)도 하락하면서 소비 수요를 약화시키고 있다. 일본의 단위노동비용 증감률(전년동기대비)을 보면, 2020년 1/4분기 4.7%, 2/4분기 9.0%, 3/4분기 3.3%, 4/4분기 -1.9%, 2021년 1/4분기 -0.6%, 2/4분기 -5.7%를 나타냈다.

그림 26 | 일본의 CPI와 기대인플레이션율

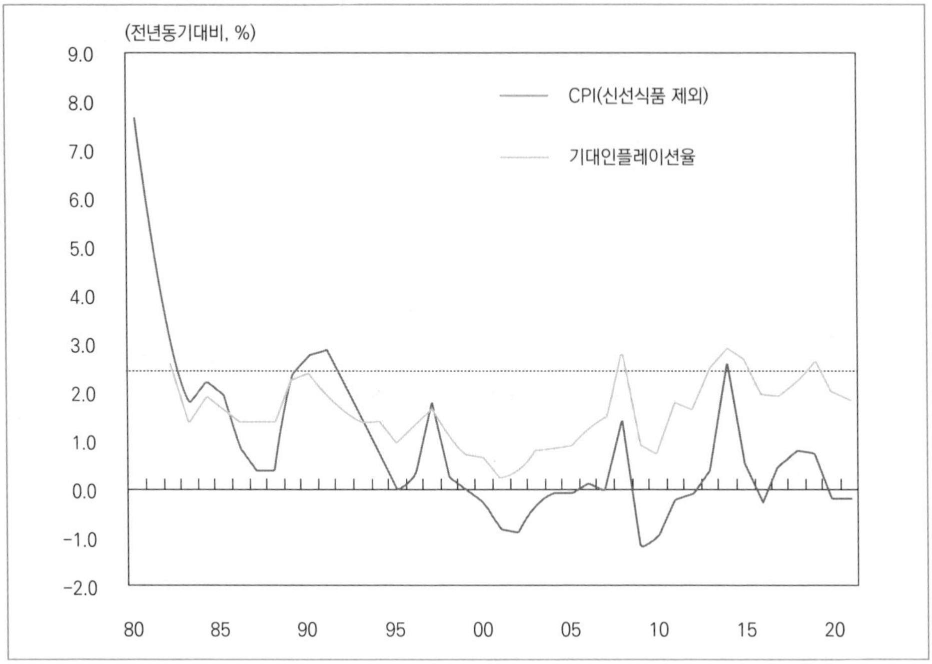

자료: 총무성, 일본은행

2 | 일본의 상대적 저물가에 대한 평가

일본은행은 일본 내 소비자물가가 국제원자재 가격상승, 제품 제조비용 상승분의 제품가격에의 반영(전가)으로 향후 물가가 오를 가능성이 높다고 예상하고 있다. 그러나 최근 국제원자재가격 상승에 의한 물가상승(Cost-push)은 일시적이며, 중장기적 기대인플레이션 상승이 중요하다는 입장이다. 향후 에너지가격 상승에 따른 상

3 명목임금 / 실질GDP의 비율로 생산물 1단위당 명목임금을 의미한다.

방요인은 점차 축소될 것으로 보이나 경제성장률 개선 및 기대인플레이션 회복으로 기조적 물가상승 압력은 점차 증대될 전망이다.

그림 27 | 일본의 생산자 및 수입 물가지수

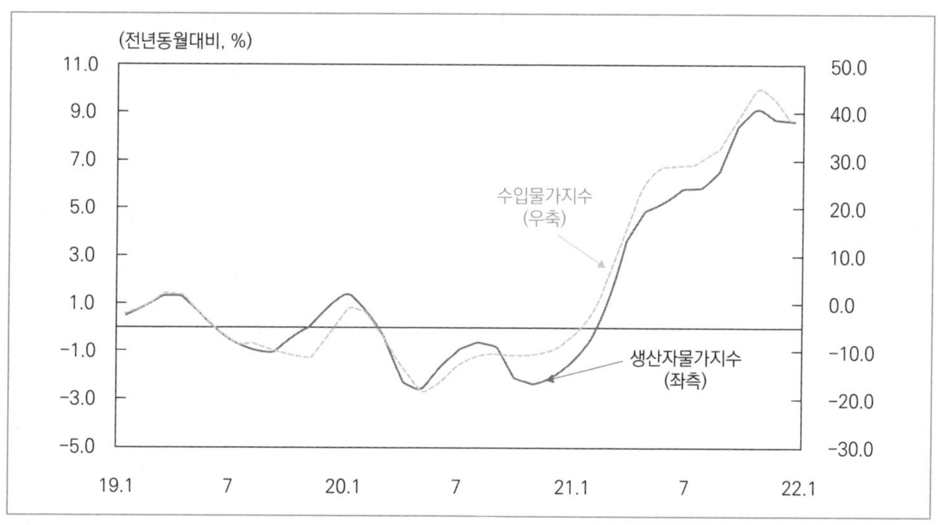

자료: 일본은행

그림 28 | 일본의 기대인플레이션률(BEI)[주)]

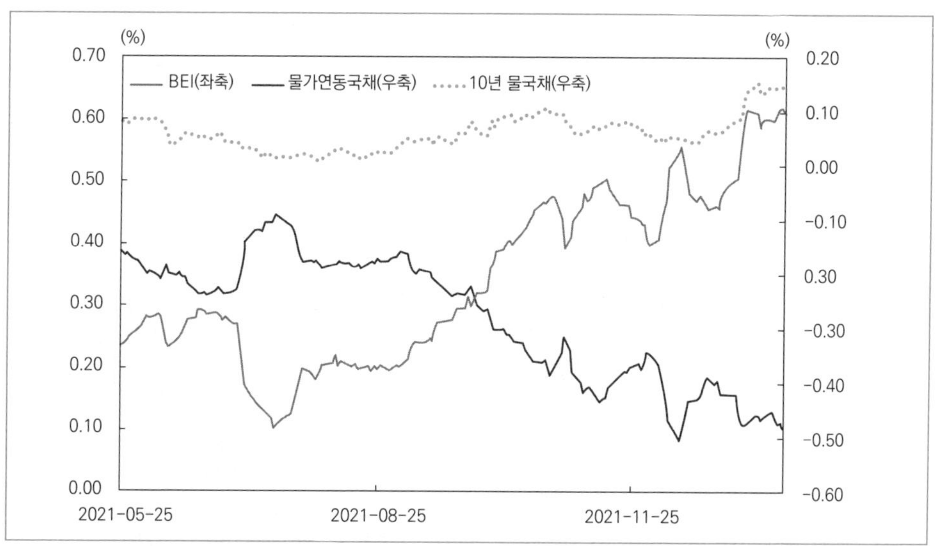

주: 10년 물국채금리-물가연동국채금리로 자체 시산
자료: Bloomberg

한편 일본 내 일부 경제전문가들은 국제원자재 및 농축수산물 가격 상승에 따른 소비자물가 상승은 빈부의 격차를 확대시키는 나쁜 물가상승이라는 의견을 개진하고 있다(第一生命研究所). 농산품, 생필품 등 생활필수품을 구입해야 하는 엥겔지수가 높은 저소득층 및 소득이 상대적으로 낮은 지방의 경제적 부담이 커지기 쉬우며, 스크루플레이션(screwflation)이 발생할 가능성이 높다는 의견이다. 여기서, 스크루플레이션(screwflation)이란 물가 상승과 이에 따른 실질임금 감소 등으로 중산층의 가처분 소득이 줄어드는 현상을 의미한다.

향후 일본의 소비자물가는 당분간 국제원자재 가격상승 등으로 오름폭이 확대될 것으로 보인다. 우선, 비용측면에서 살펴보면 국제원자재 가격 상승과 엔화약세로 수입물가 및 생산자 물가가 크게 상승하고 있다. 2022.1월 중 수입물가지수는 전년동월대비 37.5%, 생산자물가지수는 8.6% 각각 상승했다. 다음으로 수요측면을 보면, 실질임금이 물가상승으로 2021.9월 이후 마이너스를 지속하고 있다. 이에 따라 제품과 서비스를 구입하는 소비자의 구매력도 하락하고 있는 것으로 나타났다. 일본 소비자물가의 기조적 추이를 나타내는 지표는 모두 플러스를 나타내고 있다. 가중치가 높은 일부 품목의 가격변동 요인을 제거한 최빈치는 오름폭이 확대되고 있으며 가중중앙치도 오름세 유지하고 있다.

그림 29 | 일본의 기조적 인플레이션율 지표

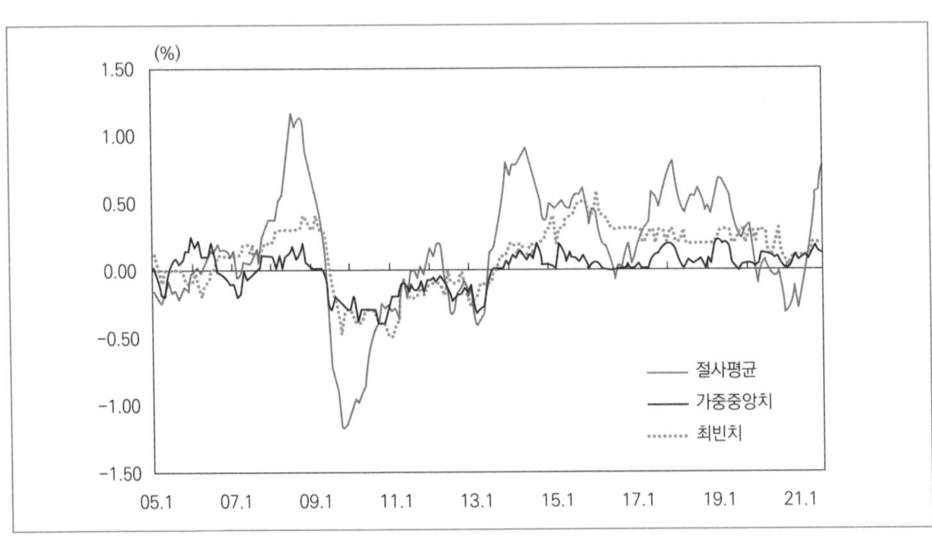

자료: 일본은행

구체적 통계를 통해 살펴보면, 최빈치가 2021년 1월 0.00%, 6월 0.10%, 9월 0.20%, 10월 0.20%, 11월 0.20%를 나타내고 있으며, 가중중앙치도 2021년 1월 0.01%, 6월 0.10%, 9월 0.17%, 10월 0.13%, 11월 0.12%의 플러스를 지속하고 있다. 절사평균(trimmed mean)[4]도 2021.6월 이후 플러스로 전환되었다. 관련 통계를 보면, 2021년 1월 -0.29%, 5월 -0.14%, 6월 0.03%, 9월 0.57%, 11월 0.75%로 플러스폭이 확대되고 있음을 알 수 있다.

일본 소비자물가지수(CPI) 구성 품목 중 상승과 하락 품목의 비율도 상승 품목이 확대되면서 2021.9월 이후 하락 비중을 20% 이상 상회하고 있다. 해당 통계를 산출해 보면, 상승-하락 품목비율이 2021년 1월 2.11%p, 6월 8.6%p, 9월 22.0%p, 10월 24.3%p, 11월 25.9%p를 나타내고 있다. 이와 같이 일본 소비자물가 관련 통계를 통해 일본 소비자물가의 향방을 예측할 수 있을 것으로 보인다.

그림 30 | 상승·하락 품목 비율

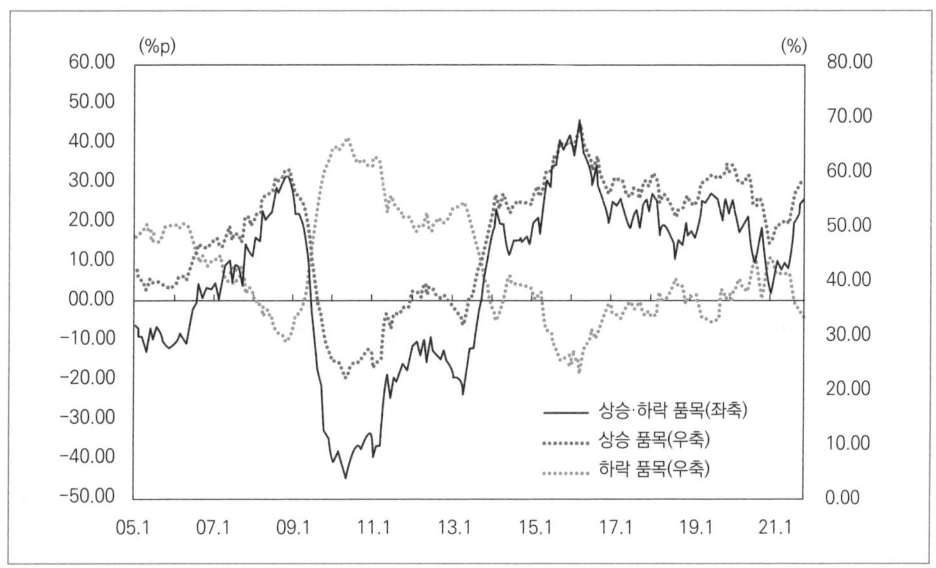

자료: 총무성

4 상대가격 변동을 제거하기 위해 품목별 가격변동 분포의 양측 극단치(상하 각각 10%)를 제거한 평균을 의미한다.

3. 일본 내 소비세 인상 이후 일본의 소비변화

1 소비세 인상에 따른 소비변화

일본 정부는 2019년 10월 소비세를 기존 8%에서 10%로 2%p 인상하였다. 소비세 인상 이후 일본경제 내 민간소비가 위축되는 모습을 보였다. 실제로 소비세가 인상된 2019년 10월 일본 내 소매판매액이 전년동월대비 7.1% 감소하며 이전에 소비세를 인상했던 2014년 4월(5% → 8%)의 감소폭(-4.3%)에 비해 감소폭이 확대되었다.

이는 일본 국민들이 소비세 인상 전 물품을 구매하려는 선수요가 있었을 뿐 아니라 당시 태풍[5] 등 자연재해 피해에 따른 소비위축도 영향을 미친 것으로 나타났다.

그림 31 | 일본의 소매판매액 증감률[주)] 추이

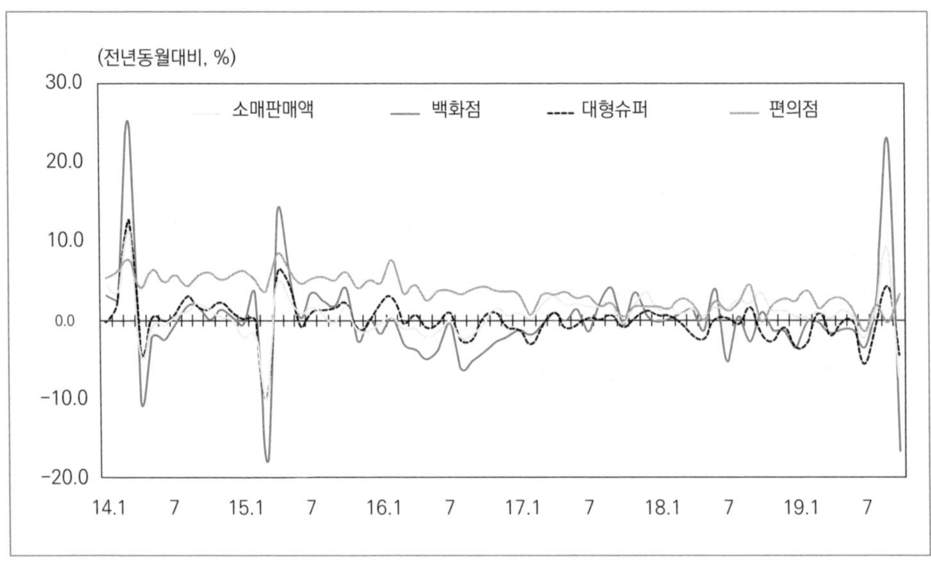

주: 전년동월대비
자료: 경제산업성

5 태풍 19호(대형급)가 2019년 10.12~13일 중 도쿄, 카나가와 등 칸토코신에츠(関東甲信越) 수도권을 통과하면서 인적·물적으로 상당한 피해가 발생하였다.

그림 32 | 일본의 소비세 인상 전·후 소비변화

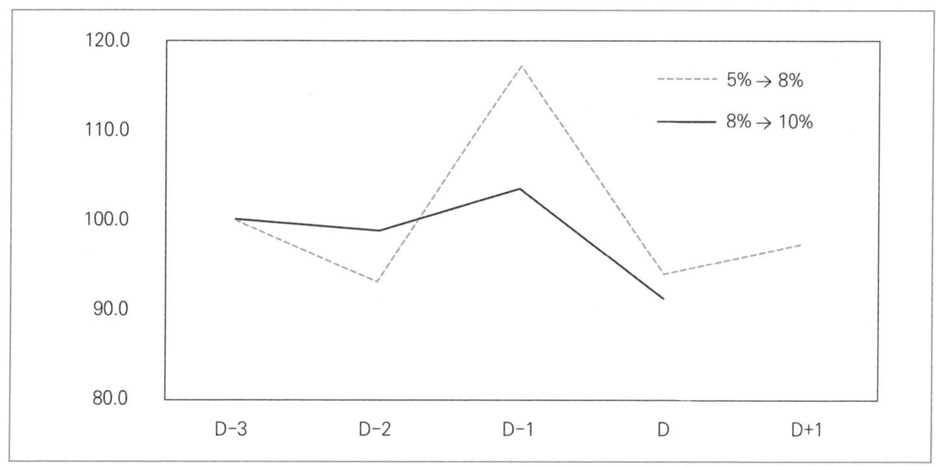

주: D-3=100
자료: 경제산업성

일본의 가계소비지출(2인 이상 가구 기준)도 교육, 가구·가사용품, 주거 등을 중심으로 감소로 전환되었다. 일본의 과거 증세 시에 비해서 교육(8% 증세 시, 10% 증세 시 각각 -21.6%, 7.4%), 주거(-9.4%, 11.9%), 의류 및 피복(-8.6%, -3.9%) 등의 감소폭이 크게 나타났다.

표 4 | 일본의 소비세 증세 전·후 가계소비지출 증감률 추이

(%)

		D-3		D-2		D-1		D	
음식료	[25.7]	0.4	(2.7)	2.0	(1.7)	**4.5**	**(5.9)**	**-0.8**	**(-2.2)**
주거비	[5.9]	7.3	(14.2)	-1.0	(10.0)	**12.9**	**(12.7)**	**-9.4**	**(11.9)**
수도·광열비	[7.7]	-1.2	(1.3)	-8.6	(4.2)	**-1.3**	**(8.4)**	**-4.3**	**(6.3)**
가구·가사용품	[3.8]	-5.5	(7.2)	15.7	(28.0)	**66.7**	**(85.4)**	**-10.7**	**(-14.3)**
의류 및 피복	[3.8]	-2.0	(19.8)	6.7	(-8.0)	**18.1**	**(12.7)**	**-8.6**	**(-3.9)**
보건·의료	[4.6]	9.5	(0.4)	1.8	(7.3)	**26.5**	**(10.7)**	**-0.2**	**(-2.7)**
교통·통신	[14.7]	1.0	(3.5)	1.2	(-2.9)	**14.4**	**(14.2)**	**-5.6**	**(-0.5)**
교육	[4.1]	4.8	(-11.8)	-7.2	(-12.8)	**10.8**	**(-12.1)**	**-21.6**	**(7.4)**
교양·오락	[9.6]	2.9	(4.9)	5.7	(-10.4)	**13.3**	**(13.2)**	**-2.0**	**(2.6)**
그 외	[20.2]	2.4	(-0.7)	-0.2	(-4.1)	**4.6**	**(0.4)**	**2.2**	**(-6.6)**
전체	[100.0]	1.6	(2.8)	1.3	(-0.6)	**10.8**	**(9.3)**	**-3.7**	**(-0.7)**

주: [ ]내는 2018년 비중, ( )내는 2014.4월 소비세 인상 시(5%→8%)
자료: 총무성 통계국

한편, 일본 내 소비실태를 종합적으로 파악하기 위해 신규 편제된 총소비동향지수[6](전년동월대비) 및 실질소비활동지수[7]도 감소로 전환되었다. 총소비동향지수가 2019년 9월 3.5%에서 10월 -2.1%로, 실질소비활동지수도 같은 기간 3.8%에서-7.4로 각각 감소로 전환되었다.

그림 33 | 일본의 총소비동향지수

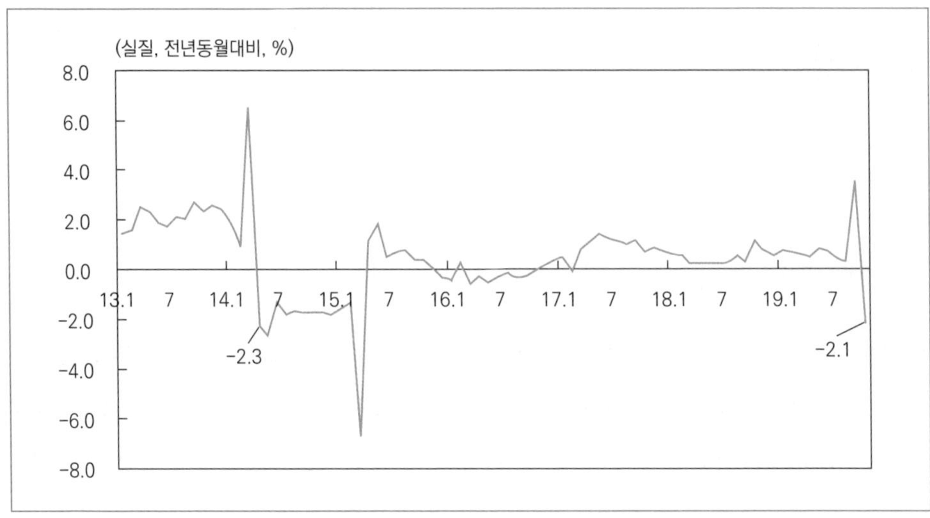

자료: 총무성 통계국

6 일본 총무성이 세대소비동향지수, 서비스산업동향조사, 상업동태통계조사, 제3차산업활동지수 및 광공업 생산지수를 종합하여 가계최종소비지출 추이를 시계열 회귀모형에 의해 추정하여 발표하고 있다.

7 일본은행이 소매판매·공급에 관한 기초통계를 활용하여 편제하여 공표하고 있다.

그림 34 | 일본의 실질소비활동지수

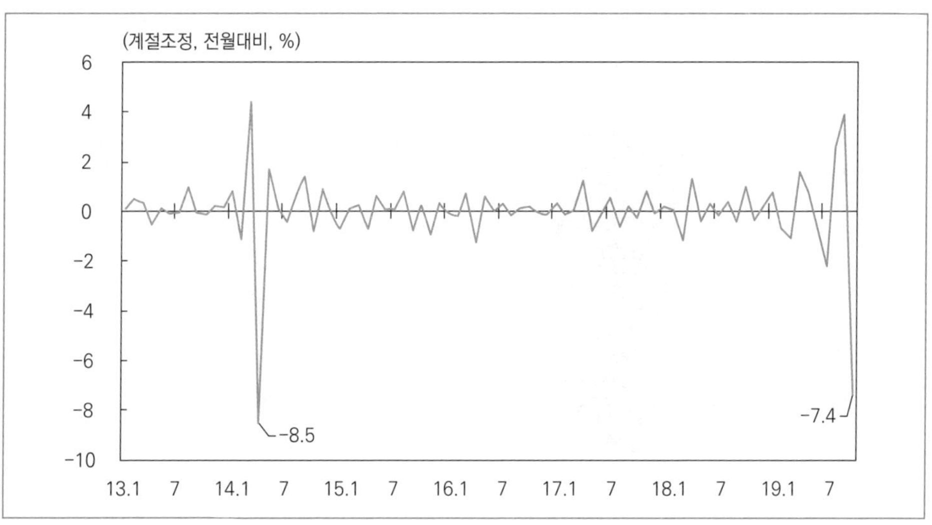

자료: 일본은행

2 과거 소비세 인상과의 차이점

일본의 2019년 10월에 시행한 10%로의 소비세 증세는 민간소비 위축 등을 초래하였으나 과거에 시행한 8%로의 증세 시에 비해서는 영향이 제한적인 것으로 보인다. 일본의 소비세 증세가 일본 경제(GDP)에 미치는 영향이 제한적인 것은 일본 정부의 소비세 증세일 공표에 따른 일본 자국민의 필요물품에 대한 증세전 선구입, 가계소득 개선, 공공투자 확대 등에 주로 기인하는 것으로 분석된다.

우선, 선수요의 경우 자동차 등 내구소비재 및 주택에 대한 선수요가 이전 증세시보다 상대적으로 크지 않아 증세 후 수요 감소폭이 일정 수준에 머물렀을 가능성이 있다. 저출산·고령화로 내구재 소비성향이 낮은 60대 이상의 소비지출 비중이 종전보다 확대된 점도 선수요 증가세를 억제하는 요인으로 작용했을 것으로 보인다.

그림 35 | 내구재 선수요 비교[주)]

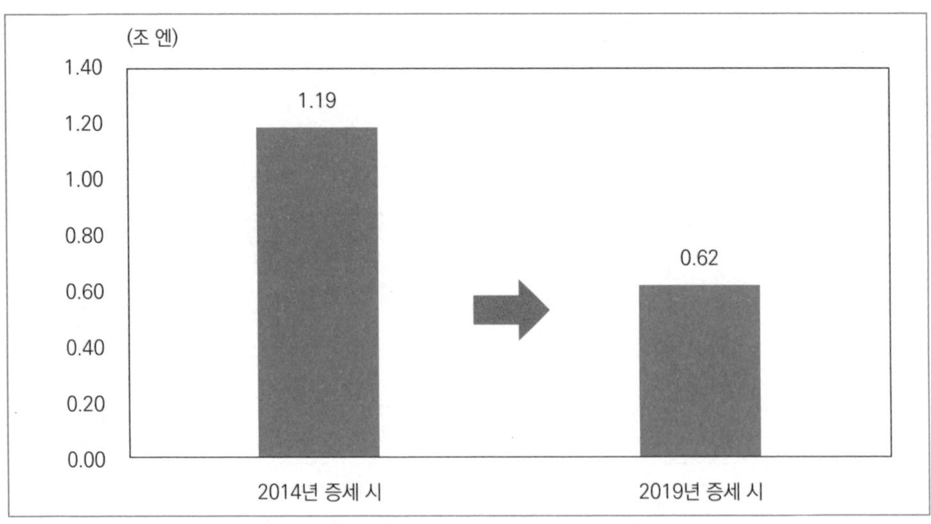

주: 실질내구재지출=정수항+α·실질노동자보수+β·소비자마인드+선수요·반동 더미
자료: 일본총연(2019.11월)

다음으로 가계소득의 측면을 보면, 경기 회복 등으로 이전 증세시에 비해 명목 및 실질 임금이 확대된 점도 증세에 따른 가계부담을 완화하는 요인으로 작용했을 것으로 분석된다.

그림 36 | 명목 및 실질 임금 추이[주)]

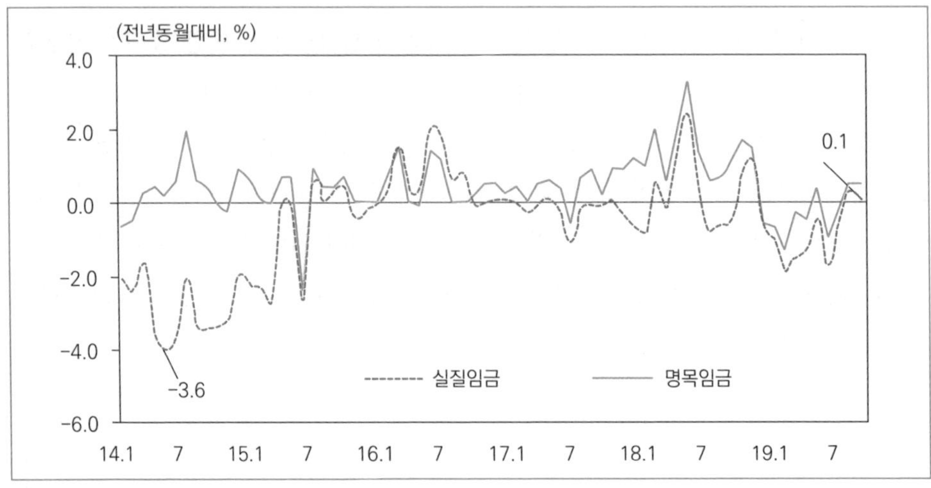

주: 증감률 기준
자료: 총무성 통계국

공공투자의 경우 자연재해 복구·도로 등 국토인프라 정비 등으로 공공투자가 확대된 점도 일본 국내경기에 긍정적 요인으로 작용했을 것으로 보인다. 일본은 「방재·감재, 국토강인화를 위한 3개년 긴급대책(2018.12월)」에 따라 7조 엔 정도 규모로 공공투자 사업을 실시하였다.

3 주요 기업 모니터링 결과

토요타 등 일본 주요 기업에 대한 모니터링[8] 결과에서도 금번 소비세 증세가 경기에 미치는 영향은 제한적인 것으로 나타났다.

조사대상 업체 중 "경기를 일정 부분 악화시키지만 경기둔화 정도는 아님"의 응답비율이 전체의 69.9%로 대부분을 차지했으며, 다음으로 "악영향은 거의 없음(26.5%)", "경기둔화로 이어질 우려가 강함(3.6%)"의 순으로 나타났다. 이는 세율 인상폭이 이전 인상 시보다 소폭인 데다 경감세율 등 정부의 사전대책 시행 등에 주로 기인하는 것으로 보인다. 한편, 2019년 10월 판매액이 전년동월대비 감소한 기업은 전체의 33.0%이며 영업강화, 신제품 및 서비스 출시 등으로 대응한 것으로 나타났다.

그러나 슈퍼마켓[9] 등 일부 영세 유통업체에는 매출 감소 등 상당한 부정적 영향을 미친 것으로 나타났다.

증세 전 예상대비 증세 후 매출실적에 대해 "생각했던 것보다 부정적(想定より悪い)"의 응답비율이 43%로 "생각했던 것보다 긍정적"(6%)을 크게 상회하였다.

---

8 아사히신문이 토요타 등 일본 100개 주요 기업 CEO를 대상으로 설문조사('19.11.11~22일)를 실시하였다.

9 일본 전국슈퍼마켓협회(2019.12.20.일)가 2019.12.2.~16일 중 966개 사를 대상으로 조사하였고, 응답업체는 213사였음(응답률 22.0%).

그림 37 | 증세가 업황에 미친 영향주)

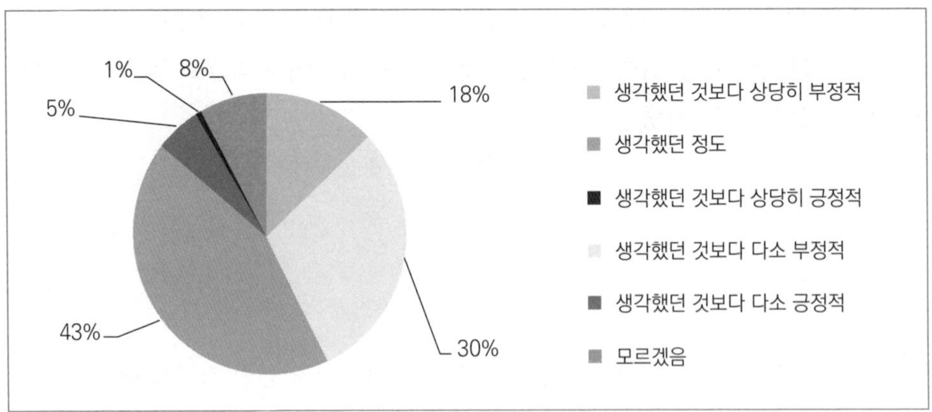

주: 슈퍼마켓 업체 기준
자료: 일본 전국슈퍼마켓협회

당시 향후 업황 회복시기에 대해서도 "당분간 회복되지 않음(しばらく回復しない)"의 응답비율이 61%로 절반 이상을 차지하였다.

그림 38 | 향후 소비 회복시기 예측주)

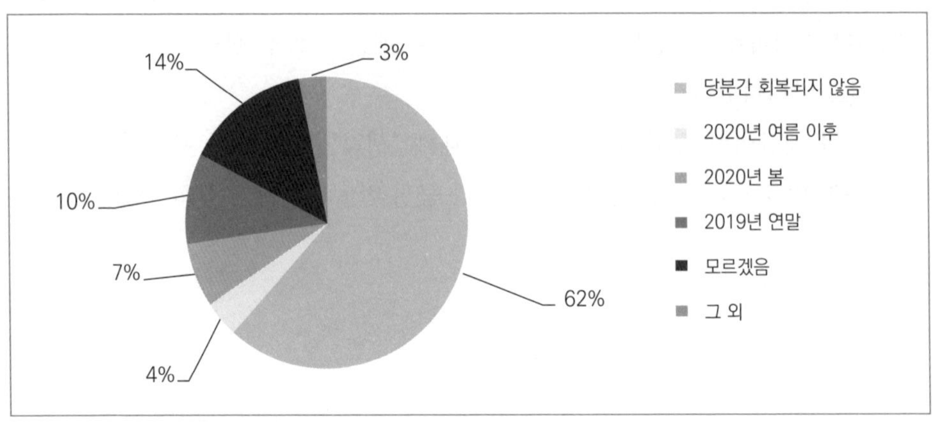

주: 슈퍼마켓 업체 기준
자료: 일본 전국슈퍼마켓협회

참고 소비세 인상 관련 주요국 비교

1. 소비세 증세 시의 주요 대응책 및 조치

국가	시기	세율(변화폭)	주요 시책 및 조치
독일	2007.1.1일	**16.0%→19.0%** (+3.0%p)	▶ 주로 **식료품** 및 **책**, **신문** 등에 **경감세율(7%) 적용** (1968년 부가가치세 도입 시 경감세율 제도 도입) ▶ **세수 증가분의 1/3**을 **사회보험료 인하**에 충당
영국	2010.1.1일	**15.0%→17.5%** (+2.5%p)	▶ 주로 **식료품** 및 **가정용 연료** 등에 **경감세율(0% 및 5%) 적용** (1973년 부가가치세 도입 시 경감세율 제도 도입) ▶ **노후 자동차 구매지원책** (10년 이상 전 등록 자동차를 신차로 대체 시 2,000파운드 할인) ▶ **아동세액공제 65파운드 인상**(2010.4월부터)
일본	2014.4.1일	**5.0%→8.0%** (+3.0%p)	▶ **자동차 취득세 감세, 친환경차(Eco카) 감세 확대** (경감률 75%→80%) ▶ **주택론 감세** (주택론 잔액 산정대상액의 1%를 연간 최대 40만액까지 소득세에서 공제) ▶ **생활급부금(すまい給付金)** (주택구입자 중 수입이 일정액 이하인 자를 대상으로 현금급부) ▶ **임시복지급부금** (주민세 비과세 대상자 1만 엔, 노령기반연금수급자 등에는 5,000엔을 가산) ▶ **아동 육아세대 임시특례급부금 등** (아동수당 대상자 1명당 1만 엔 지급)

참고 소비세 인상 관련 주요국 비교

2. 개인소비 동향(실질, 계절조정치)

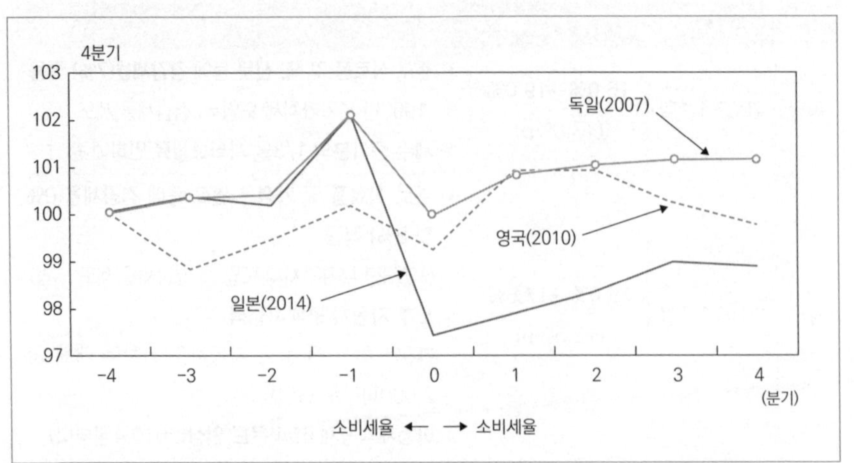

3. 소비세율 인상 직후 소비자물가지수 비교

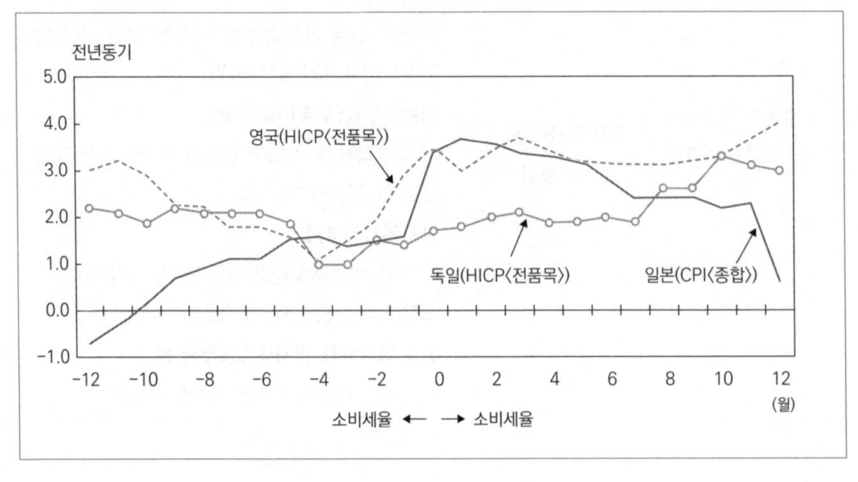

쉬어가기

일본의 쥬켄(受験) 문화

일본인들은 한국의 고3 문화에 대해 의아해하고 너무 경쟁이 치열하다고 한다. 특히 대학수학능력시험날에는 전 국민의 출근시간이 수험생 등교를 위해 늦춰지고 영어듣기평가 시간에는 비행기조차 이착륙 시간이 조정된다는 말에 놀라곤 한다.

그러나 이와 달리 일본은 쥬켄 문화가 있다. 일반적으로 초등학교 4학년 때부터 사설 입시학원에 들어가 유명 사립중학교에 입학하기 위한 공부를 시작한다.

저자가 도쿄에서 근무중 일본인과 저녁 약속을 하였는데, 어느 정도 시간이 지난 후 그 친구가 본인 아들 학원에서 면담이 있다고 먼저 가겠다고 양해를 구했다. 들어보니 일본 쥬켄학원에서는 매월 시험을 치르고 시험성적에 따라 자리가 바뀌고 성적이 하락하면 부모님 상담이 이루어진다고 한다. 쥬켄을 시작한 초등학교 학생은 주말도 없이 학원을 간다.

물론 쥬켄은 사립학교의 이야기다. 쥬켄을 통해 유명 사립학교 시험에 합격하면 그 사립학교가 중·고·대학교까지 갖고 있는 사학재단이라면 대학까지 무시험으로 입학이 가능하다. 이를 에스컬레이터라고 한다. 에스컬레이터처럼 편하게 올라간다는 뜻이다. 이게 가능한가? 일본은 가능하다. 심지어 유치원까지 갖고 있는 게이오사학재단은 유치원에 합격하면 대학까지 무시험으로 입학할 수 있다. 그만큼 유치원에 합격하기가 어렵다.

도쿄 사립 중학교에서 가장 유명한 학교는 남학생은 카이세이(開成中学校)이고 여학생은 죠시가쿠인(女子学院)이다. 도쿄 유명 쥬켄학원을 보면 입시결과 포스터로 붙여놓은 것을 보게 된다. 정도의 차이일뿐 일본이나 한국이나 좋은 학교를 보내려는 부모의 마음은 똑같은 건 아닐까?

CHAPTER

05

일본의 중소기업과 신용보증

들어가기

일본 중소기업은 기술력을 바탕으로 일본경제의 주춧돌이 되어 왔다. 소위 모노즈쿠리(ものづくり) 정신을 바탕으로 숙련된 기능과 기술을 활용하여 고품질의 제품을 생산하고 있다. 이와 같은 중소기업을 금융면에서 지원해주는 제도가 신용보증제도이다. 담보력이 부족한 중소기업을 지자체 등이 출연한 신용보증기관이 보증을 통해 자금을 지원한다. 특히 경기가 악화되었을 때 신용보증제도는 자동안정장치 기능을 수행해 왔다.

우리나라도 일본과 같은 공적신용보증제도를 운용하고 있다. 중복보증, 한계기업 연장 등과 같은 부작용에 대한 지적도 일부 있지만 벤처기업 등 신기술 창업기업에 대한 보증확대로 신성장동력을 창출하고 있다는 긍정적 요소도 많다.

일본 중소기업의 현황과 보증제도를 살펴보고 우리나라 중소기업 육성을 위한 신용보증의 역할에 대해 생각해 보자.

Chapter 05

일본의 중소기업과 신용보증

1. 일본의 중소기업

1 일본 중소기업의 사업체 및 종사자

일본 중소기업은 전체 사업체의 99.7%를 차지하고 있다. 사업체 수를 보면 2016년 715.6만 개에서 2009년에는 840.3만 개로 124.6만 개 증가하였다.

표 1 | 일본 중소기업의 기업규모별 사업체 수

(만 개)

	중소기업	(소기업)	대기업	합계
2009	840.3	733.1	2.4	842.6
2012	770.6	668.6	2.1	772.7
2014	761.8	650.5	2.2	764.1
2016	715.6	609.7	2.2	717.9

자료: 일본 경제산업성

일본 중소기업에 종사하는 종사자 수는 전체의 70% 정도를 차지하고 있다. 종사자 수를 보면 종사자는 같은 기간 6,440만 명에서 6,630만 명으로 190만 명 감소하였다.

그림 1 | 일본의 기업규모별 종사자 수

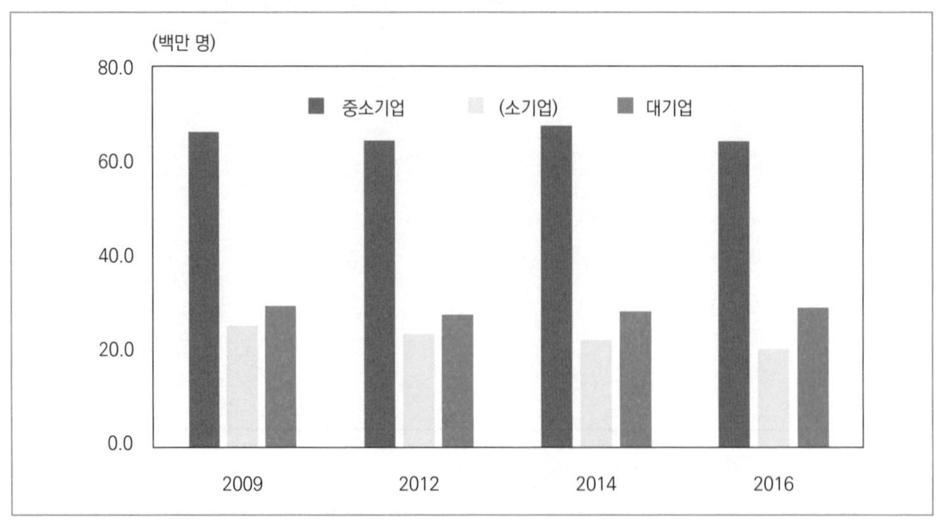

자료: 일본 경제산업성

한편 중소기업의 업종별 비중(2016년)을 보면 도소매·음식·숙박 등 서비스업이 사업체 수 기준으로는 전체의 88.7%를, 종사자 수 기준으로는 전체의 85.3%를 차지하고 있다.

그림 2 | 일본 중소기업의 업종별 비중

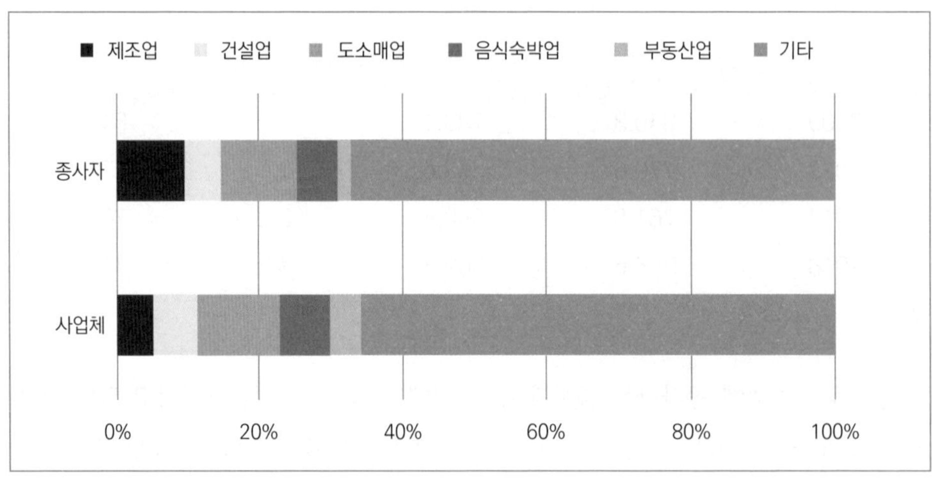

2 일본 중소기업의 경영성과

2018년 중소기업 업체당 매출액은 전년대비 9.0% 감소한 1.6억 엔으로 나타났고, 업체당 영업이익은 전년대비 10.7% 감소한 659만 엔을 기록하였다.

표 2 | 일본 중소기업의 기업당 경영성과

(만 엔)

	2016	2017	2018
매출액	16,623	17,103	15,557
영업이익	686	738	659

자료: 일본 중소기업청, 「중소기업실태 기본조사」(2020.3월)

일본 중소기업의 업종별 비중을 보면 매출액은 도소매(25.0%)이 가장 높고 다음으로 기타(24.3%), 제조업(22.2%), 건설업(15.0%), 소매업(13.5%)의 순이었다. 경상이익은 제조업(24.8%)이 각각 가장 높게 나타난다.

중소기업 매출액의 업종별 비중

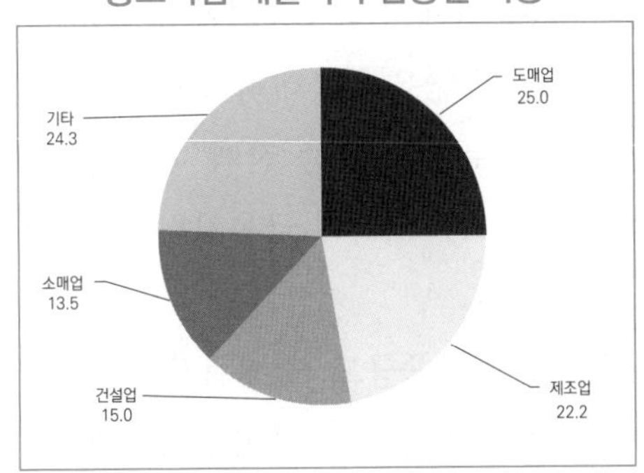

중소기업 경상이익의 업종별 비중

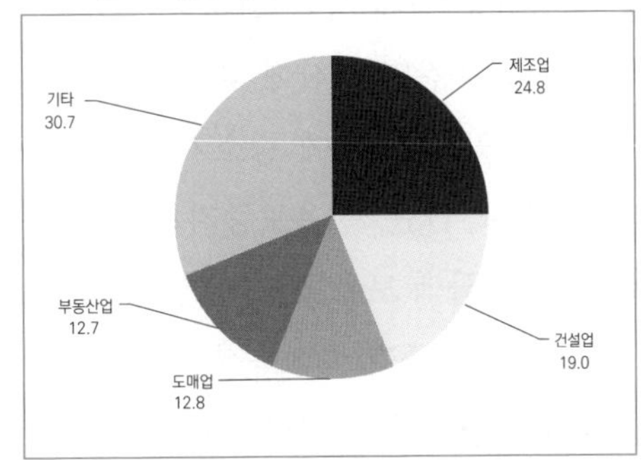

자료: 일본 중소기업청, 「중소기업실태 기본조사」(2020.3월)

한편, 일본 중소 법인기업의 수익성, 건전성은 전년대비 다소 악화된 것으로 나타났다. 수익성 지표인 매출액경상이익률을 보면 2016년 3.50%에서 2017년 3.72%로 상승하였다가 2018년에는 3.61%로 다소 하락하였다. 건전성 지표인 재무레버리지를 보면 2016년 2.48%에서 2017년 2.47%, 2018년에는 2.44%로 하락하였다.

표 3 | 일본 중소기업(법인기업)의 경영지표

(%, 배)

	2016	2017	2018
수익성(매출액경상이익률)	3.50	3.72	3.61
건전성(재무레버리지)	2.48	2.47	2.44

자료: 일본 중소기업청, 「중소기업실태 기본조사」(2020.3월)

2. 일본 중소기업 신용보증제도의 기능과 역할

1 일본 신용보증제도의 역할

최근 일본 내 중소기업은 코로나19 감염 확산에 따른 경제활동 위축의 영향으로 업황이 저조하고 자금조달 사정도 악화됨에 따라 일본 정부는 기존 보증의 만기연장, 보증규모 확대 등을 실시하고 있다. 최근 일본 51개 신용보증기관의 보증규모는 코로나19 감염 확산에 따른 일본 정부의 중소기업 금융지원 대책의 영향으로 크게 증가하였는데, 이에 중소기업대출금에서 차지하는 신용보증 잔액 비중도 크게 상승하였다. 다만, 신용보증기관의 대위변제는 정부 및 지자체 금융지원의 영향으로 건수 및 금액 모두 감소하였다.

일본 신용보증기관의 특징으로는 경제규모대비 큰 보증규모, 경제위기 시 중소기업 자금조달에 기여, 지역중심의 신용보증 체계 등을 들 수 있다. 우선, GDP대비 중소기업대출잔액(2014년) 비율이 51.6%로 주요 비교 대상국 중 가장 높게 나타났고 GDP대비 신용보증잔액 비율도 2020년말 7.2%로 추정되어 글로벌 금융위기 시(2009년 7.3%)와 비슷한 수준으로 크게 상승할 것으로 예상된다. 이와 같이 신용보증은 경제위기 발생 시 중소기업에 대한 보증확대·만기연장 등을 통해 중소기업의 자금조달사정 개선에 기여해 왔다. 즉, 아시아 위환위기, 글로벌 금융위기 발생 시 신용보증을 확대함으로써 실물경기의 급격한 악화를 완화시키는 경기의 자동조절기능(built-in-stabilizer)도 수행한 것으로 평가된다. 마지막으로 일본은 지자체 중심의 신용보증 체계를 구성·운영하고 있으며 신용보증과 신용보험 기능이 결합된 중층적 신용보증시스템을 운영하고 있다.

한편, 한국, 일본, 대만 등 신용보증기관 간 DEA모형을 활용한 효율성 실증분석 결과, 일본은 공적 신용보증제도를 운용하고 있는 한국·대만에 비해 보증운용의 효율성이 낮게 나타났다.

일본의 신용보증제도는 코로나19 감염 확산에 따른 업황 부진을 겪고 있는 중소기업의 자금조달을 원활하게 함으로써 지속가능성(going concern)을 제고한 것으로 평가되며, 경기 순응적 섬세한 보증디자인, 지역경제 활성화를 위한 지역중심의 보증체계 운용은 우리나라의 중소기업 신용보증 정책에도 참고가 가능할 것으로 보인다.

2 일본의 중소기업과 신용보증제도

일본의 중소기업[1]은 고용, 혁신, 지역경제 측면에서 중요한 역할을 담당하고 있다. 중소기업은 일본 내 사업체의 99.7%, 종사자 수의 68.8%를 차지(2016년)하고 있으며 IT·BT 등 벤처기업[2]이 혁신을 주도하고 있다.

일본 내 중소기업도 규모가 상대적으로 영세한 데다 담보력이 부족하여 금융기관으로부터 자금조달 시 상대적 어려움이 발생하고 있다. 이에 정부 및 지자체가 주도하는 공적 신용보증제도(public guarantee system)는 금융시장의 불완전한 기능을 보완함으로써 중소기업자금을 공급하는 데 중요한 역할을 수행하고 있다. 공적 신용보증제도는 중앙정부 및 지자체의 개입과 금융기관 출연에 따른 공신력에 의거한 기관보증으로 일본, 한국, 대만이 동 제도를 운영 중에 있다. 이와 같은 신용보증 제도는 경기위축 시 영세기업의 활동을 지원해줌으로써 경기의 자동조절기능(buit-in-stabilizer)도 수행한다는 긍정적 평가가 우세하다.

한편, 최근 일본 내 중소기업은 코로나19 감염 확산에 따른 경제활동 위축의 영향으로 업황이 저조하고 자금조달 사정도 악화되고 있다. 이를 해소하기 위해 일본 정부는 기존 보증의 만기연장, 보증규모 확대 등을 실시하고 있다.

---

1 제조업과 건설업은 자본금 3억엔 이하 및 종업원 수 300명 이하를, 서비스업은 자본금 5,000만엔 이하 및 종업원 수 100명 이하의 사업체를 의미한다(일본 「중소기업기본법」).

2 일본은 스타트업(start-up) 기준 2018년 약 1,800개 벤처기업이 활동하고 있는 것으로 조사되었다(일본 재무성, 2020.4월).

3 일본의 중소기업에 대한 신용보증 동향

최근 일본 신용보증기관의 보증규모[3]는 코로나19 감염 확산에 따른 일본 정부의 중소기업 금융지원 대책의 영향으로 크게 증가하였다. 중소기업대출금에서 차지하는 신용보증 잔액 비중도 2020년 1월 5.76%에서 7월 8.82%로 크게 상승하였다.

일본 신용보증기관의 대위변제는 금융지원의 영향으로 건수 및 금액 모두 감소하였다. 기업도산 건수도 2020년 5월 이후 감소하였으나 휴·폐업 건수는 크게 증가하였다.

이와 같은 일본의 중소기업에 대한 신용보증 동향을 아래에서는 좀더 구체적으로 살펴보겠다.

① 일본 신용보증기관의 보증규모

코로나19 감염 확산에 따른 일본 정부의 중소기업 금융지원 대책의 영향으로 크게 증가하고 있다. 2020년 3월 이후 전년동월대비 2배 이상 증가하여 1~7월중(전년동기대비) 370.2%를 기록하였다. 구체적으로는 2020년 3월 전년동월대비 103.7%, 4월 433.5%, 5월 707.0%, 6월 726.4%, 7월 584.2% 등 높은 증가율을 지속하고 있다. 다만, 연간으로 보면 2019년까지는 아베노믹스 정책효과에 따른 경기호조[4], 국제기구의 보증축소 권고(OECD, 2016.4월) 등으로 대체로 줄어드는 추세를 보였다.

---

3 2020년 9월말 현재 도쿄, 오사카 등 51개 지역 신용보증협회가 취급한 보증기준이다.

4 아베노믹스 경기(제16순환, 2012.11월~18.10월)는 71개월로 이자나미 경기(2002.2월~08.2월, 73개월)에 이어 전후 최장 호황기를 기록하였다.

그림 3 | 일본의 신용보증 공급규모

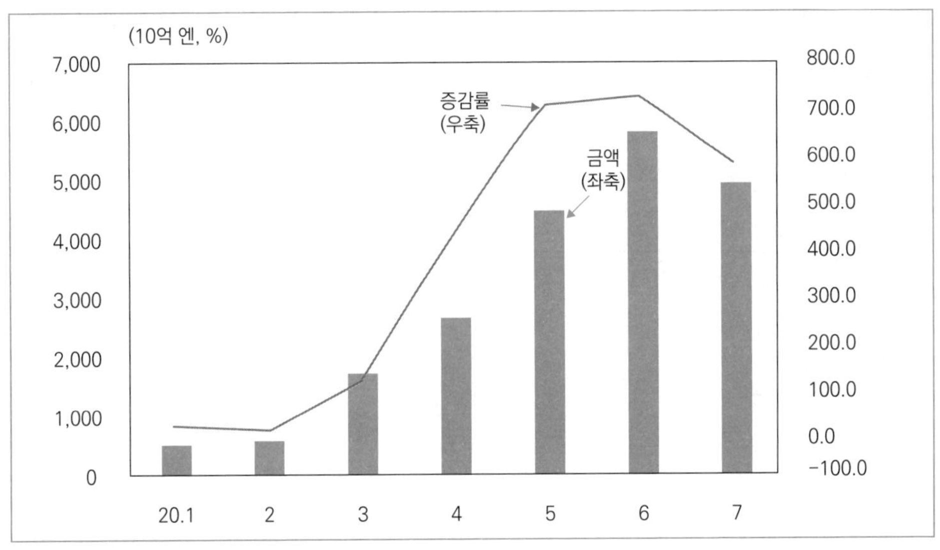

주: 승인 기준
자료: 일본 전국신용보증협회

일본의 연간 신용보증 공급추이를 보면 2010년 14조 1,720억 엔에서 2015년 8조 9,670억 엔으로 줄어들었고 2019년에는 8조 9,390억 엔으로 감소추세가 이어졌다.

표 4 | 일본 연간 신용보증 공급추이

(십억 엔, 만 건)

	금액	건수
2010	14,172	100
2011	11,553	87
2012	9,752	76
2013	9,307	73
2014	8,939	71
2015	8,967	69
2016	8,535	66
2017	8,051	63
2018	8,073	63
2019	8,939	67

자료: 일본 중소기업청

중소기업대출금에서 차지하는 신용보증 잔액 비중도 크게 상승하였는데, 2020년 1월 5.8%에서 4월 6.1%, 7월에는 8.8%로 상승하였다. 다만, 연간으로는 2000년말 12.7%에서 2019년말 5.8%로 크게 하락하였다.

그림 4 | 일본의 월별 중소기업대출대비 신용보증

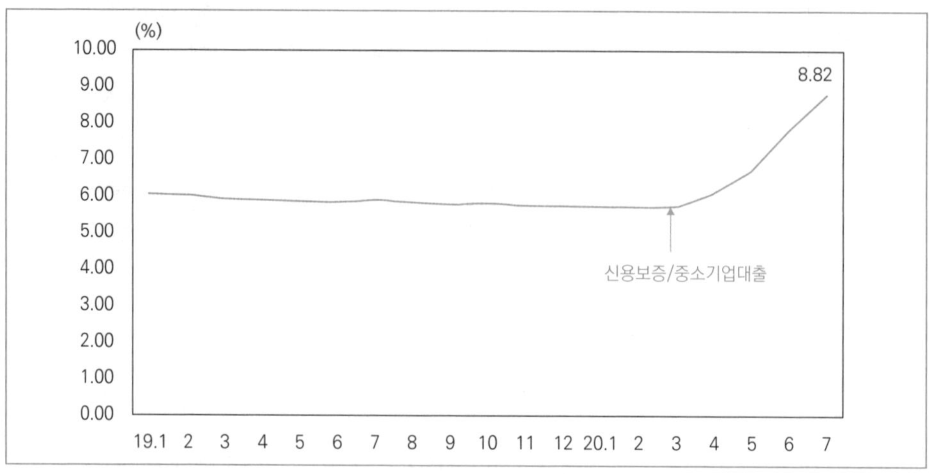

주: 승인 기준
자료: 일본 전국신용보증협회

그림 5 | 연간 중소기업대출대비 신용보증[주)]

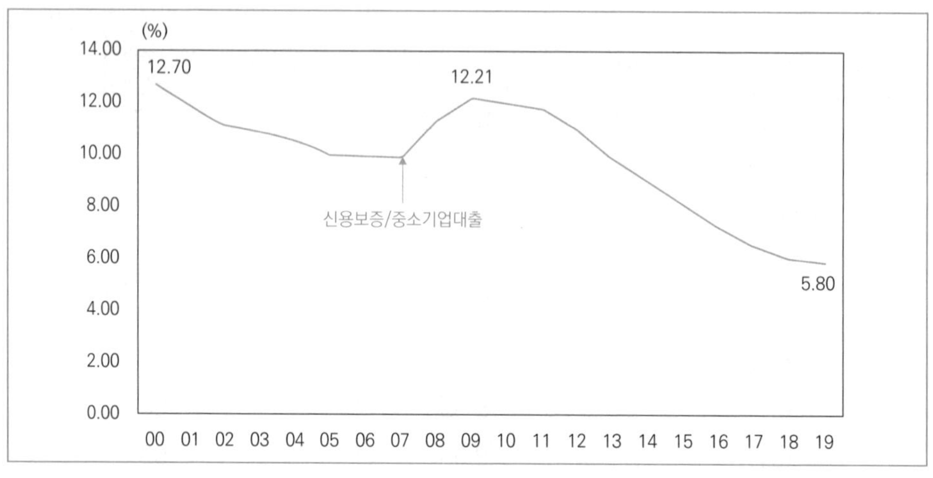

주: 승인 기준
자료: 일본 전국신용보증협회

일본 신용보증 이용기관은 신용금고, 지방은행 등 지역밀착형 금융기관 중심의 소액 보증이 대부분을 차지하고 있다. 신용금고, 지방은행, 제2지방은행 등 지역밀착형 금융기관의 신용보증 이용 비중이 전체의 89.0%(2018년)를 차지하고 있으며 전국 영업망을 갖춘 도시은행은 10.6%에 불과한 것으로 나타났다. 특히, 신용금고가 37.6%로 비중이 가장 높았으며, 다음으로 지방은행(31.6%), 제2지방은행(15.7%), 도시은행(10.6%), 신용조합(4.1%), 정부계 금융기관(0.3%)의 순이었다. 보증금액별로는 2천만 엔 이하의 소액 보증이 전체의 47.1%를, 용도별로는 운전자금이 93.7%를 각각 차지하였다.

표 5 | 일본의 금융기관별 신용보증 이용현황

(%)

	이용 비중
도시은행	10.6
지방은행	31.6
제2지방은행	15.7
신용금고	37.6
신용조합	4.1
정부계 금융기관	0.3

주: 보증공급, 2018년 기준
자료: 일본 전국신용보증협회

그림 6 | 일본의 보증금액별 보증이용 현황

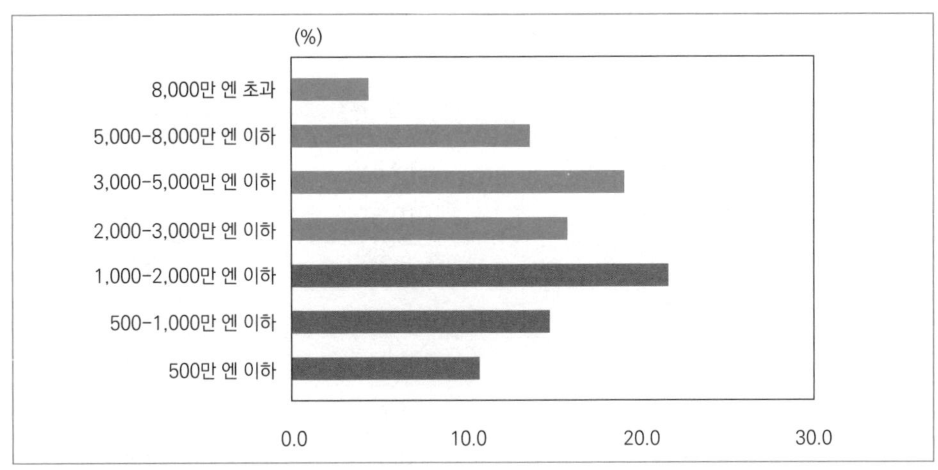

자료: 일본 전국신용보증협회

그림 7 | 보증용도별 보증이용 현황[주)]

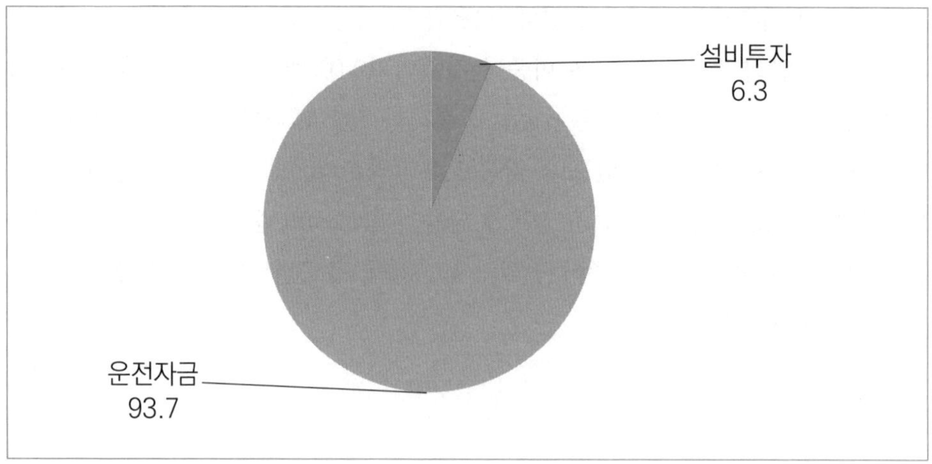

자료: 일본 전국신용보증협회

지역별로는 전체 47개 지자체 중 도쿄 등 상위 10개 지역이 절반 이상(2019년 57.0%)을 차지하고 있다. 도쿄가 전체의 13.8%로 가장 높은 비중을 차지하고 있으며, 다음으로 오사카부(10.5%), 아이치(5.3%) 순으로 높게 나타났다. 도쿄, 오사카 등은 보증잔액 비중(각각 13.8%, 10.5%)이 중소기업 수 비중(각각 11.6%, 7.6%)을 상회하고 있는데, 이는 도시권이 제조업보다 서비스업 비중이 높기 때문인 것으로 판단된다. 실제 서비스업이 발달한 수도권(도쿄, 카나가와, 사이타마)은 보증잔액 비중이 지역경제 규모(GRDP) 비중보다 상대적으로 낮게 나타났다.

표 6 | 일본의 지역별 보증잔액 및 중소기업 수 비중

(%)

		보증잔액	중소기업 수
1	도쿄	13.8	11.6
2	오사카부	10.5	7.6
3	아이치	5.3	5.8
4	효고	5.3	4.0
5	치바	4.5	3.4
6	사이타마	3.7	4.5
7	후쿠오카	3.6	3.8

8	시즈오카	3.6	3.3
9	카나가와	3.4	5.2
10	홋카이도	3.3	4.0

주: 상위 10개 지역(보증잔액 2019년, 중소기업 수 2016년 기준)
자료: 일본 중소기업청

그림 8 | 일본의 지역별 보증잔액 및 GRDP

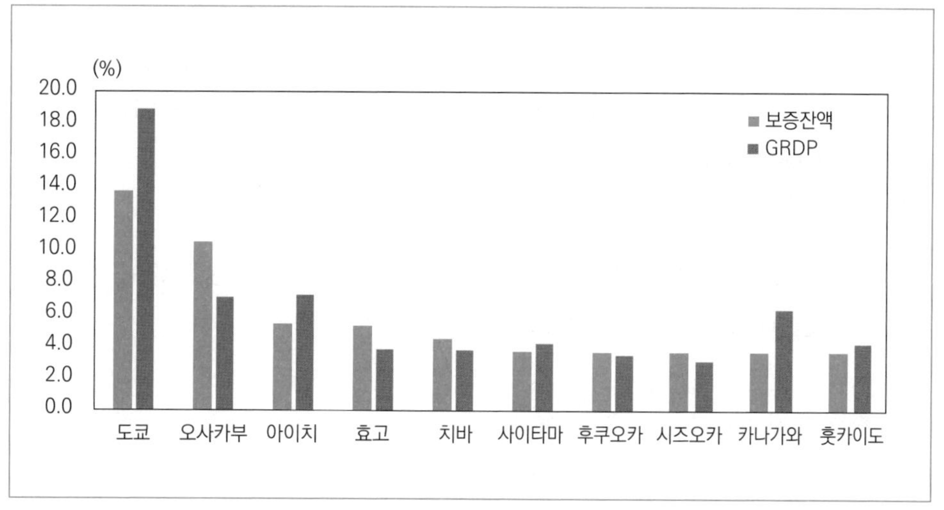

주: 상위 10개 지역
자료: 일본 중소기업청, 내각부

2 일본 신용보증기관의 대위변제 현황

최근 일본 신용보증기관의 대위변제는 정부의 코로나19 긴급대책에 따른 대규모 중소기업 금융지원의 영향으로 건수 및 금액 모두 감소하고 있다. 코로나19 확산에 따른 일본 정부의 긴급경제 대책이 시행된 2020년 3~7월 중 대위변제 건수는 전년동기대비 8.9%, 금액은 1.5% 각각 감소하였다. 한편, 긴급대책 시행 전인 2020년 1월에는 각각 8.3%, 11.5% 증가하였으며, 2월에도 각각 7.6%, 8.8% 증가하였다.

표 7 | 일본 신용보증기관의 대위변제 현황[주)]

(천 건, 억 엔, %)

	건수	금액
20.1	2.76(8.30)	27.97(11.50)
2	3.01(7.60)	29.56(8.80)
3	2.99(-11.10)	31.46(-6.20)
4	2.71(-6.65)	26.32(1.04)
5	2.62(7.70)	25.66(11.03)
6	2.88(-4.99)	29.73(7.24)
7	2.39(-25.05)	24.56(-16.51)

주: ( )내는 전년동월대비 증감률
자료: 일본 전국신용보증협회

연간으로 보면 2019년까지는 경기호조와 저금리 지속에 따른 보증 수혜기업의 경영개선으로 대위변제 금액이 축소되었다.

그림 9 | 일본 신용보증기관의 대위변제 추이

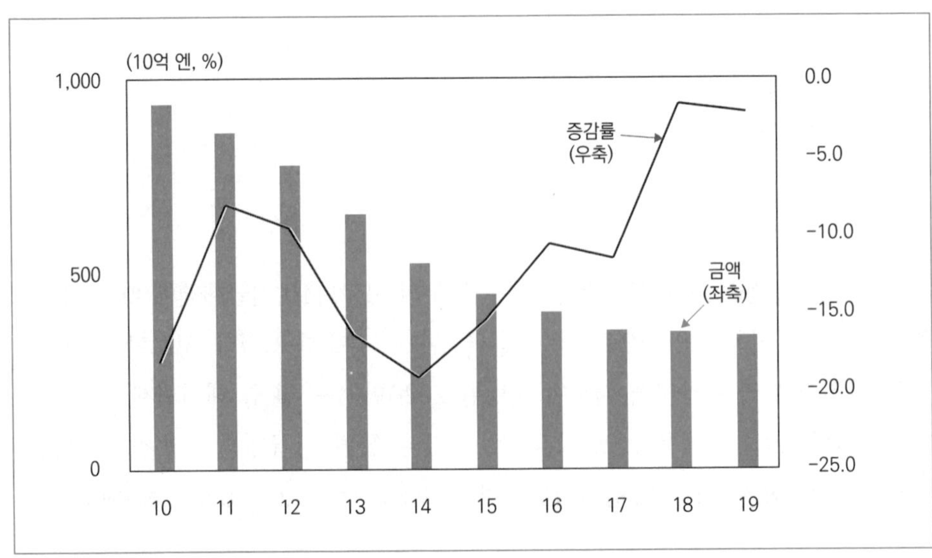

주: ( )내는 전년동월대비 증감률
자료: 일본 전국신용보증협회

그림 10 | 일본의 금융기관별 대출금리 추이(신규대출 기준)

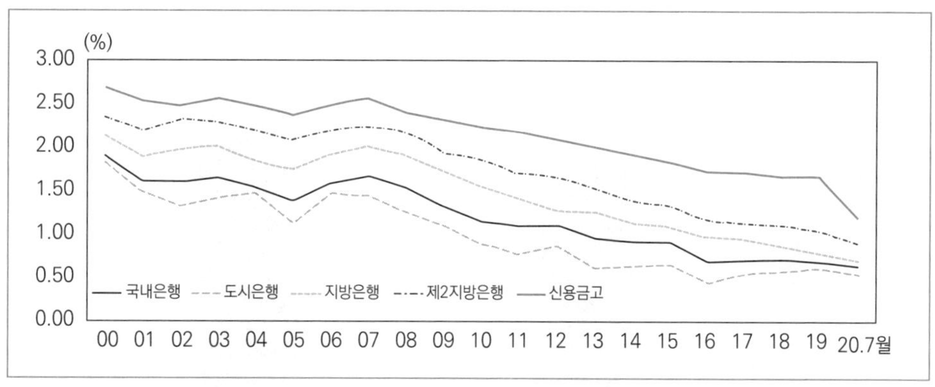

자료: 일본은행

③ 일본의 기업도산 및 휴·폐업 현황

일본의 기업도산 건수는 일본 정부의 중소기업 금융지원 대책이 본격화된 5월 이후 감소하였으나 휴·폐업 건수는 크게 증가하였다. 2019년 1~9월 중 도산건수는 6,022건으로 전년동기대비 2.4% 감소하였으며, 그중 코로나19 감염 관련은 497건으로 전체의 8.3%를 차지하였다. 그러나 휴·폐업 건수(1~8월 중)는 35,816건으로 전년동기대비 23.9% 증가하였다. 연간으로는 휴·폐업 건수가 53,000건을 초과할 것으로 추정되어 과거 최대치였던 글로벌 금융위기 당시인 2018년 46,724건을 크게 상회할 것으로 보인다.

표 8 | 일본의 기업도산 현황주)

(천 건, 억 엔, %)

	건수	코로나관련
20.1	773(16.1)	0
2	651(10.7)	1
3	740(11.8)	13
4	743(15.2)	71
5	314(−54.8)	63
6	780(6.3)	97
7	789(−1.6)	96
8	667(−1.6)	78
9	565(−19.5)	78

주: ( )내는 전년동월대비 증감률
자료: 도쿄상공회의소 리서치

그림 11 | 일본의 기업 휴·폐업 현황

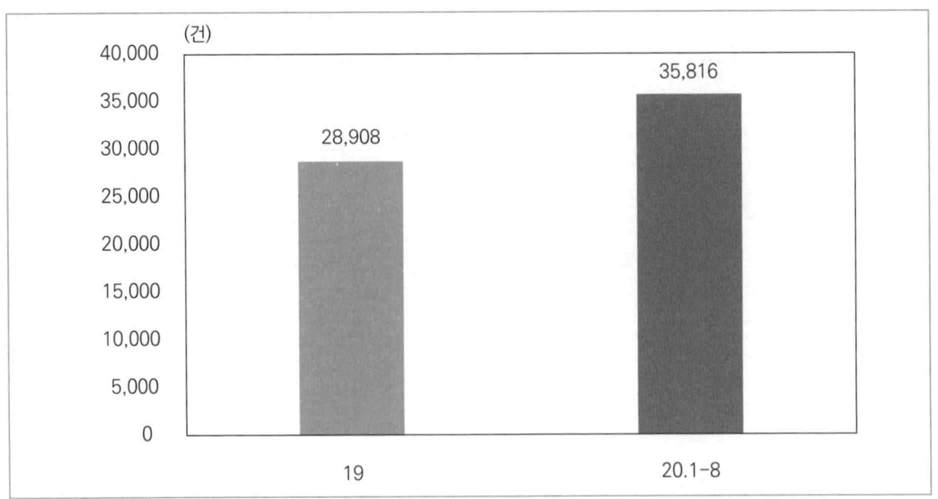

자료: 도쿄상공회의소 리서치

그림 12 | 일본의 중소기업 업황DI[주)]

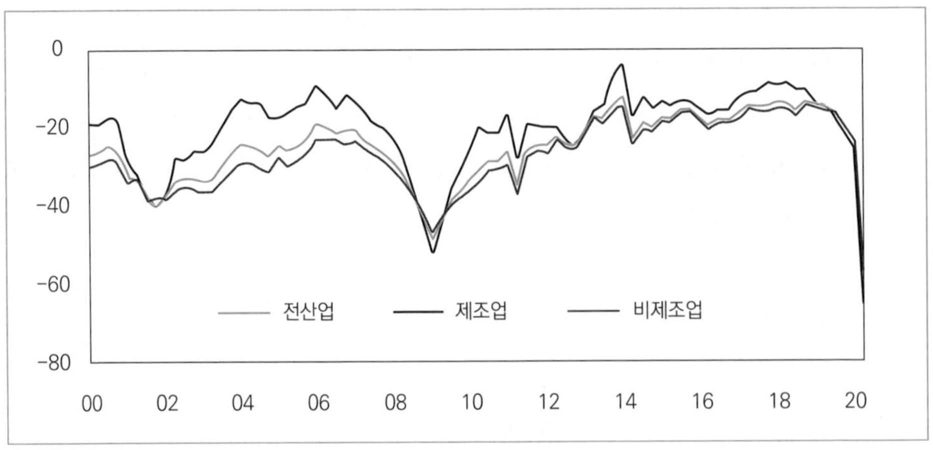

주: 계절조정계열, 전기비
자료: 일본 중소기업청

한편, 일본 중소기업의 업황 및 자금조달사정은 코로나19 감염 확산에 따른 수요 부진으로 크게 악화되었다. 전산업 업황DI(S.A, 전기비)가 금년 1/4분기 -24.4, 2/4분기 -64.1로 마이너스를 지속하고 있으며, 자금조달사정DI도 2/4분기 -48.3을 기록하였다. 다만, 자금조달사정은 3/4분기 -24.0으로 전분기에 비해서는 개선된 것으로 나타났다.

그림 13 | 일본의 중소기업 자금조달사정DI[주)]

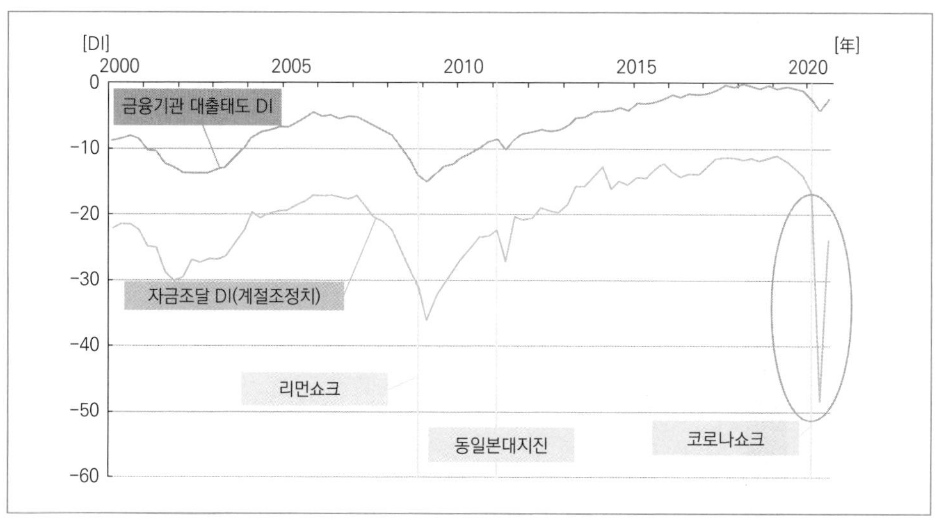

자료: 일본 중소기업청

4 일본 중소기업 신용보증의 특징

일본의 신용보증은 경제규모대비 큰 보증규모, 경제위기시 중소기업 자금조달에 기여, 지역중심의 신용보증 체계, 보증운용 효율성의 상대적 저위 등을 주요 특징으로 들 수 있다.

미국, 유럽 주요국 국가들과 비교해서 일본의 보증규모는 매우 큰 편이며, 경기의 자동조절기능도 수행하고 있는 것으로 평가된다. GDP대비 중소기업대출잔액(2014년) 비율은 51.6%로 비교 대상국 중 가장 높게 나타났다. 또한 일본은 지자체 중심의 중층적 신용보증 체계를 운용하고 있다. 즉, 정책금융기관인 일본정책금융공고가 지역 신용보증협회의 신용보증을 재보증하고 있다.

① 일본의 경제규모(GDP)대비 큰 신용보증 규모

일본은 미국, 유럽 주요국 국가들과 비교해 보증규모가 가장 큰 편으로 이는 금융기관의 중소기업대출 비중이 높은 데 주로 기인한다. 일본의 GDP대비 중소기업대출잔액(2014년) 비율은 51.6%로 주요 비교 대상국 중 가장 높게 나타났다. 일본의 중소기업대출잔액대비 보증잔액 비율은 11.0%로 한국(14.5%), 미국(12.4%)에 이어 세 번째 수준을 기록하였다.

그림 14 | 주요국의 GDP대비 중기대출잔액 비율

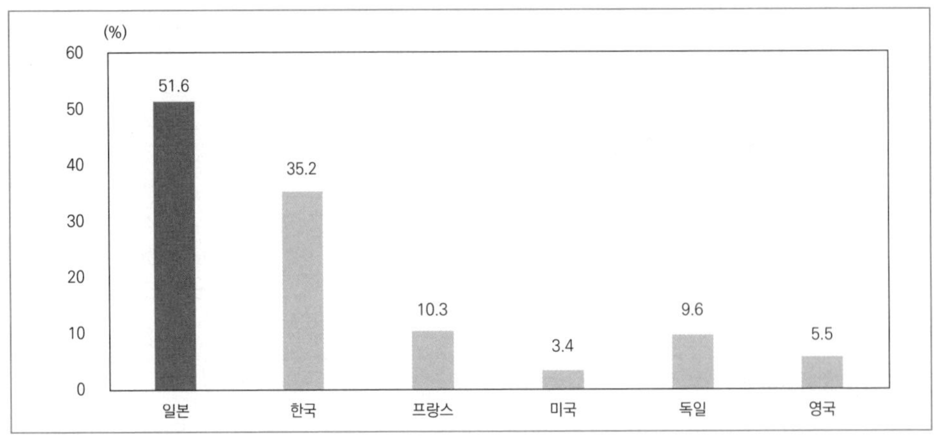

주: 2014년 기준(미국은 2015년)
자료: IMF 「World Economic Outlook Database」, SBA H.P, BIS, AECM

그림 15 | 주요국의 중기대출잔액대비 보증잔액 비율

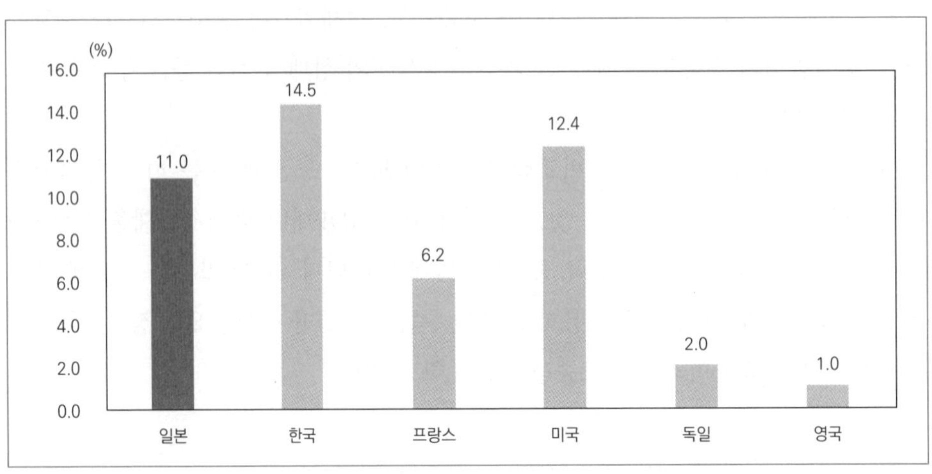

일본의 GDP대비 신용보증잔액비율은 5.7%로 가장 높게 나타났고 우리나라가 5.1%로 그 다음으로 높았고 프랑스(0.6%), 미국(0.4%), 독일(0.2%), 영국(0.1%) 등의 순으로 나타났다.

그림 16 | 주요국의 GDP대비 신용보증잔액

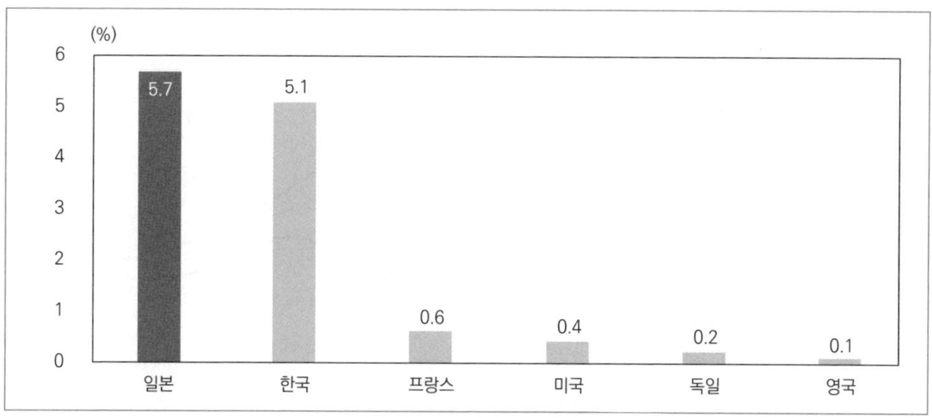

일본의 신용보증 규모는 유사한 공적 신용보증제도를 운용하고 있는 한국, 대만에 비해서도 상당히 큰 편이다. 2019년말 신용보증잔액이 1,909억 달러로 한국(841억 달러)의 2.3배, 대만(213억 달러)의 4.0배를 나타냈다. GDP대비 신용보증잔액 비율도 2020년말 7.2%로 추정[5]되어 글로벌 금융위기 시(2009년 7.3%)와 비슷한 수준으로 크게 상승할 것으로 예상된다. 다만, 연간으로 보면 2016~19년까지는 일본의 보증 축소와 한국의 확대로 한국의 비율이 소폭 높게 나타났다(2019년 한국 5.1%, 일본 3.8%).

그림 17 | 일본의 신용보증 규모[주)]

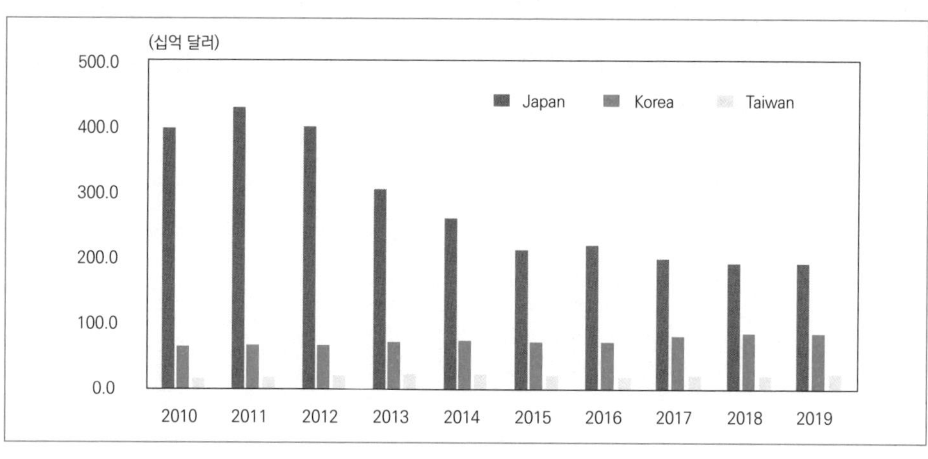

주: 잔액 기준, 달러로 환산(기준환율)
자료: 일본 전국신용보증협회, 한국 금융위, 대만신용보증협회

5 일본 명목GDP(2020.1~6월 전년동기대비 -4.8%), 일본 신용보증(1~7월 370.2%) 증감률로 각각 시산하였다.

그림 18 | GDP대비 신용보증잔액

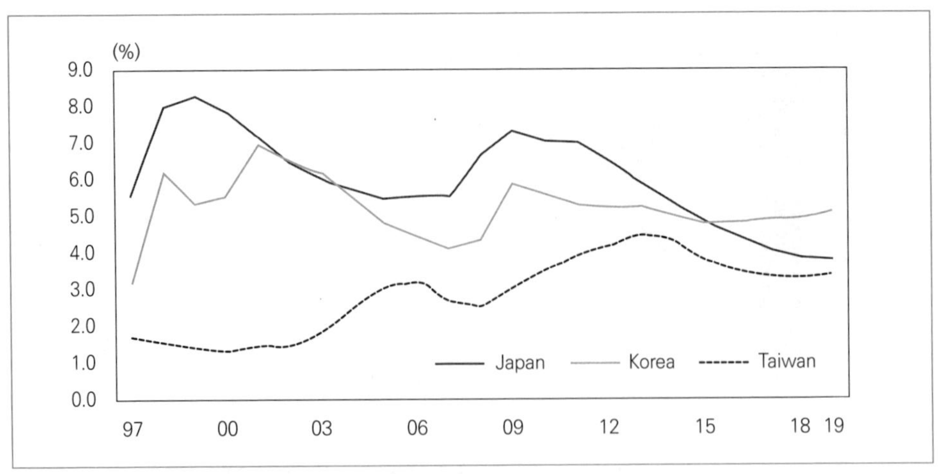

주: 잔액 기준, 달러로 환산(기준환율)
자료: 일본 전국신용보증협회, 한국 금융위, 대만신용보증협회

② 경제위기 시 중소기업 자금조달에 기여

일본의 신용보증은 경제위기 발생 시 중소기업에 대한 보증확대·만기연장 등을 통해 중소기업의 자금조달사정 개선에 기여한 것으로 평가된다. 평상 시는 부분보증 적용으로 금융기관과 리스크를 분담하나 경제위기 발생 시 보증비율(전액보증 포함) 확대, 기간연장 등으로 대응하고 있다. 즉, 전액보증인 세이프티넷(Safety-net) 대상 업종을 순차적으로 확대하였으며 실시기간(2008.10~2012.10)도 상대적으로 길게 유지한 것으로 나타났다.

표 9 | 경제위기 전·후 신용보증제도 비교

	평시			위기 발생 시(글로벌 금융위기)	
	보증내용	보증 비율	전액보증 범위	보증비율 인상	실시기간
미국	• 보증없이는 융자가 곤란한 중소기업 등 • 창업기, 성장기 등	75, 85%	-	평시 75, 85%에서 일률 90%로 인상	2009.2~ 2011.3
독일	• 원칙 모든 중소기업 • 창업기, 사업승계기 등	60~ 80%	-	평시 60~80%에서 최대 90%로 인상	2008.12~ 2010.12
프랑스	• 원칙 모든 중소기업 • 창업기, 혁신기, 성장기, 사업양도·매수기	40~ 60%	-	평시 40~60%에서 최대 90%로 인상	
영국	• 담보부족으로 차입이 어려운 중소기업 등 • 창업기, 성장기, 안정기 등	75%	-	-	
한국	• 원칙 모든 중소기업 • 창업기, 성장기, 안정기, 재생기 등	50~ 100%	젊은층 신규 사업·소액자금·정책목적	최대 90~100%로 인상	
일본	**• 원칙 모든 중소기업 • 창업기, 확장기, 안정기, 재생기 등**	**80, 100%**	**영세기업, 창업, 세이프티넷 (Safetynet) 보증 등**	**세이프티넷 (Safetynet) 보증 대상 업종을 순차 확대(전 업종)**	**2008.10~ 2012.10 (전 업종은 2010.2~)**

자료: 일본정책금융공고, 일본총연

일본의 신용보증제도는 아시아 외환위기, 글로벌 금융위기 발생 시 신용보증을 확대함으로써 실물경기의 급격한 악화를 완화시키는 경기의 자동조절기능(built-in-stabilizer)도 수행한 것으로 평가된다. 일본 신용보증증감률(전년동기대비)은 아시아 외환위기 직후인 1998년 89.6%, 글로벌 금융위기 당시인 2008년 50.3%를 각각 기록(GDP는 각각 -1.4%, -4.0%)하였다. GDP와 신용보증 증감률 간 관계를 보면 공적보증을 실시하고 있는 한국·대만의 경우처럼 일본도 음(-)의 상관관계를 나타내고 있다. 1996~2018년간 상관계수가 일본 -0.23, 한국 -0.46, 대만 -0.22로 추정되었다.

그림 19 | 일본의 GDP와 신용보증 증감률

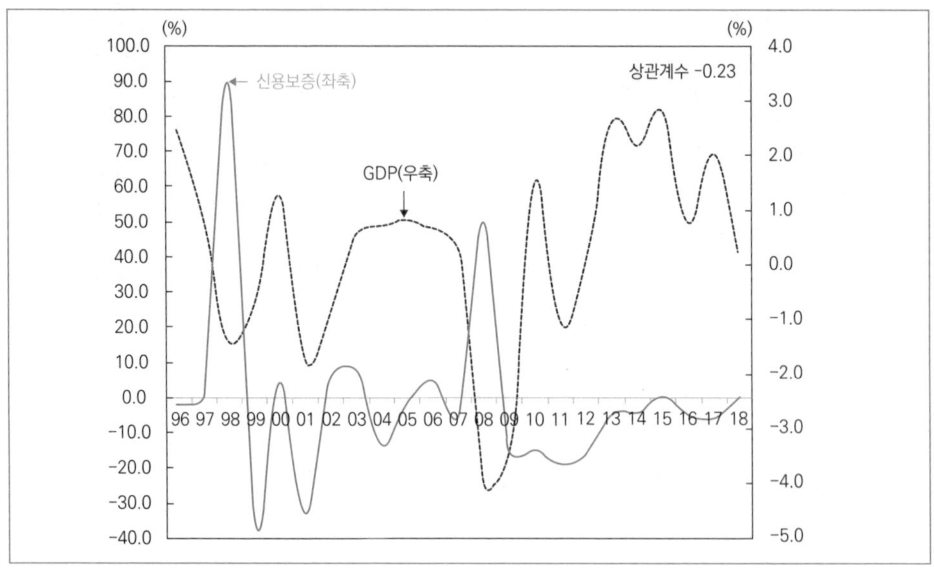

그림 20 | 한국의 GDP와 신용보증 증감률

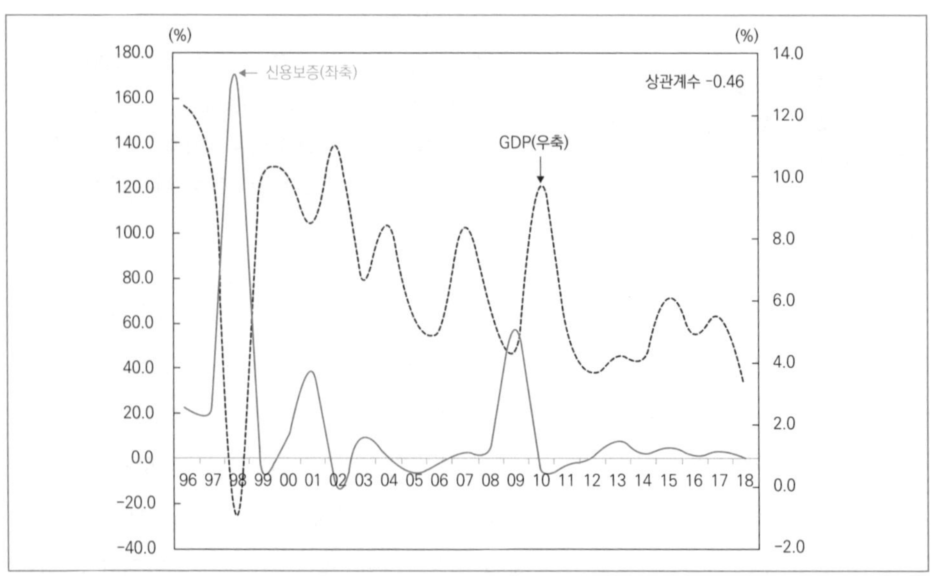

그림 21 | 대만의 GDP와 신용보증 증감률

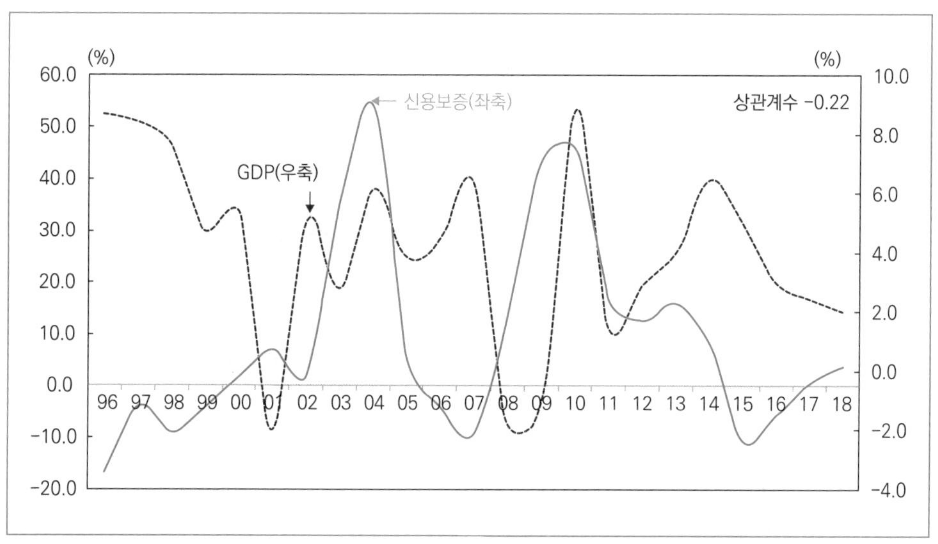

❸ 지역중심의 신용보증 체계

일본은 지자체 중심의 신용보증 체계를 구성하여 운영하고 있다. 1937년 도쿄신용보증협회 설립을 계기로 2020.10월 현재 51개의 지역 신용보증협회가 운영 중으로 47개 지자체(1都 1道 2府 43県)[6]와 나고야, 요코하마, 가와사키 및 기후 4개 기초지자체인 시(市)에 신용보증협회가 각각 설립되어 운용되고 있다. 현재 일본은 신용보증과 신용보험 기능이 결합된 중층적 신용보증시스템을 운영하고 있으며 간접적인 방법으로 보증재원을 조성하고 있다. 정책금융기관인 일본정책금융공고가 지역 신용보증협회의 신용보증을 재보증하는 신용보험 기능을 수행하고 있으며, 지역 신용보증협회는 지자체 및 금융기관 출연으로 신용보증재원을 조성하고 정책금융공고가 이를 지원하는 구조이다.

---

6 홋카이도, 아오모리, 이와테, 미야기, 아키타, 야마가타, 후쿠시마, 니이가타, 이바라키, 토치기, 군마, 사이타마, 치바, 도쿄, 카나가와, 야마나시, 나가노, 시즈오카, 아이치, 기후, 미애, 후쿠야마, 이시카와, 후쿠이, 시가, 교토, 오사카, 효고, 나라, 와카야마, 돗토리, 시마네, 오카야마, 히로시마, 야마구치, 카가와, 토쿠시마, 코치, 에히매, 후쿠오카, 사가, 나가사키, 쿠마모토, 오이타, 미야자키, 카고시마, 오키나와

그림 22 | 일본 신용보증제도의 운용체계

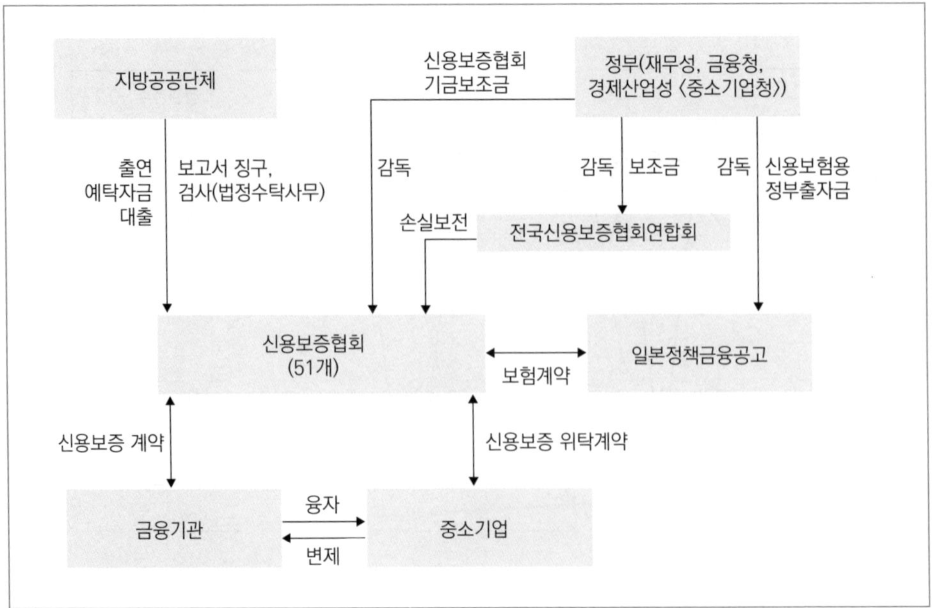

자료: 일본 신용보증협회연합회

그림 23 | 일본의 중층적 신용보증시스템

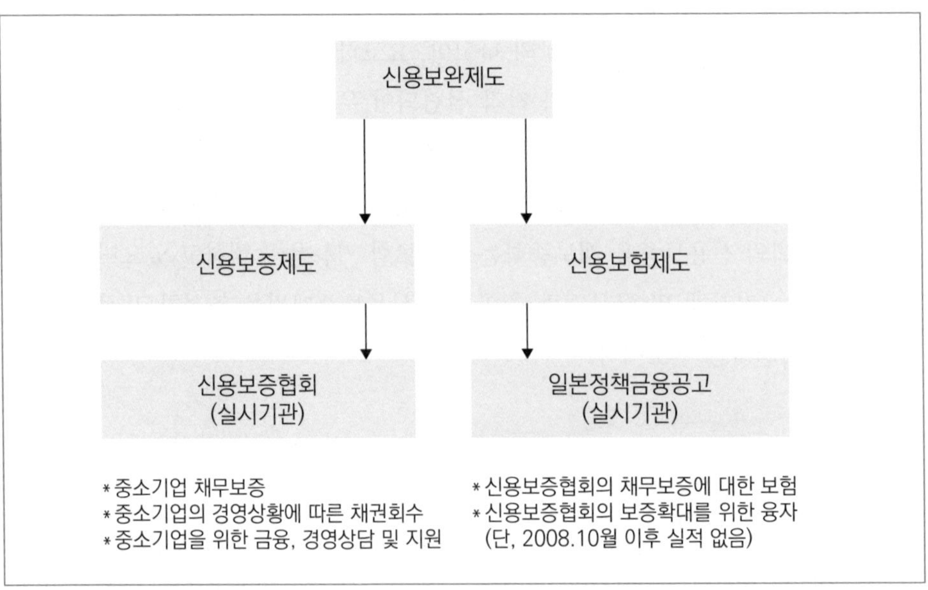

자료: 일본 신용보증협회연합회

참고 일본 신용보증협회 연혁

	주요 내용
1937. 8월	**도쿄신용보증협회 설립**
1948. 8월	**중소기업 금융대책**(신용보증제도 활용) 각의 결정
1950.12월	**중소기업 신용보험법 공포·시행**(신용보험제도 설립)
1951. 1월	**전국신용보증협회협의회 설립**(1955년 전국신용보증협회연합회로 조직개편)
1953. 8월	**신용보증협회법 공포·시행**
1958. 7월	**중소기업 신용보험공고 설립**(現 일본정책금융공고)
1963. 7월	**중소기업기본법 공포·시행**
2006. 4월	**신용보증료의 탄력화 시행**
2007.10월	**금융기관과의 책임공유제도 도입**
2008. 9월	**신용보증협회법 개정** • 신용보증협회 업무(보증대상처가 발행하는 신주예약권의 인수, 구상권 대상처에 대한 채권양수, 재생펀드에 대한 출자) 추가 • 보증업무 지원기관에 관한 규정 창설
2008.11월	**전국신용보증협회연합회 보증지원 기관으로 지정**
2012.12월	**「중소기업지원 네트워크」 구축**
2015.10월	**NPO법인의 보증대상화**
2018. 4월	**신용보증협회법 개정** • 신용보증협회와 금융기관의 연계, 경영지원업무 추가

자료: 「일본의 신용보증제도」, 일본 신용보증협회연합회

4 보증운용 효율성의 상대적 저위

신용보증기관의 효율성에 대한 연구[7]에 의하면 일본은 공적 신용보증제도를 운용하고 있는 한국·대만에 비해 보증운용의 효율성이 낮게 나타났다.

7 「동아시아 지역 신용보증기관의 최근 동향과 정책적 시사점」(서호준·박창일, 2013), 「일본 신용보증기관의 효율성 분석: 부트스트랩 자료포락분석의 적용」(2013) 등

DEA(Data Envelopment Analysis)[8]를 활용한 2011~12년 일본의 효율성 점수는 한국 및 대만을 하회한 것으로 분석되었다. 동질·유사한 업무를 수행하는 의사결정단위(신용보증기관)의 효율성 정도를 백분율로 표시하며, 이때 효율성 점수가 1에 가까울수록 효율적인 것으로 판정한다. CCR, BCC 모형[9] 모두 기준치(1) 및 전체 평균을 하회한 것으로 나타났다.

표 10 | DEA를 이용한 한국·일본·대만의 효율성 분석 결과

	효율성 평균(전체)	
	CCR	BCC
2011	0.718	0.781
2012	0.713	0.772

자료: 「한국·일본·대만 신용보증기관의 효율성 분석」(신용보증기금, 2015년)

표 11 | DEA를 이용한 한국·일본·대만의 효율성 분석 결과

	대만		한국		일본	
	CCR	BCC	CCR	BCC	CCR	BCC
2011	1.000	1.000	0.857	0.939	0.664	0.722
2012	1.000	1.000	0.857	0.951	0.651	0.706

자료: 「한국·일본·대만 신용보증기관의 효율성 분석」(신용보증기금, 2015년)

최근 통계자료를 이용한 자체 분석에서도 일본 신용보증제도 및 기관의 효율성이 상대적으로 낮게 나타났다.

일본의 2018년 CCR, BCC 모형 효율성이 각각 0.51, 0.63으로 한국(각각 0.81, 0.89)을 크게 하회한 것으로 분석되었다.

8 자료포락분석이란 선형계획법에 기반한 투입·산출 구조를 통해 효율적인 의사결정단위들로 구성된 프런티어와의 거리를 계산하여 비효율 정도를 파악하는 비모수적 효율성 측정기법이다.

9 CCR(Charnes, Cooper and Rhodes)은 규모불변수익(Constant Returns to Scal)을, BCC(Banker, Charnes and Cooper)는 가변규모수익(Variable Returns to Scale)을 각각 가정하는 모형이다.

표 12 | 한·일 신용보증기관 효율성 분석결과주)

	일본		한국	
	CCR	BCC	CCR	BCC
2017	0.52	0.65	0.81	0.91
2018	0.51	0.63	0.81	0.89

주: DEA모형을 이용한 효율성분석
자료: 일본 각 신용보증협회, 한국 신용보증기금·기술보증기금·각 신용보증재단

일본 광역경제권 중에서는 자동차 등 제조업이 발달한 토카이(나고야)지역과 수도권(칸토코신에츠)이 상대적으로 높게 나타났다.

표 13 | 일본 광역별 신용보증기관의 효율성주)

지역		CCR	BCC
홋카이도	(3.5)	0.40	0.43
토호쿠	(6.2)	0.45	0.58
칸토코신에츠	(42.4)	0.68	0.76
토카이	(13.2)	0.68	0.79
호쿠리쿠	(2.3)	0.36	0.52
킨키	(15.3)	0.60	0.67
츄고쿠	(5.5)	0.37	0.48
시코쿠	(2.6)	0.25	0.47
큐슈·오키나와	(9.1)	0.41	0.59
전체	(100.0)	0.51	0.63

주: 1) 2018년 기준
2) ( )내는 GRDP 비중(2016년)
자료: 각 신용보증기관, 일본 내각부

한·일 신용보증기관의 효율성에 대한 검증[10]에서도 양국은 통계적으로 유의(0.1%)한 수준에서 한국의 효율성이 높은 것으로 분석되었다.

이는 최근 일본의 보증축소 기조, 지자체내 복수의 신용보증기관 운영에 따른 운용상 비효율, 한국 신용보증기관간 높은 경쟁구도 등에 주로 기인하는 것으로 보인다.

10 윌콕슨 순위합(Wilcoxon rank-sum) 검증을 통해 한·일 양국 간 신용보증의 효율성을 검증하였다.

그림 24 | 한·일 신용보증 효율성의 경험적 분포함수[주)]

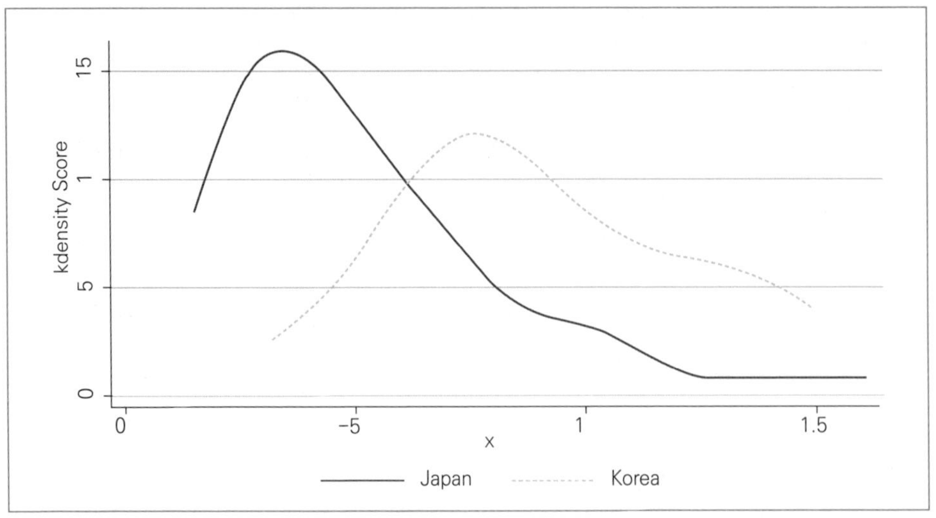

주: 윌콕슨 순위합(Wilcoxon rank-sum) 검증 결과

5 일본의 신용보증제도에 대한 평가

현재 일본의 신용보증제도는 코로나19 감염 확산에 따른 업황 부진을 겪고 있는 중소기업의 자금조달을 원활하게 함으로써 지속가능성(going concern)을 제고한 것으로 평가되고 있다. 보증기간 연장 및 전액보증 실시로 중소기업의 일시적 자금난을 해소하고 종업원 고용유지에 큰 역할을 하고 있다. 일본 내 중소기업은 금융기관으로부터 자금조달이 용이해짐에 따라 대위변제 및 기업도산 건수가 감소하였다. 이에 따라 그동안 축소 경향을 보이던 보증규모는 2020년 중 크게 증가할 전망이다.

그러나 OECD(2016.4월) 및 일본 중소기업청(2020.10월)에 따르면, 일본은 주요국에 비해 경제규모 대비 신용보증규모가 상당히 큰 편으로 금융시장 왜곡, 한계기업 증대 등 부작용을 우려하며, 포스트 코로나 이후 보증규모의 점진적인 축소를 권고하고 있다. OECD는 일본의 신용보증가 그동안 경제규모에 비해 과도하게 운영되어 온 것으로 판단되므로 포스트 코로나 이후 점진적인 축소를 권고(「Japan: Boosting Growth and Well-being in an Ageing Society」, Better Policies)하였다. 즉, 일본의 보증제도는 중소기업의 자금조달을 용이하게 하여 도산을 방지하는 Safety-net의 긍정적 효과가 있는 반면 구조조정을 연기시키고 시장 중심 금융발전을 방해하는 부작용을 초래할 가능성이 높다고 지적하였다.

일본 정부도 향후 중소기업 금융정책 방향을 최근의 위기상황 대응에서 혁신성장을 촉진하는 방향으로 재편하려는 움직임을 보이고 있다. 이에 따라 일본 중소기업청은 신용보증제도를 창업기업 및 제도권 금융기관에의 접근이 어려운 기업으로 한정해 나갈 방침을 표명하고 있다.

이와 같이 일본의 중소기업 신용보증제도는 경제규모대비 큰 보증규모, 경제위기시 중소기업에 대한 자금조달에 기여, 지역중심의 신용보증 체계가 주요 특징이다. 특히, 일본 신용보증제도가 경기 순응적 섬세한 보증디자인, 지역경제 활성화를 위한 지역중심의 보증체계로 운용되고 있는 점은 우리나라의 중소기업 신용보증 정책에도 참고가 가능할 것으로 판단된다.

한편, 한·일 신용보증기관 간 효율성에 대한 DEA 실증분석 결과, 일본은 공적 신용보증제도를 운용하고 있는 한국·대만에 비해 보증운용의 효율성이 낮게 나타났다. 한·일 신용보증기관의 효율성에 대한 윌콕슨 순위합(Wilcoxon rank-sum)검증에서도 양국은 통계적으로 유의(0.1%)한 수준에서 한국의 효율성이 높은 것으로 분석되었다. 이는 2019년까지 일본의 보증축소 기조, 일본 지자체 내 복수의 신용보증기관 운영에 따른 운용상 비효율, 한국 신용보증기관 간 높은 경쟁구도 등에 주로 기인하는 것으로 보인다. 이와 같은 신용보증기간 간 효율성의 상대적 비교는 신용보증제도의 역사적 배경이나 업무 내용 등에 따라 직접 비교에 한계점이 있을 수 있으나 효율성 제고를 위한 반면교사로 활용할 수 있을 것으로 보인다. 신용보증기관은 공적영역이므로 이윤을 추구하는 민간영역과는 성과를 측정하는데 어려움이 따른다. 그러나 동일·유사 업무를 수행하고 있는 신용보증기관 간 상대적 효율성 측정은 효율성을 제고하는 데 큰 도움이 될 것으로 판단된다. 예를 들어 효율성이 높은 신용보증기관의 특징을 상대적으로 비교해 보거나 동일 신용보증기관에 대해서는 DEA모형 중 CCR모형과 BCC모형 결과를 비교해 봄으로써 비효율이 발생했다면 그 원인이 기술적(Technical) 요인에 의한 것인지 규모적(Scale) 요인에 의한 것인지 객관적으로 살펴볼 수 있을 것이다. 즉, CCR모형에서는 비효율적 결과가 나왔으나 BCC모형에서는 효율적인 결과가 도출된다면, 이는 규모의 문제가 발생한 것으로 볼 수 있다. 해당 신용보증기관이 규모수익체증(IRS) 상태라면 투입요소를 증가시키거나 인수·합병 등을 통한 규모확대도 하나의 해결책일 것이다. 반대로 규모수익체감(DRS) 상태라면 투입요소를 줄이는 등 규모를 슬림화하는 방법도 해결안으로 고려될 수 있을 것이다.

최근 우리나라는 지자체별 신용보증재단을 보유하고 있으며, 전국 단위의 신용보증기금, 기술보증기금과 경쟁하고 있다. 그러나 신용보증기관 간, 특히 유사한 공적 신용보증제도를 운용하고 있는 한국·일본·대만 신용보증기관 간 효율성 분석은 아직 많지 않은 편이다. 신용보증제도의 역사적 배경이 상대적으로 길고 저출산·고령화에 따른 인구절벽, 지방소멸 등 사회·경제적 문제를 직면하고 있는 일본 신용보증기관과의 효율성 상대비교는 효율성을 제고하는 데 유익한 시사점을 줄 것으로 판단된다.

다만, 이와 같이 신용보증기관간 상대적 비교는 데이터상 제약 등 통계적 문제와 더불어 업무영역에 있어서도 각국마다 특수한 사정이 있다는 한계점이 있다. 향후에는 좀더 장기적 시계열 분석을 통해 효율성의 결정요인에 대한 분석을 할 필요가 있다.

쉬어가기

야구에 진심인 나라 일본

일본 프로야구는 센트럴리그와 퍼시픽리그 둘로 나뉘며, 각 리그의 우승팀이 재팬시리즈를 하게 된다. 일반적으로 센트럴리그의 인기가 더 많다고 한다. 센트럴리그는 인구가 많은 대도시를 연고로 한 팀이 많기 때문이다. 특히 요미우리 자이언츠는 전국적으로 인기가 가장 많은 팀이다. 도쿄를 연고로 하고 있고 재정면에서 우위에 있어 우수 선수를 많이 보유하고 있다. 물론 칸사이 지방에서는 한신 타이거즈의 인기가 대단하다. 한신 타이거즈는 오사카를 연고로 하는 팀으로 교토, 오사카, 고베 등 칸사이지방에서 높은 인기를 누리고 있다. 한신 타이거즈가 우승하면 오사카의 도톤보리 강물에 뛰어내리는 일본인들을 뉴스를 통해 볼 수 있을 정도다.

저자가 유학했던 나고야에는 쥬니치 드래곤즈라는 팀이 있었다. 선동렬, 이상훈(삼손 리), 이종범 등 한국인 선수가 활약했던 팀이다. 나고야에 있는 음식점에서 식사할 기회가 있었는데 식당 주인이 저자가 한국인인걸 알고 선동렬, 삼손 리 선수 얘기를 하면서 말을 걸었던 기억이 난다.

일본인들에게 야구는 일상생활의 일부분이다. 비단 프로야구뿐 아니라 고시엔 고교야구 시즌이 되면 지역예선 결과부터 본선까지 일본인들은 열광한다. 그렇다 보니 주말 밖에 나가면 공원에서 캐치볼 하는 일본인들을 자주 볼 수 있다.

이처럼 야구가 일본인들에게 하나의 문화로 자리잡다보니 사회인 야구도 일반적이다. 보는 야구뿐 아니라 하는 야구, 즐기는 야구로 자리잡고 있는 것이다.

오타니 쇼헤이 선수와 같은 이도류 선수가 활약하는 것도 이상하지 않다.

CHAPTER

06

한·일 관계 악화 시 일본경제에의 영향

1 일본의 우리나라 반도체 소재 수출규제 시행의 영향

2 한·일 관계 악화 당시 방일 한국인 관광객

들어가기

2019년 7월 일본 경제산업성은 반도체 및 디스플레이 핵심 소재 3개 품목에 대한 한국으로의 수출 규제를 시행하였다. 이에 우리나라는 같은 해 9월 세계무역기구(WTO)에 제소하였다.

이와 같은 한·일 무역분쟁은 일본 수출기업들의 한국으로의 수출을 어렵게 하고 양국 간 글로벌 벨류체인을 약화시켰다. 또한 한국 내 일본제품에 대한 불매운동을 야기하고 양국 간 인적 교류에도 상당한 부정적 영향을 미친 것으로 평가된다.

한·일 관계 악화 당시 일본의 한국으로의 반도체 부품소재를 포함한 전체 수출에 미친 영향과 한국인의 일본으로의 여행 등 방일 관광객 수에 있어서 어떤 변화가 있었는지를 회고해 본다.

Chapter 06

한·일 관계 악화 시 일본경제에의 영향

1. 일본의 우리나라 반도체 소재 수출규제 시행의 영향

1 수출규제 시행 이후 對한국 수출·입 변화

① 일본의 對한국 수출

일본의 對한국 수출은 일본 정부의 수출규제 시행[1](2019년 7월)으로 감소세를 보이다가 2020년 10월부터는 증가세가 지속되었다.

일본의 한국에 대한 월평균 수출 증감률(전년동기대비)이 2019년 7월~2020년 9월 중 -12.2%를 나타내다가 2020년 10월~2021년 12월 중에는 19.4%를 보였다. 2021년 중 연간으로는 전년대비 21.0% 증가하였다. 즉, 일본의 한국에 대한 수출증감률이 2018년 -3.1%, 2019년 -12.9%, 2020년 -5.5%, 2021년 21.0%로 나타났다.

이에 따라 일본 전체 수출에서 對한국 수출이 차지하는 비중이 2018년 7.1%에서 2019년 6.6%, 2020년 7.0%, 2021년 6.9%로 확대되었다. 이는 일본의 전세계 국가별 수출규모(금액기준)로는 3위에 해당한다.

1 일본 정부(경제산업성)는 2019년 7월 對한국 수출에 대한 반도체 핵심소재 수출 및 이와 관련한 제조기술 이전에 대하여 개별 수출 허가제를 시행하였다.

그림 1 | 일본의 對한국 수출주)

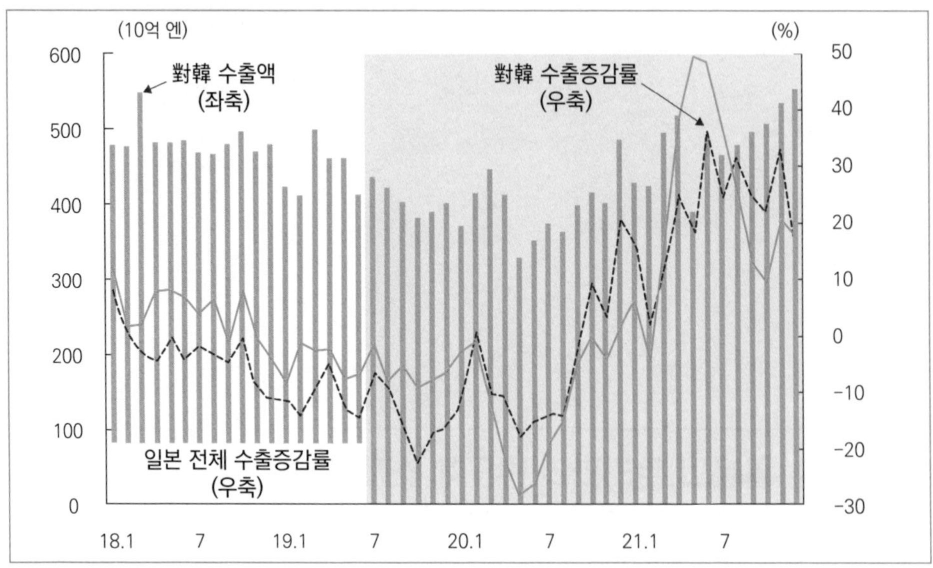

주: 전년동기대비 증감률
자료: 일본 재무성(무역통계)

그림 2 | 일본의 국별 수출 비중

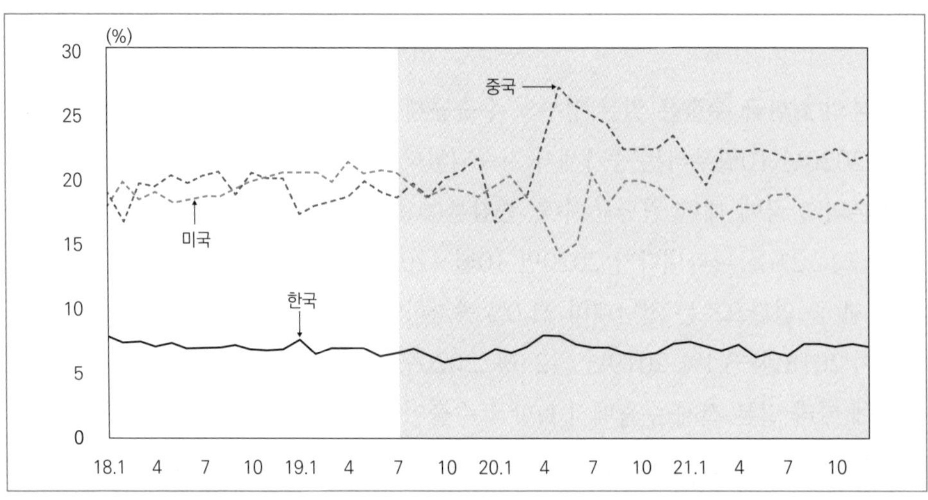

자료: 일본 재무성(무역통계)

품목별로는 일본의 한국에 대한 수출규제 강화 이후 맥주 등 식료품, 화학제품, 수송용기기의 수출이 크게 감소한 반면 반도체 제조장치 및 전자부품은 증가로 전환되었다. 식료품은 수출규제에 따른 한국 내 일본 제품 불매운동의 영향으로 감소하였다. 즉, 식료품의 한국에 대한 수출증감률을 보면 2019.1~6월 중에는 -6.8%를 보였으나 2019년 7~2021년 12월 중에는 -55.0%로 감소폭이 확대되었다. 다만 2021년 들어서는 맥주 등 음료에 대한 수요 호전으로 증가로 전환되었다. 즉 한국으로의 음료 수출증감률(전년대비)이 2020년 -66.8%에서 2021년 40.7%로 나타났다.

그 밖에 화학제품은 수출규제 시행으로 감소하였고 자동차 등 수송용기기는 한국 내 판매부진으로 큰 폭 감소하였다.

그러나 반도체 제조장치 및 전자부품은 글로벌 반도체 수요 확대 등에 힘입어 증가로 전환되었다.

표 1 | 수출규제 강화 전·후 품목별 對한국 수출 증감률

(전년동기대비, %)

		규제 전	규제 후					
		19.1~6월	19.7~21.12월	19.7~12월	20.1~6월	20.7~12월	21.1~6월	21.7~12월
식료품	**[0.1]**	**-6.8**	**-55.0**	**-75.9**	**-78.5**	**-20.5**	**22.8**	**41.1**
원료품	[4.5]	-8.1	7.7	-18.4	-30.9	-16.4	48.8	89.5
광물성연료	[3.6]	-0.8	0.3	-12.6	1.9	-18.6	18.6	21.5
화학제품	**[22.9]**	**-0.2**	**-1.3**	**-14.6**	**-19.8**	**-3.3**	**22.3**	**16.4**
원료별제품	[15.5]	0.0	3.3	-9.7	-13.9	-17.2	5.0	66.3
(철강)	[8.7]	-1.3	5.3	-12.0	-17.3	-29.7	1.1	124.6
일반기계	[20.2]	-32.9	4.2	-26.6	7.8	24.9	12.1	9.5
(반도체 등 제조장치)	**[10.2]**	**-52.0**	**15.3**	**-46.0**	**30.2**	**86.4**	**29.8**	**12.4**
전기기기	[16.8]	-13.7	5.1	-2.4	-4.7	1.6	17.7	14.0
(반도체 등 전자부품)	**[6.0]**	**-16.0**	**16.9**	**8.0**	**0.2**	**15.1**	**36.7**	**23.8**
수송용기기	**[1.7]**	**19.9**	**-23.6**	**-34.3**	**-50.0**	**-1.2**	**26.7**	**-28.0**
(자동차)	**[0.8]**	**57.4**	**-28.4**	**-52.6**	**-63.5**	**18.2**	**75.8**	**-29.3**
(자동차부품)	[0.7]	4.2	-20.4	-7.9	-35.6	-21.7	-5.8	-28.5
기타	[7.8]	-15.6	5.6	-17.7	0.4	5.3	22.7	21.3
전체	**[100.0]**	**-11.1**	**2.4**	**-14.8**	**-10.9**	**0.2**	**17.6**	**24.3**

주: [ ]내는 2021년 중 금액 비중

자료: 일본 재무성(무역통계)

② 반도체 관련 품목의 對한국 수출

반도체 제조 관련 3개 품목(레지스트, 불화수소, 폴리이미드)의 수출은 일본의 수출규제 시행 이후 큰 폭 감소하였다가 기저효과 등의 영향으로 2020년 하반기부터 증가로 전환되었다.

레지스트[2]의 경우 일본 정부의 수출규제 시행 이후 6개월간 가격, 물량 모두 감소(각각 -9.6%, -0.9%)하였으나 2020년 들어 모두 큰 폭 증가하였다.

불화수소[3]는 큰 폭 감소세가 이어지다가 2020년 하반기 이후 증가로 전환되었다. 차세대 성장산업인 시스템반도체 제조에 사용되는 고순도 액화 불화수소에 대한 수출은 급감하였다가 점차 개선되었다(아사히신문). 특히 불화수소(기판 세정 및 회로 형성)는 수출규제 강화 이후 수출 신청을 위한 제출 서류가 기존 3종류에서 9종류(레지스트 및 폴리이미드는 7종류)로 증가하였으며, 일본 경제산업성은 안전 및 보안상 이유로 수출 허가를 엄격화하였다.

폴리이미드[4]도 감소세를 지속하다가 2020년 하반기부터 증가로 전환되었다.

표 2 | 對한국 반도체 수출규제 3개 품목의 수출

(전년동기대비, %)

	규제 전	규제 후					
	19.1~6월	19.7~21.12월	19.7~12월	20.1~6월	20.7~12월	21.1~6월	21.7~12월
레지스트	8.7 (3.3)	16.3 (20.1)	-9.6 (-0.9)	27.6 (20.6)	23.2 (29.0)	16.4 (30.8)	25.4 (20.0)
불화수소	10.3 (6.7)	-64.3 (-70.9)	-83.9 (-93.5)	-84.4 (-88.2)	5.7 (116.9)	19.8 (41.4)	25.2 (28.1)
폴리이미드	5.4 (0.2)	2.7 (-3.8)	-11.6 (-24.1)	-7.1 (-19.5)	7.1 (13.4)	22.9 (27.5)	5.1 (-5.2)
소 계	8.6 (5.7)	8.8 (-48.2)	-20.2 (-79.9)	6.2 (-74.7)	20.9 (45.3)	17.1 (33.7)	23.4 (14.1)

주: ( )내는 물량 기준
자료: 일본 재무성 HS 4080개 코드(9자리)를 기준으로 자체 분석

2 반도체 및 디스플레이 포토 공정에 사용되는 소재로 빛을 인식하는 감광재로 일본 내 스텔라케미파, 쇼와전공 등이 대표적 생산기업이다.

3 반도체 및 디스플레이 식각 공정(에칭)에 사용되는 소재로 반도체 회로를 세척하거나 깎아내는 데 사용되며 JSR, TOK, 신에쓰화학공업 등이 대표적 생산기업이다.

4 OLED 디스플레이 제조공정에 사용되는 강화 필름의 일종으로 스미토모 등이 생산하고 있다.

③ 對한국 수입 동향

일본의 對한국 수입은 한·일 수출규제 시행, 내수부진으로 감소세가 지속되다가 2021년 3월 이후 증가로 전환되었다.

일본의 한국으로부터의 월평균 수입 증감률(전년동기대비)이 2019년 7월~2020년 9월 중 -11.4%를 보이다가 2020년 10월~2021년 12월 중에는 17.9%를 기록하였다. 연간으로 보면, 2018년에는 전년대비 12.6% 증가하였고 2019년에는 -9.1%, 2020년 -12.1%를 나타내다가 2021년 36.8%로 상승 전환되었다.

그림 3 | 일본의 對한국 수입

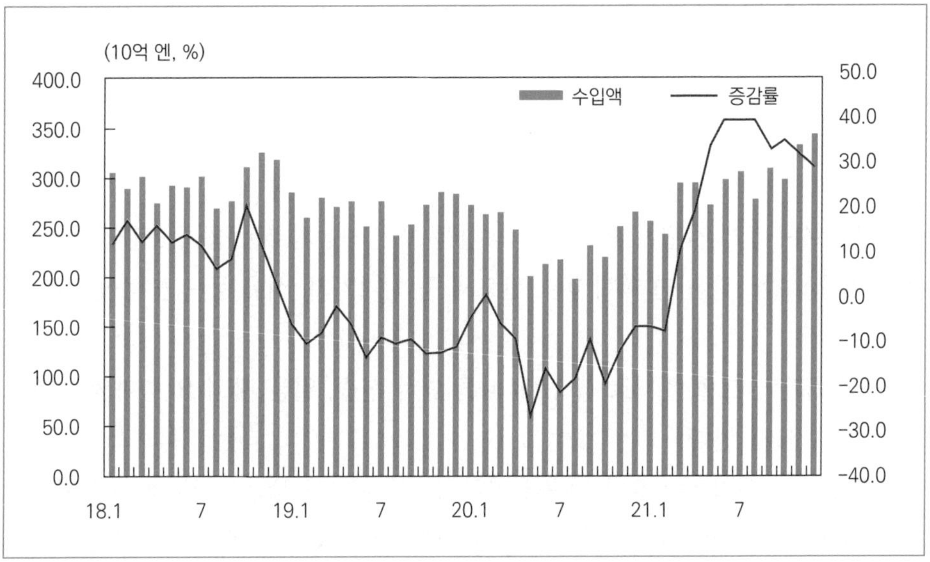

(10억 엔, %)
수입액 / 증감률

자료: 일본 재무성

한편 일본 전체 수입에서 對韓 수입이 차지하는 비중은 4% 초반을 유지하고 있다. 그 비중이 2018년에 4.3%였다가 2019년 4.1%, 2020년 4.2%를 나타내었고 2021년에도 4.2%를 보였다.

그림 4 | 일본 전체 수입에서 차지하는 비중

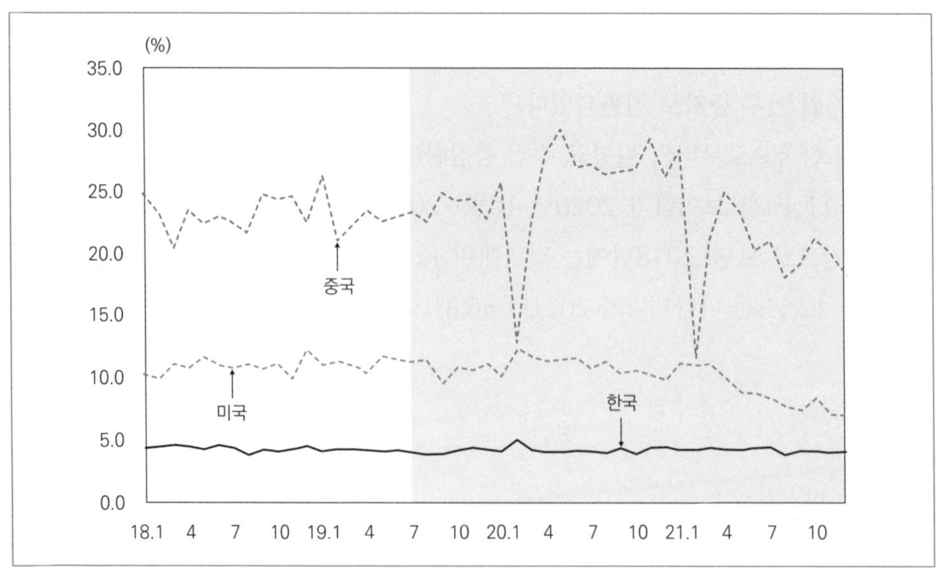

자료: 일본 재무성

일본의 수출규제 시행 이후 품목별 동향을 보면 자동차부품 등 수송용기기, 식료품은 수입이 감소한 반면 화학제품, 반도체 등 전기기기, 석유 등 광물성 연료는 증가하였다.

화학제품은 글로벌 원재료 상승[5]에 따른 단가 상승, 일본 내 수요 증가의 영향으로 증가로 전환되었다.

석유 등 광물성연료는 유가 상승에 따른 경·등유 가격 상승, 일본 내 수요 확대로 소폭 증가하였다. 이에 따라 석유 등 광물성연료의 수입 전체에서 차지하는 기여도가 2019년 -3.4%p, 2020년 -3.5%p에서 2021년 7.6%p로 플러스로 전환되었다.

반도체 등 전기기기는 일본 내 반도체 등 전자부품 수요 확대로 증가하였고 자동차 등 수송용기기는 일본 정부의 탈탄소화 정책에 따른 환경규제 강화, 일본 내 하이브리드·자율주행 등 친환경 차량에 대한 선호로 감소폭이 확대되었다.

식료품은 일본 내 한류 문화 확산, 한국 식품 수요 확대로 증가하였다가 2020년 하반기 이후 감소로 전환되었다.

5 국제 나프타가격(전년대비)이 2019년 -15.4%, 2020년 -28.8%, 2021년 74.6%를 나타내었다.

표 3 | 수출규제 시행 전·후 품목별 對한국 수입 증감률

(전년동기대비, %)

		규제 전	규제 후					
		19.1~6월	19.7~21.12월	19.7~12월	20.1~6월	20.7~12월	21.1~6월	21.7~12월
식료품	**[3.0]**	**2.3**	**-2.3**	**23.9**	**1.3**	**-12.9**	**-9.9**	**-9.9**
원료품	[2.3]	-12.1	7.9	-10.2	-18.8	7.5	30.5	35.2
석유 등 광물성연료	**[15.1]**	**-12.3**	**1.0**	**-30.7**	**-20.5**	**-32.5**	**34.2**	**110.4**
화학제품	**[16.8]**	**-8.0**	**4.2**	**-14.8**	**-2.7**	**-10.4**	**12.4**	**44.4**
원료별제품	[22.3]	-4.1	4.5	-4.0	-12.7	-14.5	19.7	41.8
(철강)	[1.0]	-8.7	-4.8	-9.6	-3.2	-16.7	0.9	7.6
일반기계	[10.6]	-4.3	-3.7	-7.6	-8.4	-20.2	0.7	23.0
(반도체 등 제조장치)	[1.4]	-31.1	0.9	-28.8	27.0	5.6	-13.4	28.9
전기기기	**[14.8]**	**-22.9**	**3.1**	**-13.0**	**-8.3**	**-12.9**	**16.0**	**42.1**
(반도체 등 전자부품)	**[6.7]**	**-42.0**	**11.7**	**-31.7**	**-15.8**	**-12.5**	**52.8**	**103.3**
수송용기기	**[1.8]**	**-3.9**	**-20.4**	**-6.3**	**-33.4**	**-38.8**	**-19.1**	**5.8**
(자동차)	[1.4]	-12.0	-17.5	-13.8	-35.7	-38.8	11.2	10.0
(자동차부품)	[0.1]	9.9	-37.8	10.9	-30.2	-39.4	-76.3	-73.2
기타	[4.5]	2.0	4.7	4.5	0.3	5.5	7.9	5.3
전체	**[100.0]**	**-7.6**	**1.3**	**-10.6**	**-9.9**	**-14.2**	**13.5**	**35.2**

주: [ ]내는 2021년 중 금액 비중
자료: 일본 재무성(무역통계)

4 일본의 對한국 무역수지

일본의 對한국 무역수지는 수출, 수입이 모두 증가하였으나 수출 증가폭이 수입을 상회하면서 흑자폭이 확대되었다.

흑자규모가 수출규제 시행 이후 6개월간 축소되었으나 2020년 하반기 이후 수출이 개선되면서 확대되는 모습을 보였다.

한편, 일본경제 전체 경상수지는 소득수지 호조에도 불구하고 무역 및 서비스 수지가 악화되면서 적자로 전환되었다. 일본의 소득수지는 해외투자[6]에 대한 소득 증가로 호조를 지속하였으나 무역수지가 2021년 11월 이후 적자로 전환(2021년 11~12월 중 7,500억 엔)된 데다 서비스수지도 코로나19 감염 예방을 위한 출·입국 규제로 악화가 지속되었다.

표 4 | 일본의 주요국에 대한 무역수지

(조 엔)

	2019		2020		2021		
		7~12월		7~12월		1~6월	7~12월
한국	**1.8**	**0.8**	**1.9**	**1.1**	**2.2**	**1.1**	**1.2**
미국	6.6	3.2	5.2	3.4	5.9	2.8	3.1
중국	-3.8	-1.7	-2.4	-0.7	-2.4	-1.1	-1.3
전체	**-1.7**	**-0.8**	**0.7**	**2.9**	**-1.5**	**1.0**	**-2.5**

자료: 일본 재무성

그림 5 | 일본의 경상수지

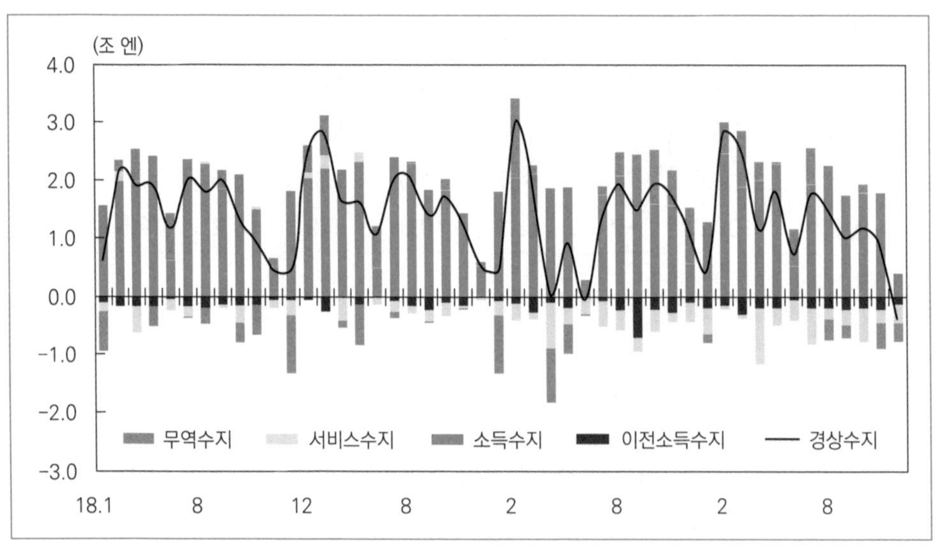

자료: 일본 재무성

6 일본의 해외순자산(자산-부채)은 2020년 357.0조 엔으로 1996년(103.4조 엔)대비 3.5배 확대되었으며, 이는 세계 최대 규모이다(일본 재무성, 2021년).

2 일본의 對한국 수출규제 시행에 대한 평가

향후 對한국 수출은 글로벌 IT수요 호조에 힘입어 반도체 제조장비 등을 중심으로 증가세를 이어갈 것으로 보이며 수입도 일본 내 제조업 생산 및 수출 호조로 증가할 전망이다.

수출은 글로벌 반도체 수요가 확대되면서 반도체 제조 장비를 중심으로 호조가 지속될 것으로 예상된다. 글로벌 반도체 대기업의 설비투자 호조로 반도체 제조 장비의 수출이 확대될 것으로 보인다. 반도체 제조 관련 소재도 해당 기업의 직·간접 수출 확대[7]로 증가세를 지속하고 있다. 다만 수출규제 및 글로벌 부품 공급제약에 따른 불확실성이 수출의 제약요인으로 작용하고 있다.

일본의 한국으로부터의 수입은 수출 호조 및 내수 회복으로 증가세가 이어질 전망이다. 포스트 코로나 시대에 대응한 디지털화 및 탈탄소화 관련 설비투자가 증가할 것으로 예상됨에 따라 관련 산업의 수입도 증가할 가능성이 있다.

한편 일본 주요 언론은 일본 정부의 對한국 수출규제의 경우 영향이 제한적이며, 중·장기적으로 글로벌 벨류체인 유지·강화에 부정적이라고 평가하였다. 반도체 관련 부품·소재 수출이 증가하고 무역수지 흑자폭이 확대되는 등 승자없는 대립이 계속되고 있다는 반응을 보였다(아사히 · 일본경제신문, 2021년). 한·일 양국 수출 기업들은 수출 허가 관련 개별 서류 심사, 제3국 현지공장을 통한 우회수출을 위한 시간 및 비용(재고)이 증가하였다.

특히 일본 반도체 부품·소재 기업들은 한국 정부 및 기업의 국산화 추진, 수입처 다변화는 글로벌 벨류체인을 약화시킬 것이라는 우려를 제기하였다(일본화학공업일보, 2021년).

7 일본 주요 기업들은 제3국 또는 한국 현지법인에 대한 투자 및 생산 확대를 통한 우회수출을 확대하고 있다(아사히신문, 2021년).

2. 한·일 관계 악화 당시 방일 한국인 관광객

1 일본으로의 한국인 관광객 수 변화

방일 한국인 관광객 수는 한·일 관계가 악화된 2019년 7월 이후 감소폭이 확대되었다. 2019년 1~9월 중 관광객 수가 493만 명으로 전년동기대비 13.4% 감소하였으며, 한·일 관계가 악화된 2019년 7~9월의 경우 -36.3%로 감소폭 확대되었다. 이에 따라 일본으로 입국하는 전체 관광객 내 한국인 비중이 큰 폭으로 하락하였다. 실제로 일본으로 입국하는 한국인 비중이 2019년 7~9월 중 13.8%에 그쳐 중국(36.0%), 대만(16.6%)에 이어 전체 3위로 하락하였다.

그림 6 | 방일 한국인 관광객 수 추이

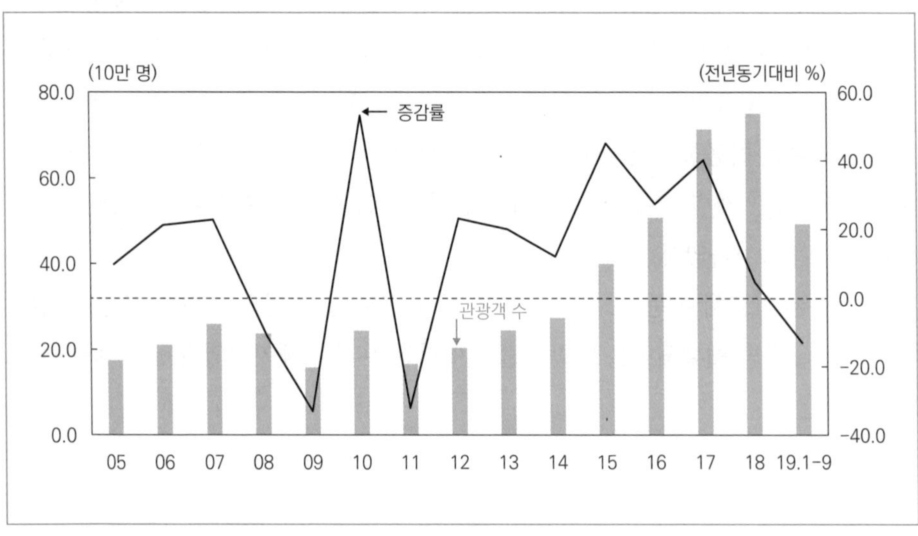

자료: 일본 관광청

표 5 | 2019년 중 방일 관광객 내 한국인 비중 추이

(%)

	악화 전	악화 후			
	1~6월	7~9월	7월	8월	9월
중국(26.9)	27.2	36.9	35.1	39.7	36.0
한국(24.2)	**23.2**	**13.8**	**18.8**	**12.2**	**8.9**
대만(15.3)	14.9	16.1	15.4	16.7	16.6
홍콩(7.1)	6.6	7.2	7.2	7.6	6.9
미국(4.9)	5.3	5.2	5.2	4.7	5.6
필리핀(1.6)	1.8	1.4	1.3	1.2	1.7
베트남(1.2)	1.5	1.6	1.4	1.7	1.7
전체(100.0)	100.0	100.0	100.0	100.0	100.0

주: ( )내는 2018년 기준
자료: 일본 관광청

한·일 관계 악화 이후 한국인 관광객의 1인당 소비액은 증가하였으나 총관광객 수 감소 등으로 일본 전체 관광객 소비액에서 차지하는 비중이 하락하였다. 2019년 들어 한국인 1인당 소비액이 관계악화 전(1~6월) 7.0만 엔에서 관계악화 이후(7~9월) 8.5만 엔으로 21.8% 증가하였으나 전체 관광객 소비액에서 차지하는 비중은 같은 기간 11.3%에서 7.6%로 하락하였다. 이는 단체 관광객 급감, 저가 항공사(LCC) 노선 변경 및 축소, 방일 전체 외국인 관광객 수 증가 등에 주로 기인한다. 당시 방일 전체 외국인 관광객 수 증감률(전년동기대비)을 보면, 2019년 1~6월 중 4.6%, 2019년 7~9월 중에 2.8%를 나타냈다.

한편, 중국은 1인당 소비액이 한국의 약 2.5배 정도로 일본 내 전체 외국인 소비를 주도하였다. 일본 내 외국인소비 전체액에서 중국인이 차지하는 비중이 2019년 1~6월 중 35.1%에서 2019년 7~9월 중에는 40.2%로 상승하였다.

표 6 | 2019년 중 방일 외국인 여행객[주)] 소비액

(엔, %)

		1인당 소비액		증감률 (B/A-1)	전체 소비액 내 비중	
		1~6월(A)	7~9월(B)		1~6월	7~9월
아시아	한국	70,133	85,412	21.8	11.3	7.6
	중국	217,566	209,168	-3.9	35.1	40.2
	대만	125,499	116,876	-6.9	12.2	11.4
	홍콩	157,532	155,690	-1.2	7.1	7.1
	태국	136,157	157,515	15.7	3.9	2.4
	싱가포르	170,678	154,726	-9.3	1.5	0.9
	말레이시아	130,797	127,733	-2.3	1.3	0.8
	인도네시아	130,886	136,611	4.4	1.2	0.8
	필리핀	111,897	94,978	-15.1	1.4	0.8
	베트남	180,052	190,941	6.0	1.9	2.0
	인도	157,503	155,430	-1.3	0.6	0.5
유럽	영국	211,038	177,330	-16.0	1.6	1.5
	프랑스	215,064	252,117	17.2	1.4	1.9
	독일	193,062	191,245	-0.9	0.9	0.9
	이탈리아	187,861	213,455	13.6	0.6	0.9
	러시아	154,843	177,116	14.4	0.4	0.4
	스페인	194,911	227,362	16.6	0.4	0.9
아메리카	미국	181,369	197,979	9.2	6.5	6.5
	캐나다	173,175	174,818	0.9	1.3	1.2
오세아니아	호주	233,421	215,419	-7.7	3.1	2.2
	그 외	186,980	226,254	21.0	4.9	6.9
전체		**144,235**	**154,162**	**6.9**	**100.0**	**100.0**

주: 크루즈 관광객 포함

자료: 일본정부관광국(JNTO) 통계에 의거, 자체 분석

한편, 한국인 관광객은 한·일 관계 악화 이후 음식·숙박 및 교통비 지출은 늘리고 쇼핑 등은 줄이는 경향을 보였다. 음식·숙박 및 교통비 비중이 악화 전 68.8%에

서 악화 후 76.7%로 상승한 반면 쇼핑비는 같은 기간 25.9%에서 19.2%로 하락하였다. 이는 일본 내 외국인의 체재일수 증가(평균 숙박일수가 4.0일에서 7.5일로 늘어남)와 더불어 전체적인 방일 외국인 관광객 수 증가로 일본 내 숙박비 등이 상승한 반면 쇼핑은 일본제품 불매운동 등의 영향으로 삼가한 데 주로 기인한 것으로 보인다. 한편, 중국 등 여타 외국인들의 경우, 쇼핑의 비중이 매우 큰 편이다. 중국의 경우 전체 소비 중 쇼핑이 차지하는 비중이 45% 이상이고 전체 외국인 평균으로도 쇼핑비중이 30%를 상회한다.

표 7 | 일본 관광객의 품목별 1인당 경비 지출비중 및 평균 숙박일수

(%, 일)

	한국		중국		전체	
	1~6월	7~9월	1~6월	7~9월	1~6월	7~9월
숙박비	**31.9**	**36.6**	21.4	23.3	29.6	30.7
음식비	**27.2**	**29.4**	16.9	19.2	21.8	22.5
교통비	**9.7**	**10.7**	6.8	8.4	10.1	11.0
오락 등 서비스비	5.2	4.1	3.1	3.9	3.7	4.1
쇼핑비	**25.9**	**19.2**	**51.8**	**45.2**	**34.8**	**31.6**
기타	0.1	0.0	0.0	0.1	0.0	0.1
전체	100.0	100.0	100.0	100.0	100.0	100.0
평균 숙박일수	**4.0**	**7.5**	7.4	8.2	8.3	10.6

주: 크루즈 관광객 제외
자료: 일본정부관광국(JNTO) 통계에 의거, 자체 분석

2 한국인 관광객 감소가 일본 지역경제에 미치는 영향[8]

일본은행의 지역경제 모니터링 결과에 의하면, 한·일 관계 악화에 따른 한국인 관광객 감소는 한국인 관광객 비중이 높은 일부 지역 및 업종을 제외하고는 영향이 제한적으로 나타난 것으로 조사되었다.

8 일본은행 지역경제보고서(さくらレポート) 및 저자의 일본은행 삿포로지점 직접면담 결과 등에 근거하여 작성하였다.

일본은행은 매 분기 32개 지점이 조사한 지역금융경제상황을 9개 광역지역별로 취합하여 지역경제보고서(さくらレポート)를 작성·발표하고 있다. 일본의 지자체 47개 토도부현(1都 1道 2府 43県) 중 홋카이도, 이시카와, 아이치, 오사카, 야마구치, 에히메, 후쿠오카, 나가사키 등 8개 지역에서 한국인 관광객 수 감소의 부정적 영향에 대해 기술하였다.

홋카이도 하코다테(函館)의 경우 한국인 관광객 비중이 높지 않기 때문에 숙박 등 소비가 지역경제에 미치는 영향은 크지 않은 것으로 나타났다.

이시카와현 카나자와(金沢)의 경우 한국인 관광객의 숙박 예약 취소가 증가하였으나 숙박객 전체에서 차지하는 한국인 비중이 크지 않기 때문에 단기적 영향은 제한적인 것으로 응답하였다. 다만, 숙박업체들은 이와 같은 추이가 장기화될 경우를 우려하였다. 아이치현 나고야(名古屋)의 경우 한국인 관광객은 감소하고 있지만 중국인 관광객이 크게 증가하고 있어 지역 전체의 면세점 매출액은 호조를 지속하였다. 오사카부 오사카(大阪)는 호텔 등 객실 가동률이 한국인 관광객 수 감소에도 불구하고 중국, 동남아시아, 미주 등으로부터의 관광객 수 증가로 높은 수준을 유지하였다. 특히 중국인 관광객 수 증가, 고가 제품에 대한 수요 확대 등으로 전체 백화점 매출은 오히려 증가세[오사카(大阪), 교토(京都)]를 보였다. 지역 내 숙박시설에 대한 수요는 견조하지만 신규 호텔 개장 등 공급 확대로 객실단가는 하락[교토(京都)]하기도 하였다.

에히메현 마츠야마(松山)의 경우 최근 한·일 관계 악화의 영향으로 한국인 숙박객 수가 감소하였다. 나가사키현 나가사키(長崎)의 경우 나가사키현 쓰시마시는 한국인 단체 관광객의 예약 취소 등으로 숙박객 수가 급감하고 있으며 나가사키시에서도 2019년 8월 중순부터 예약 취소가 증가하였다. 후쿠오카현 후쿠오카(福岡) 최근 한·일 관계 악화로 한국인 관광객 수가 급감하고 있으나 백화점 등 대형소매점 매출은 한국인 관광객의 비중이 높지 않아 그 영향은 그리 크지 않다고 응답하였다.

홋카이도 삿포로(札幌)의 경우 한·일 관계 악화로 단체 관광객 위주의 영업을 하고 있는 호텔 등 숙박업소는 숙박객 수 감소의 영향을 크게 받고 있은 것으로 조사되었다. 야마구치현 시모노세키(下関)의 경우 2019년 8월 이후 일본인의 한국 여행 예약건수가 크게 감소하였다.

이와 같이 방일 한국인 관광객 수 감소는 일본 내 일부 지역의 관광 관련 산업 등에 부정적 영향을 미치면서 전체적으로는 일정 부분의 소비감소를 초래한 것으로 나타났다. 특히 한국과의 거리가 가까운 규슈지방과 한국인 숙박객이 많은 오사카·오키나와·홋카이도·도쿄에 대한 부정적 영향이 큰 것으로 나타났다. 예를 들어 후쿠오카·오이타·사가 등 규슈지역은 외국인 전체 숙박객 중 한국인 비중이 높아 부정적 영향이 큰 것으로 보이며, 오사카·도쿄 등 대도시권과 홋카이도·오키나와 등 관광지도 일정 부분의 부정적 영향이 나타난 것으로 분석되었다.

실제 한·일 관계 악화로 인한 경제적 영향에 대한 실증분석 결과, 2019년 7~9월 중 방일 한국인 관광객 수 총 88.7만 명 감소와 692.6억 엔의 일본 내 소비 감소를 초래한 것으로 추정되었다(日経ビジネス). 또한 한국인 관광객 수가 절반 정도 감소를 지속할 경우, 일본 내 한국인 관광객 소비는 연간 3,000억 엔 정도 감소할 것으로 예상되었다(일본총연).

그림 7 | 일본 주요 지역별 지역 내 총생산 비중주)

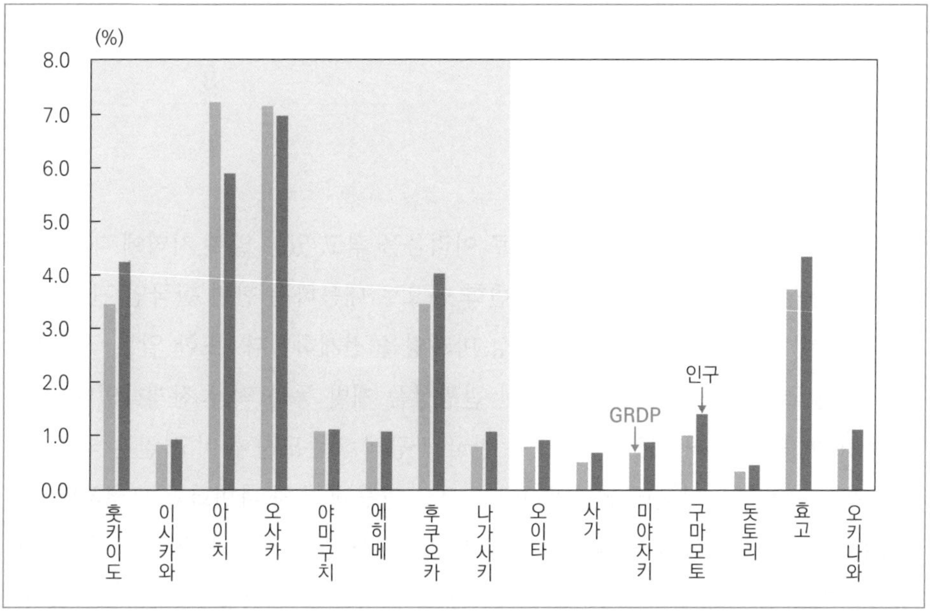

주: 2015년 기준
자료: 내각부

표 8 | 일본 지자체별 한국인 관광객 비중[주)]

지역	지자체	한국인 관광객 비중(%)
큐슈	오이타(大分)	62
	사가(佐賀)	54
	후쿠오카(福岡)	50
	미야자키(宮崎)	38
	나가사키(長崎)	34
	구마모토(熊本)	30
주고쿠 · 긴키	야마구치(山口)	48
	돗토리(鳥取)	40
	오사카(大阪)	21
	효고(兵庫)	15
난세이제도	오키나와(沖縄)	28
홋카이도	홋카이도(北海道)	18

주: 전체 관광객대비 한국인 비중(2017년)
자료: 일본정부관광국(JNTO)

한편 일본 정부는 한국 관광객 감소로 어려움을 겪고 있는 일부 지역에 대해 일본인 국내 관광객 유치, 해외 수요처 다변화 등으로 대응하는 한편 한국인 관광객 재유치를 위해 자연 등을 테마로 한 감성 마케팅을 전개하였다. 또한 일본 국내관광 홍보 및 중국, 동남아시아 국가에 대한 관광상품 개발 등을 적극 전개하였다(일본정부관광국). 예를 들어 대마도(쓰시마시)[9]는 한국 관광객 의존도를 줄이고 일본 국내관광객 유치를 강화함과 아울러 동남아시아 등으로 관광객 유치 다변화를 모색하였다.

또한 한국인 관광객 대상 일본 관광상품 프로모션 강화, SNS 등을 이용한 후쿠오카, 홋카이도 등의 자연(온천, 일본 정원, 단풍 등)을 테마로 한 상품을 적극 홍보하였다.

9 2018년 한국인 관광객 수(전체대비 비중 80%)는 41만 명 정도였으나 2019년 9월 전년동월대비 90% 이상 급감하였다.

표 9 | 한국의 항공 노선 인가[주)] 현황

(단위: 회)

	'18년 동계(A)	'19년 동계(B)	증감 (B-A)
중국	1,138	1,260	122
일본	**1,240**	**939**	**-301**
베트남	443	569	126
미국	496	534	38
필리핀	285	351	66
대만	242	279	37
홍콩	247	281	34
태국	230	233	3
전체	4,845	4,980	-135

주: 주간 왕복 기준
자료: 국토교통부

그림 8 | 일본의 한국인 관광객 유치 활동[주)]

〈홋카이도 비에이 시로가네 아오이이케〉

〈카나자와 켄로쿠엔〉

주: 2019.7~8월 이후
자료: 일본정부관광국, 저자

쉬어가기

와리칸(割り勘) 문화

우리는 식당에 가게 되면 먼저 가자고 제안한 사람이 식사비를 지불하는 것이 일반적이다. 특히 손님을 모시고 외부 식당을 가게 되면 접대하는 것이 상식으로 통한다.

그러나 일본사회는 다르다. 기본적으로 본인이 먹은 식사비는 본인이 지불하는 것이 일반적이다. 그렇기에 "점심에 모스버거 먹으러 갈까?", "함박스테이크 먹으러 갈까?"라고 말했다고 해서 말한 사람이 식사비를 지불할 거라고 기대하는 것은 상식과 어긋난다.

물론 식사비를 함께 지불해 주는 일본인들도 있다. 그때는 "잘 먹었다(ごちそうさまでした.)"라고 말하면 된다.

일본인 친구에게 이와 같은 와리칸 문화에 대해 물어보니, 만약 상대방이 본인 식사비까지 지불해 주면 오히려 부담을 느끼게 된다고 했다. 친한 사이면 다를 수도 있겠지만. 상대방의 호의에 대해 본인이 빚을 진 것 같이 느껴 불편함을 느낄 수 있다는 것이다.

이러한 와리칸 문화, 혼밥 문화, 히토리구라시(一人暮し) 문화는 모두 연계되어 있는 것 같다. 대학 입학 후 히토리구라시를 하면서 혼밥에 익숙해지고 친구들과 식사를 한다고 해도 와리칸을 하면서 남한테 폐를 끼치고 싶지 않고 본인도 부담을 느끼고 싶지 않다고 생각하는 것이다.

우리 사회는 정(情)을 중요시 해서 인사 말이 "아침 먹었니?", "식사했니?"라는 말이나 "밥 먹자"라는 말이 많은 반면, 일본은 그런 문화가 아니다. 와리칸은 성인으로서의 완전한 책임과 능력을 갖춘 사람, 이른바 이찌닌마에(一人前)가 되는 하나의 길은 아닐까?

CHAPTER

07

일본 주요 경제지표 해설

1 거시경제 및 경기

2 소비

3 설비 및 건설 투자

4 수출 및 경상수지

5 생산 및 고용

6 물가 및 부동산시장

7 일본의 금융시장

들어가기

일본은 회계연도가 우리나라와 다르다 보니 통계를 읽을 때 주의가 요구된다. 일본은 4월 1일부터 새로운 연도가 시작되고 관련 통계도 4월 1일부터 다음 해 3월 31일까지의 연도 통계가 많이 발표된다. 우리에게 익숙한 캘린더 기준 연간 통계가 필요할 경우 월간 통계를 통해 파악해야 하는 경우도 종종 생긴다.

또한 일본은 소비, 투자, 수출, 생산, 고용 등 주요 통계에 대한 공표기관이 다르고 공표시기 또한 다르다. 통계에 따라서는 속보치와 확정치가 크게 달라 사용자 입장에서는 당황스러울 때도 있다.

그러나 일본 경제를 조사하거나 연구할 때 관련 통계는 필수불가결이다. 이제 숨바꼭질하듯 숨겨져 있는 일본 주요 통계를 찾아보자.

Chapter 07

일본 주요 경제지표 해설

1. 거시경제 및 경기

1 국내총생산(GDP)

① 발표기관

일본 내각부 경제사회총합연구소(https://www.esri.cao.go.jp/)

일본 경제사회총합연구소는 일본 내각부의 싱크탱크 기관으로서 2001년 1월 내각부 산하기관으로 설립되었으며 국민경제계산부에서 국민계정(GDP)을 편제하여 공표하고 있다. 경제사회총합연구소(ESRI)는 경제정책 등에 관한 이론 및 실증연구, 인재육성 및 연수, 국민경제계산체계(SNA) · 경기동향지수(DI) 추계 및 공표 등을 수행하고 있다. ESRI는 소장, 차장, 총괄정책연구관, 총무부, 상석 및 주임 연구관, 정보연구교류부, 경기통계부, 국민경제계산부, 경제연수(研修)소총무부로 구성되어 있다. 특히 국민경제계산부는 기획조사과, 국민지출과, 국민생산과, 분배소득과, 국민자산과, 가격분석과, 지역·특정계정과로 구성되어 있으며, 약 50여 명의 직원이 근무하고 있다.

표 1 | 일본 통계별 담당부서

주요 통계	담당 부서
• 국민경제계산(GDP)	내각부 경제사회총합연구소 담당 (국민대차대조표 포함)
• 산업연관표	총무성을 중심으로 10개 부성청 (府省庁)이 공동작업
• 자금순환표	일본은행이 담당
• 국제수지통계	재무성, 일본은행이 담당
• 현(県)경제계산(GRDP)	도도부현(都道府県)이 담당 내각부는 각 도도부현의 결과를 종합하여 공표

② 공표시기

일본 GDP의 분기별 추계 결과는 일본 내각부 경제사회총합연구소(ESRI)내 공표 예정 부분을 보면 알 수 있다.

분기지표는 속보치로 발표하고 있으며 우리나라의 속보치, 잠정치와 같이 1차속보, 2차속보 2번에 걸쳐 통계를 발표하고 있다. 발표시기의 경우 1차속보는 해당 분기 종료 후 둘째 월의 15일 전후에, 2차속보는 해당 분기 종료 후 셋째 월의 10일 전후에 각각 발표된다.

표 2 | 일본 GDP 공표

속보	공표시점
• 1차 속보	분기종료 후 1개월 2주 정도
• 2차 속보	분기종료 후 2개월 초

예를 들어 2024년 1분기 GDP 1차 속보치는 2024년 5월 16일 오전 8시 50분에 발표될 예정이고, 2차 속보치는 2024년 6월 10일 오전 8시 50분에 발표될 예정임을 알 수 있다.

③ 주요 내용 및 특징

국민경제계산(GDP)은 일본 경제의 전체상을 국제적으로 비교가능한 형태로 체계적으로 기록하는 것을 목적으로 UN이 정한 국제기준(SNA)에 근거하여 편제한 기간

통계이다.

GDP는 '분기별 GDP'와 '연간 GDP'의 두 가지로 이루어져 있다. '분기별 GDP'는 속보성을 중시하면서 속보치와 확정치로 연 8회 분기별로 작성·공표하고 있다. '연간 GDP'는 생산·분배·지출·자본축적 등의 흐름이나 자산·부채 등 스톡면도 포함하여 연 1회 작성·공표하고 있다.

그림 1 | 일본의 GDP

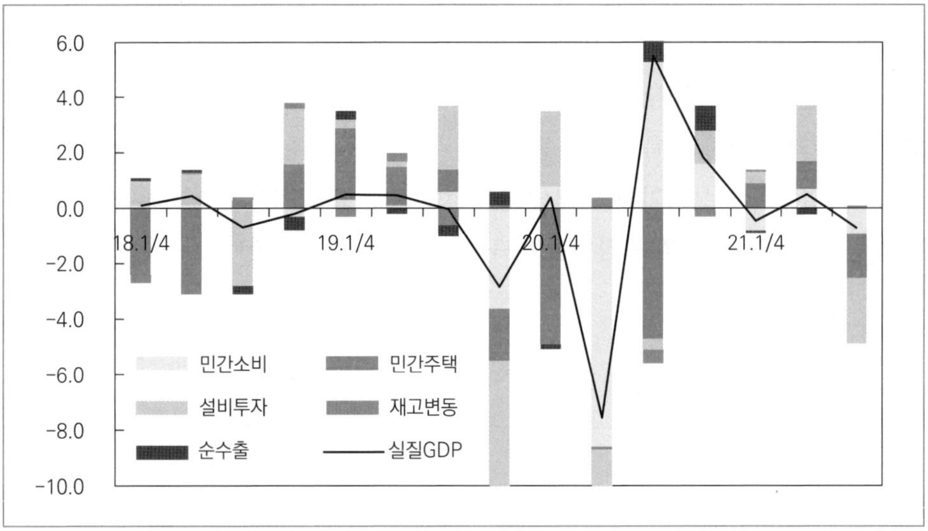

6.0
4.0
2.0
0.0
-2.0
-4.0
-6.0
-8.0
-10.0
18.1/4
19.1/4
20.1/4
21.1/4
민간소비
민간주택
설비투자
재고변동
순수출
실질GDP

자료: 내각부 경제사회총합연구소

2 경기지수

① 발표기관

일본 내각부 경제사회총합연구소(https://www.esri.cao.go.jp)

② 공표시기

속보는 해당 월의 익익월 5~10일경 발표하고 확정치는 해당 월의 익익월 25일경 공표하고 있다. 예를 들어 2024년 1월 속보치는 2024년 3월 8일 발표하였고, 확정치는 2024년 3월 25일 수정 발표하였다.

③ 주요 내용 및 특징

경기동향지수는 생산, 고용 등 경제활동에서 중요하고 경기에 민감하게 반응하는 지표의 움직임을 통합함으로써 경기의 현황 파악 및 미래 예측에 도움을 주기 위해 작성된 지표이다.

경기동향지수에는 CI와 DI가 있다. CI는 구성지표의 움직임을 합성함으로써 경기변동의 크기나 방향을, DI는 구성지표 중 개선되고 있는 지표의 비율을 산출함으로써 경기의 각 경제부문에의 파급정도를 측정하는 것을 주된 목적으로 한다. 최근 경기변동의 크기나 방향을 파악하는 것이 보다 중요해짐에 따라 2008년 4월분 이후, CI 중심의 공표 형태로 이행되었다. CI에는 경기에 대해 선행하여 움직이는 선행지수, 거의 일치하여 움직이는 동행지수, 늦게 움직이는 후행지수의 3개의 지수가 있다. 일반적으로 경기의 현재상태 파악에는 동행지수를 활용하고, 선행지수는 몇 개월 선행하는 경기의 움직임을 예측하는 목적으로 이용한다.

그림 2 | 일본의 경기동향지수

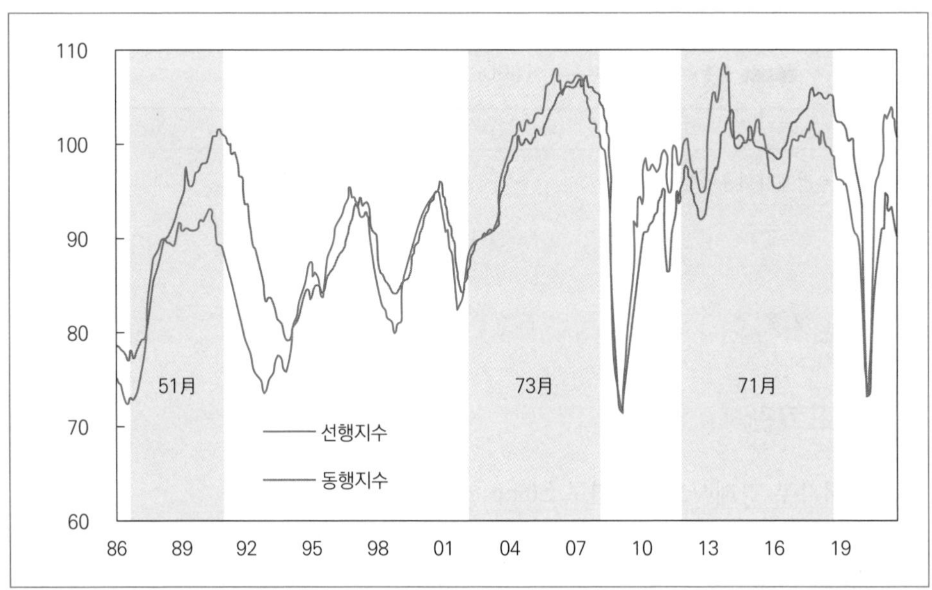

자료: 내각부 경제사회총합연구소

2. 소비

1 소매판매

① 발표기관

일본 경제산업성(https://www.meti.go.jp)

② 공표시기

속보는 해당 월의 익월 29~30일 공표되고 있으며, 확정치는 해당 월의 익익월 13~15일경 발표하고 있다. 예를 들어 2024년 2월분의 속보치는 2024년 3월 29일 발표되었고 확정치는 2024년 4월 15일 공표되었다.

③ 주요 내용 및 특징

일본 경제산업성은 상업동태통계조사(商業動態統計調査)를 매월 발표하고 있으며, 상업동태통계조사 결과를 통해 소매판매액 전체의 전년동월대비 증감률과 계절조정 계열의 소매판매액지수를 파악할 수 있다.

세부적으로는 소비유형별(석유제품, 식료품 등)과 소매업태별(백화점, 대형슈퍼, 편의점 등)로 구분하여 발표된다.

속보 통계표를 보면, 개황 12개표, 21개 통계표, 부표 4개, 주석으로 구분되어 있다.

그림 3 | 일본의 소매판매액

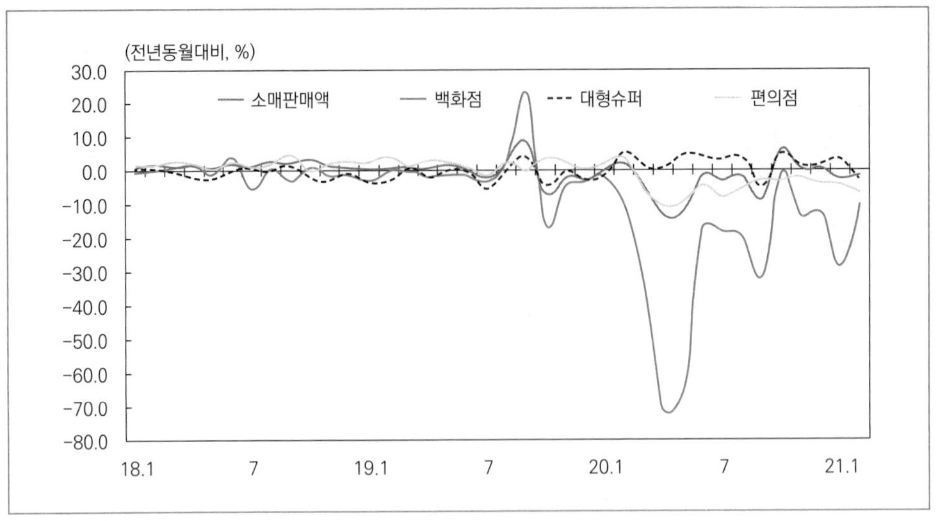

자료: 경제산업성

2 실질가계소비지출

① 발표기관

일본 총무성(https://www.stat.go.jp)

② 공표시기

해당 월의 익월 30일경에서 익익월 5일경에 공표하고 있다. 2인 이상 세대의 가계조사로 2024년 2월분 조사결과는 2024년 4월 5일에 발표하였다.

③ 주요 내용 및 특징

일본 총무성은 2인 이상 세대의 실질소비지출의 전년동월대비 증감률과 계절조정된 전월비 증감률을 발표하고 있다. 또한 근로자세대의 명목 실수입과 실질 실수입의 전년동월대비 증감률도 발표하고 있다.

또한 해당 월 결과의 포인트를 정리하여 홈페이지에 수록하고 있다. 예를 들어 2024년 2월 결과의 핵심포인트는 소비지출의 경우 소비지출액은 1세대당 279,868엔이며, 이는 실질로는 전년동월대비 0.5% 감소한 수치이고 명목으로는 2.8% 증가한 수치이다. 실수입의 경우 근로자세대의 실수입은 1세대당 561,495엔으로 나타났다. 이는 전년동월대비 실질로는 2.5% 감소한 수치이고 명목으로는 0.7% 증가한 수치이다.

그림 4 | 일본의 실질가계소비지출

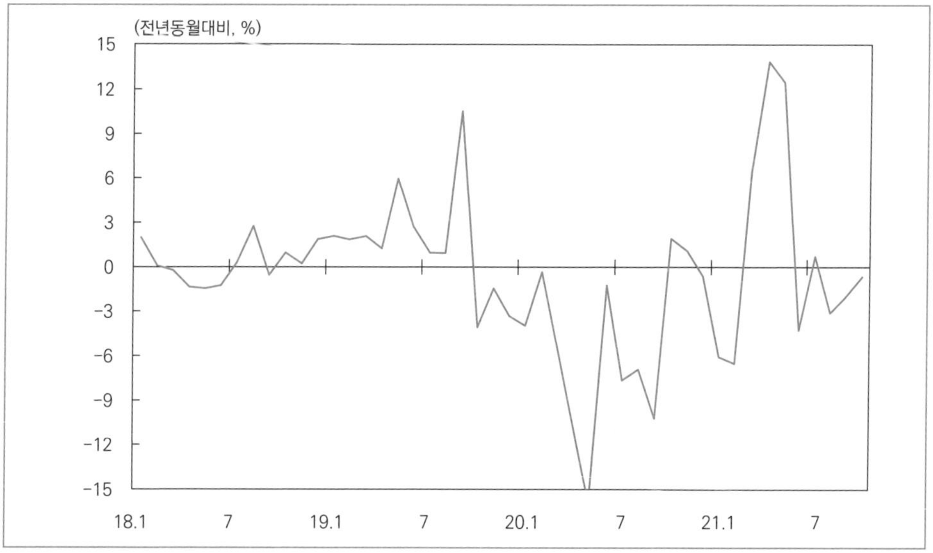

자료: 일본은행

3 | 실질소비활동지수

① 발표기관

일본은행(https://www.boj.or.jp)

② 공표시기

해당 월의 익익월 5일경에 공표하고 있다. 2024년 2월분 조사결과는 2024년 4월 5일에 발표되었다.

③ 주요 내용 및 특징

일본 민간소비는 일본 GDP의 약 60%를 차지하고 있다. 이에 따라 일본경제의 거시경제적 평가를 위해서는 민간소비의 추이를 빠르고 정확하게 파악하는 것이 긴요하다. 이를 위해 소비활동지수는 재화와 서비스에 관련된 다양한 판매 및 공급 통계를 기반으로 월별, 분기별 등 단기적인 소비활동을 파악할 수 있도록 편제된 통계이다. 구체적으로는 소비활동지수를 통해 명목 및 실질 소비활동지수, 유형별 내역(내구재 및 비내구재) 등을 파악할 수 있다.

그림 5 | 일본의 실질소비활동지수

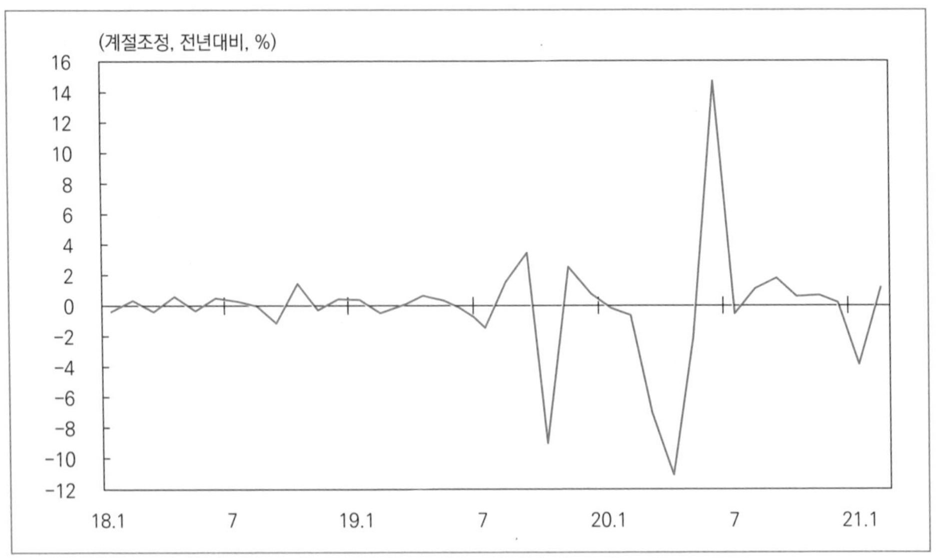

자료: 일본은행

4 실질소비동향지수

① 발표기관

일본 총무성(https://www.stat.go.jp)

❷ 공표시기

해당 월의 익익월 5일경에 공표하고 있다. 2024년 2월분 조사결과는 2024년 4월 5일에 발표되었다.

❸ 주요 내용 및 특징

일본의 전체 가구의 소비지출 총액(GDP 통계의 가계최종소비지출)의 추이를 나타내는 지수이다. 해당 월의 소비지출 총액이 기준년(월 평균=100)에 대한 비율로 발표하고 있다. 구체적으로 보면, 매월 가구 소비동향지수(총무성 통계국), 서비스산업 동향조사 결과(총무성 통계국), 상업 동태통계조사 결과(경제산업성), 제3차 산업활동지수(경제산업성) 및 광공업 생산지수(경제산업성)를 통해 계절조정계열의 가계최종소비지출 총액을 시계열 회귀모델을 통해 추정하고 있다.

그림 6 | 일본의 실질소비동향지수

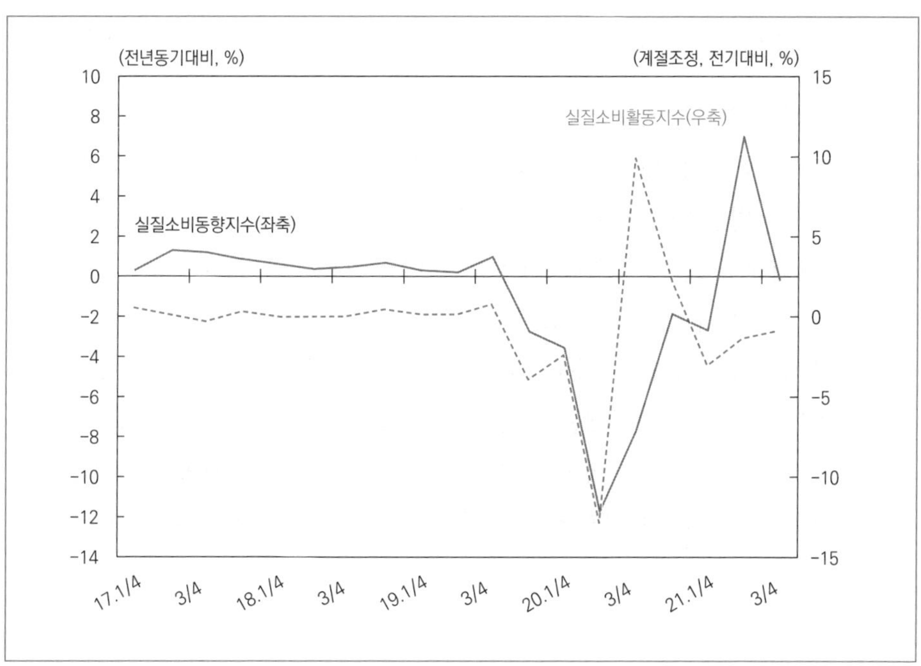

자료: 일본은행

3. 설비 및 건설 투자

1 자본재총공급

① 발표기관

일본 경제산업성(https://www.meti.go.jp)

② 공표시기

일본 경제산업성은 광공업출하내역표·총공급표를 해당월의 익월말경에 공표하고 있으며, 월·분기·년으로 구분하여 통계를 발표하고 있다. 예를 들어 2024년 2월분의 통계치는 2024년 3월 29일 발표하였다.

③ 주요 내용 및 특징

광공업출하내역표는 광공업제품의 출하가 내수·수출의 어느 요인에 의하고 있는지를 정량적으로 나타내고 있고, 광공업총공급표는 일본 국내에서 생산된 국산품과 수입품을 합한 일본 내 전체 광공업제품의 총공급을 정량적으로 파악할 수 있다.

광공업출하내역표는 광공업출하지수와 무역통계(수출)를 이용하여 광공업제품에 대한 수요가 내수·수출 중 어느 요인에 의한 것인지를 정량적으로 파악하는 지표이며, 광공업출하 전체를 재화·업종별로 "수출용" 및 "내수용"으로 구분한다.

광공업총공급표는 광공업제품의 일본 국내총공급(국산+수입)이 일본 내 국산품과 수입품 중 어디에 의해 이루어졌는지를 파악하기 위한 지수로 광공업출하내역표와 무역통계(수입)를 이용하여 재화별·업종별 국내총공급지수를 작성하고 있다.

그림 7 | 일본의 자본재총공급(월별)

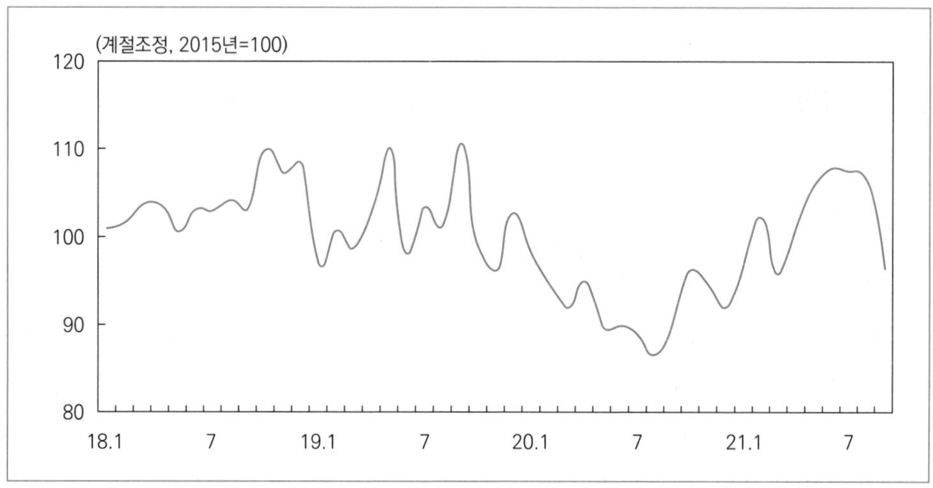

자료: 경제산업성

그림 8 | 일본의 자본재총공급(분기별)

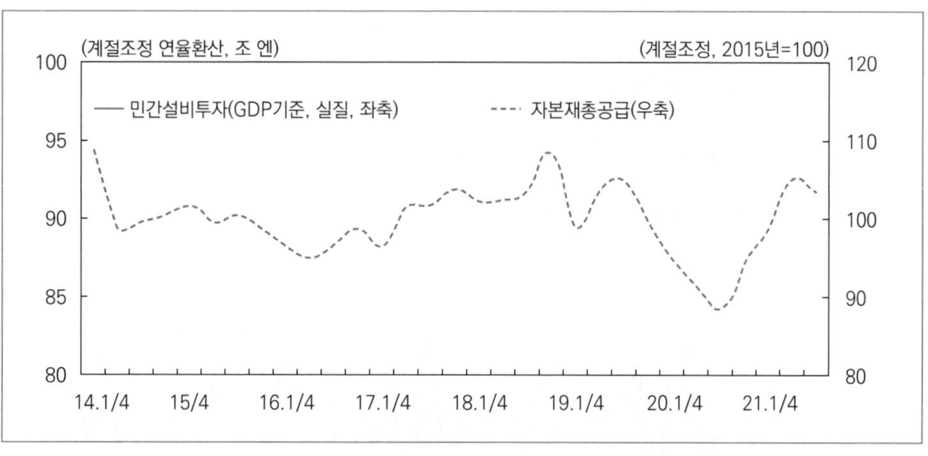

자료: 경제산업성

2 기계수주액

① 발표기관

일본 내각부 경제사회총합연구소(https://www.esri.cao.go.jp)

② 공표시기

해당 월의 익익월 15일경 공표하고 있다. 예를 들어 2024년 2월분의 통계치는 2024년 4월 15일 발표되었고 확정치는 2024년 4월 15일 공표되었다.

③ 주요 내용 및 특징

기계수주액 통계조사는 기계류 제조업체가 발주한 기계류의 수주 현황을 조사하고, 설비투자 동향을 조기에 파악·경제동향을 분석하기 위한 통계이다. 즉, 일본 내 기계 제조업체 등으로부터 받은 기계류의 발주 현황을 조사한 것으로, 기계 등을 제조하는 주요 기업을 대상으로 한다.

대상 기업은 일본 전국의 280개 사(전체 기업의 80% 정도)를 기준으로 하며, 조사대상 기업은 기본적으로 고정되어 있다.

그림 9 | 일본의 기계수주액주)

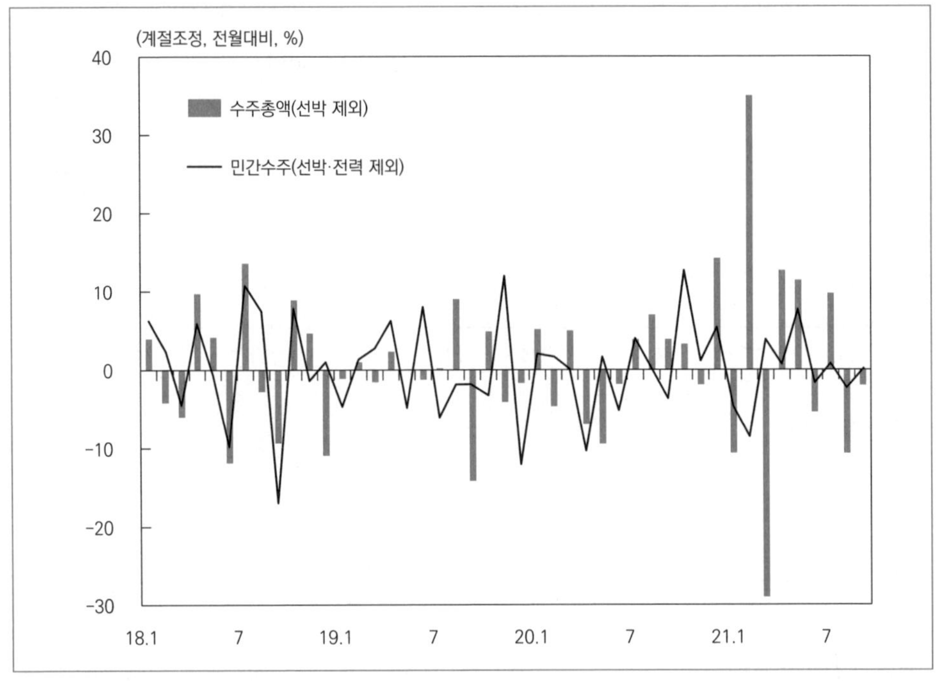

주: 선박·전력 제외
자료: 내각부

3 민간주택 착공건수

① 발표기관

일본 국토교통성(https://www.mlit.go.jp)

② 공표시기

통계는 해당 월의 익월말일 공표하고 있다. 예를 들어 2024년 2월분의 통계치는 2024년 3월 29일 발표되었고 홈페이지를 통해 해당 월 통계의 공표 예정월일 및 시간까지 발표하고 있다. 발표시간은 오후 2시가 일반적이다.

③ 주요 내용 및 특징

건축착공통계조사는 건축기준법 제15조 제1항의 규정에 따라 신고가 필요한 건축물에 대한 통계조사로, 조사결과를 매월 공표한다. 설문조사를 통해 파악한 전국 건축물의 착공통계는 국가 및 지자체의 정책을 위한 기초자료로 활용될 뿐만 아니라 민간부문에서도 산업단체, 금융기관, 각종 연구기관의 동태분석을 위해 활용되고 있다.

건축착공통계조사는 일본 전국 각 지역, 도도부현, 시정촌별 건축물 수, 총 바닥면적, 공사비 추정액 등 건축착공 현황에 관한 통계를 제공한다.

또한 건축착공통계는 일본 전국 착공현황(건축물 수, 연면적, 예상 공사비)을 건물주, 구조, 용도 등으로 분류하여 공표하고 있다.

그림 10 | 일본 민간주택 착공건수

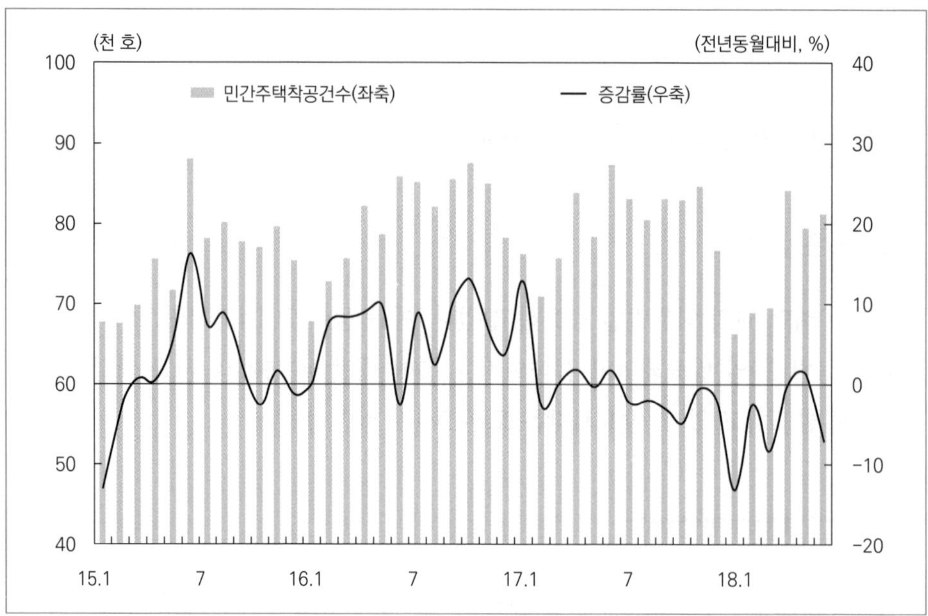

자료: 국토교통성

4 공공건설 기성액

① 발표기관

일본 국토교통성(https://www.mlit.go.jp)

② 공표시기

통계치는 해당 월의 익익월 중순경에 공표되고 있다. 예를 들어 2024년 1월분의 통계치는 2024년 3월 18일 발표하였다.

③ 주요 내용 및 특징

국토교통성(MLIT)은 '공사 수주 및 착공통계 조사'를 토대로 일본에서 완료된 공사량을 월별, 지역별, 시공처별, 공사종류별로 구분하여 종합건설통계로 공표하고 있다.

이 통계는 '공사 착공통계 조사'와 '공사 발주동태 수주에 관한 통계 조사'의 두 가지 통계에서 얻은 공사비를 공사 착공기준으로 한 공사금액으로 고려하여 공사 규모를 추정·건설활동을 종합적으로 파악한다. 이와 같이 추정된 공사금액을 월 물량기준으로 구분하여 동향을 파악할 수 있도록 한 통계이다.

그림 11 | 일본의 공공건설 기성액

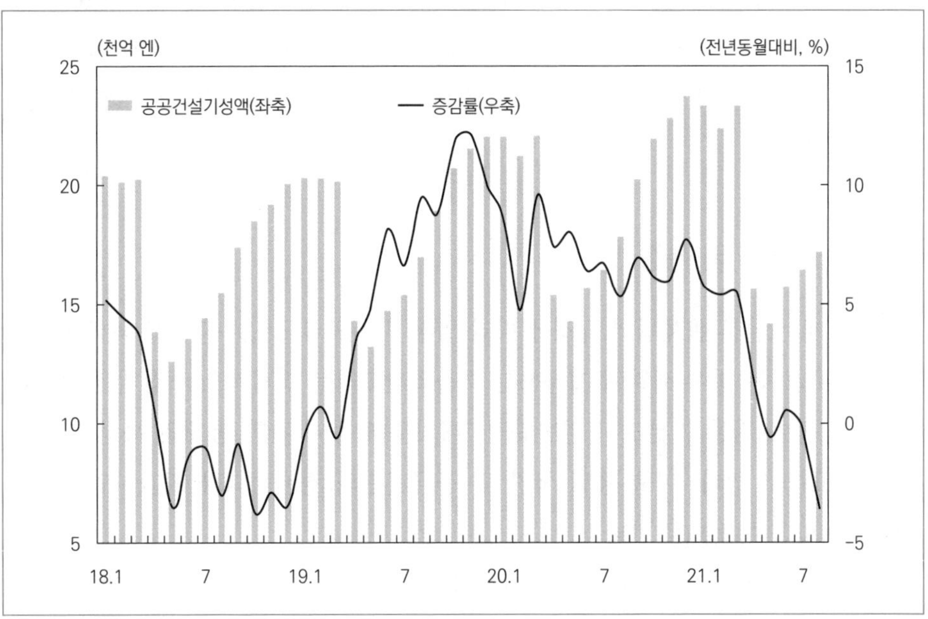

자료: 국토교통성

4. 수출 및 경상수지

1 수출

① 발표기관

일본 재무성 무역통계(https://www.customs.go.jp)

② 공표시기

일본 재무성은 무역통계를 속보치, 확정치 두 가지 형태로 발표하고 있고 속보는 매월 상순분, 상중순분, 해당 월 전체 통계의 세 가지 형태로 발표하고 있다. 우선, 매월 상순분 속보치는 해당 월 말일에, 상중순분 속보치는 익월 7일경에 발표한다. 해당 월 전체의 속보치는 익월 21일경에 발표하고 확정치는 익월말경에 발표하고 있다. 예를 들어 2024년 2월 상순분의 속보치는 2024년 2월 28일 발표하였고 2월 상중순의 속보치는 2024년 3월 7일 공표하였다. 2024년 2월분 전체에 대한 속보치는 2024년 3월 21일에 발표하였고 2월분 전체의 확정치는 2024년 3월 28일에 공표하였다.

③ 주요 내용 및 특징

무역통계는 일본 관세법의 규정에 따라 일본에서 외국으로 수출하고 외국에서 일본으로 수입하는 경우 세관에 제출하는 수출입신고서를 정기적으로 집계한 것이다. 대외무역 등에 관한 기본고시 일반규정 "대외무역 등에 관한 통계의 목적"에 따라 작성, 공표하고 있다. 이를 통해 국가 및 공공기관의 경제정책과 민간기업의 경제 동에 기여함을 목적으로 한다.

대외무역 등에 관한 통계는 ㉠ 일반무역통계, ㉡ 특별무역통계, ㉢ 선박 및 항공기 통계의 세 가지 유형이 있다. 또한 무역통계는 무역통계(검색), 통계표 목록, 보도자료의 세 가지 형태로 제공된다.

그림 12 | 일본의 품목별 수출

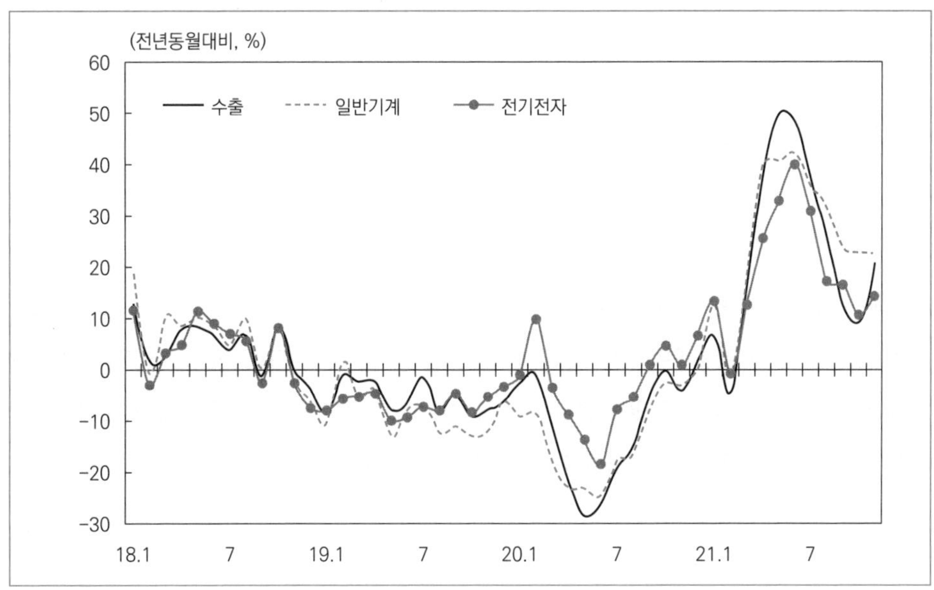

자료: 재무성

그림 13 | 일본의 국가별 수출

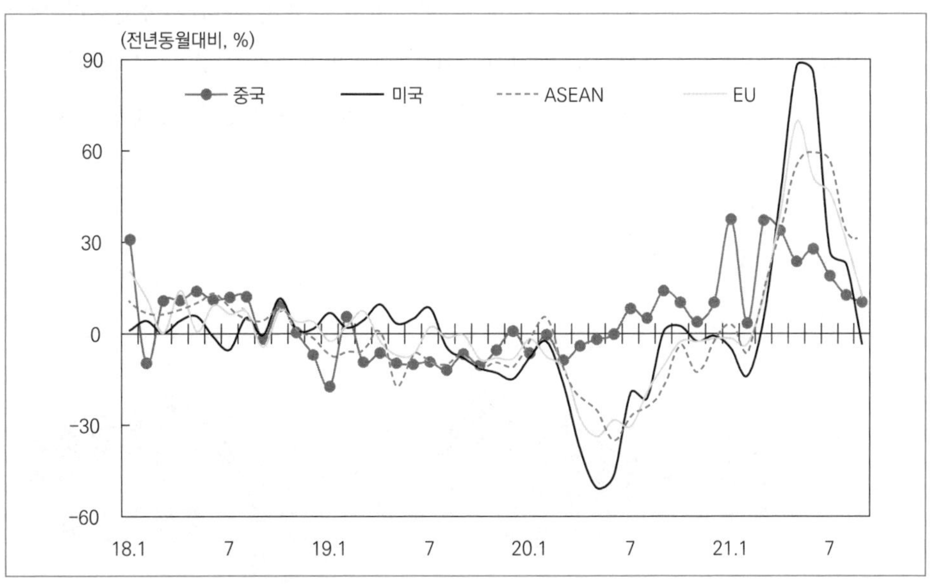

자료: 재무성

2 | 경상수지

① 발표기관

일본 재무성(https://www.mof.go.jp)

② 공표시기

속보는 해당 월의 익익월 6일경 공표되고 있으며, 확정치는 매년 1월, 4월, 7월, 10월 공표 시 과거 3개월분을 함께 발표하고 있다. 예를 들어 2024년 2월분의 속보치는 2024년 4월 9일 발표되었고 확정치는 2024년 7월 공표일에 2024년 5월 속보치와 2024년 1월, 2월, 3월분 확정치가 동시에 발표된다.

③ 주요 내용 및 특징

국제수지상황(국제수지통계)은 일정 기간에 있어서 거주자와 비거주자 사이에서 이루어진 모든 대외경제거래(재화, 서비스, 증권 등 각종 경제금융거래, 그에 따른 결제자금의 흐름 등)를 체계적으로 기록한 통계이다. 속보치, 확정치의 공표뿐 아니라 국제수지 작성 시 데이터를 활용해, 직접투자의 상세 데이터(지역별 및 업종별 계수)나 지역별의 국제수지[분기별 국제수지를 주요 지역(국가)별로 구분] 등 다양한 종류의 관련 통계를 작성·공표하고 있다.

그림 14 | 일본의 연간 경상수지 추이

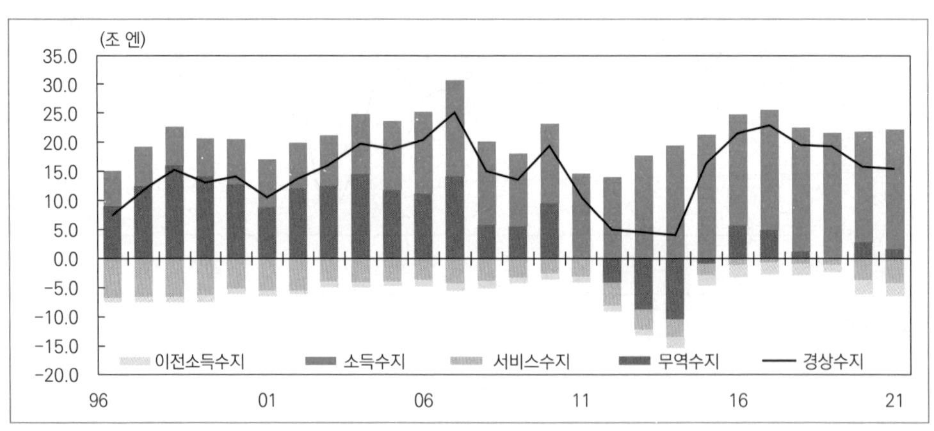

자료: 일본 재무성

표 3 | 일본의 월평균 경상수지 추이

(조 엔, %)

	2021				2022		
	연간	10월	11월	12월	1월	2월	3월
경상수지	1.3	1.1	0.9	-0.3	-1.2	1.6	-
무역수지	0.1	0.2	-0.4	-0.3	-1.6	-0.2	-0.4
수출	6.9	7.1	7.5	7.8	6.6	7.3	8.5
수입	6.7	6.9	7.9	8.1	8.2	7.5	8.9
서비스수지	-0.4	-0.6	-0.2	-0.3	-0.7	-0.2	-
소득수지	1.7	1.7	1.8	0.5	1.3	2.3	-

자료: 일본 재무성

5. 생산 및 고용

1 광공업 생산지수

① 발표기관

일본 경제산업성(https://www.meti.go.jp)

② 공표시기

속보는 해당 월의 익월말일에 공표되고 있으며, 확정치는 해당 월의 익익월 13~19일경 발표하고 있다. 예를 들어 2024년 2월분의 속보치는 2024년 3월 29일 발표되었고 확정치는 2024년 4월 12일 공표되었다.

③ 주요 내용 및 특징

공산품을 생산하는 일본 내 사업장의 생산, 출하 및 재고 상황, 제조업 시설의 가동 상황, 각종 시설의 생산능력 등을 파악함과 아울러 향후 2개월간의 생산계획을 조사한다. 이를 통해 일본에서의 생산활동을 신속하게 파악하는 것이 주 목적이다. 광공업 생산·출하·재고 지수는 다음과 같은 특징이 있다. 생산지수는 산업생산활동의 전반적인 수준의 변화를 나타내고, 재고지수는 생산활동에서 생산된 제품이 출하되지 않고 생산자 단계에 남아 있는 재고 상황을 나타낸다.

그림 15 | 일본의 광공업 생산지수

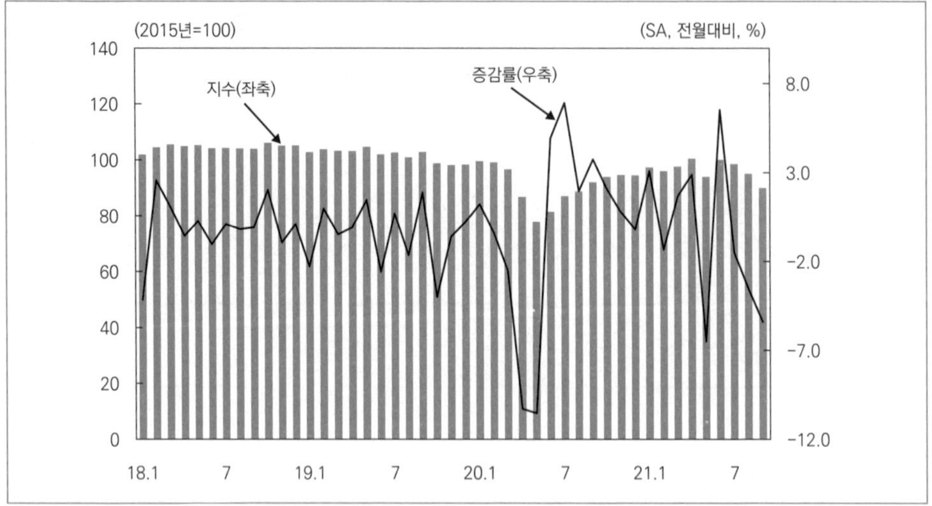

자료: 경제산업성

그림 16 | 일본의 광공업 출하지수 증감률

2 취업자, 실업자 및 실업률

① 발표기관

일본 총무성 통계국(https://www.stat.go.jp)

② 공표시기

속보는 해당 월의 익월 29~30일 공표되고 있으며, 확정치는 해당월의 익익월 13~15일경 발표하고 있다. 예를 들어 2024년 2월분의 속보치는 2024년 3월 29일 발표되었고 확정치는 2024년 4월 15일 공표되었다.

③ 주요 내용 및 특징

노동력 조사는 일본의 취업·실업 상황을 파악하기 위해 일정한 통계적 추출 방법에 따라 선정된 일본 전국 약 4만 가구를 대상으로 매월 조사하고 있다.

이 조사는 1946년 9월에 시작되어 약 1년간의 시험적 기간을 거쳐 1947년 7월부터 본격적으로 실시하고 있다. 그 후, 1950년 4월부터 통계법에 의한 지정통계조사로, 2009년 4월부터 기간통계 조사로 실시되고 있다. 조사의 범위는 일본에 거주하고 있는 사람으로 약 4만 세대 및 그 세대원이 조사대상이 되지만, 취업상태는 세대원 중 15세 이상의 자(약 10만 명)에 대해서 조사하고 있다.

조사는 매월 말일(12월은 26일) 실시하며, 취업 상태에 대해서는 매월 말일에 끝나는 1주간(12월은 20일부터 26일까지의 1주일)의 상황을 조사한다.

그림 17 | 일본의 취업자 수[주)] 및 취업률[주)]

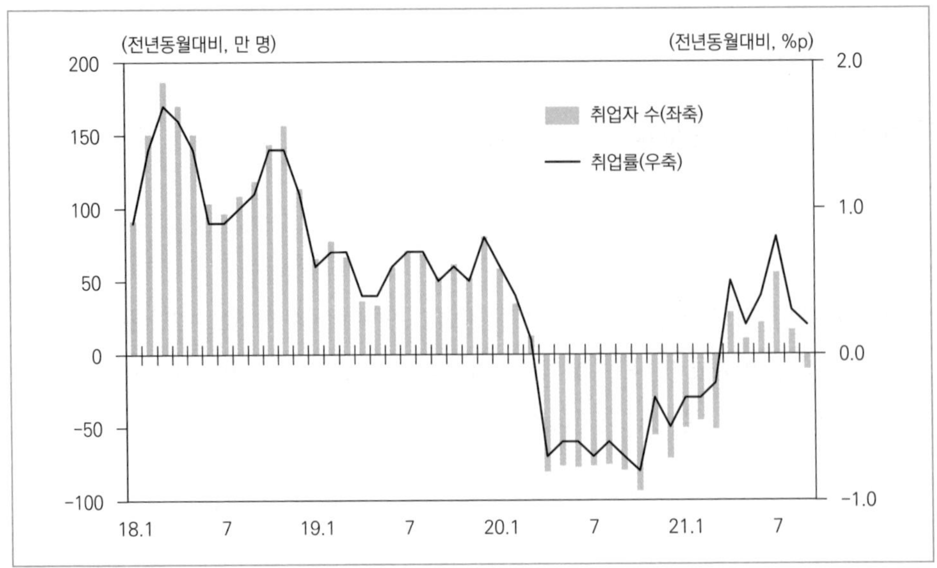

주: 전년동월대비 증감
자료: 총무성 통계국

그림 18 | 일본의 실업자수[주)] 및 실업률

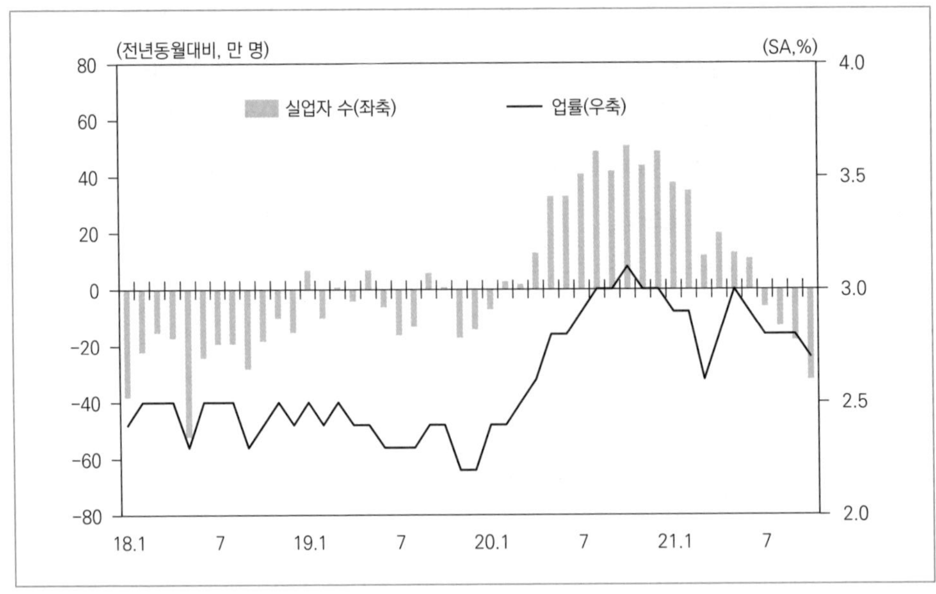

주: 전년동월대비 증감
자료: 총무성 통계국

3 유효구인배율

① 발표기관

일본 후생노동성(https://www.mhlw.go.jp)

② 공표시기

통계치는 해당 월의 익월말에서 익익월초에 공표하고 있다. 예를 들어 2024년 1월분의 통계치는 2024년 3월 1일 발표되었고 2024년 2월분의 통계는 2024년 3월 29일에 공표되었다.

③ 주요 내용 및 특징

일본 후생노동성에서는 공공 직업안정소(헬로워크)에 있어서의 구인, 구직, 취직의 상황을 파악하여, 구인배율 등의 지표를 매월 편제·공표하고 있다. 본 조사는 공공 직업안정소에 있어서의 구인, 구직, 취직의 상황(신규학졸자를 제외한다)을 정리해, 구인배율 등의 지표를 작성하는 것을 목적으로 한다.

여러 지표 중 구인배율의 경우 구직자에 대한 구인수의 비율을 말한다. 예를 들어 「신규 구인 수」를 「신규 구직신청건 수」로 나누어 얻은 「신규 구인배율」과 「월간 유효구인 수」를 「월간 유효구직자 수」로 나누어 산출한 「유효구인배율(=유효구인자 수/유효구직자 수, SA)」의 두 종류가 있다.

그림 19 | 일본의 유효구인배율[주)]과 실업률

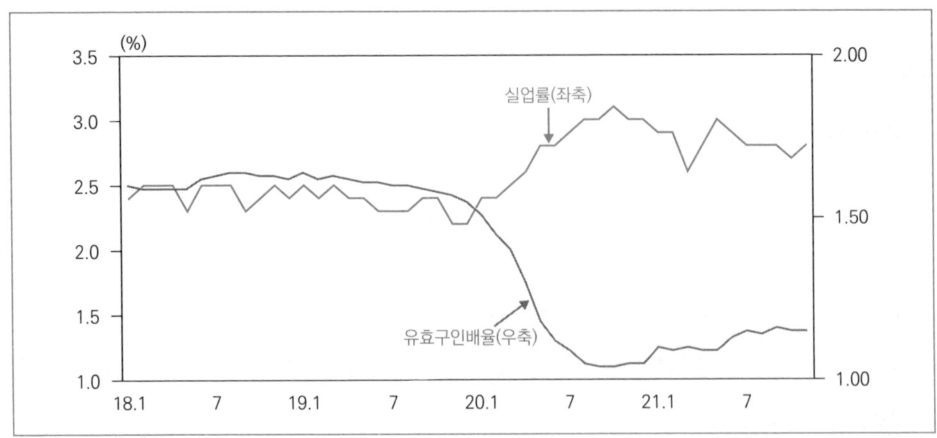

주: 유효구인자 수/유효구직자 수, SA
자료: 일본 후생노동성

그림 20 | 일본의 신규구인배율

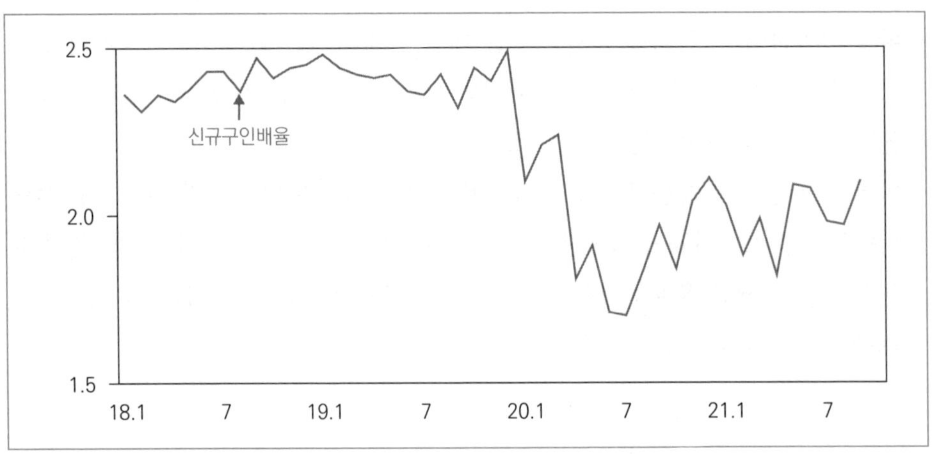

주: 유효구인자 수/유효구직자 수, SA
자료: 일본 후생노동성

4 명목 및 실질 임금

① 발표기관

일본 후생노동성(https://www.mhlw.go.jp)

② 공표시기

속보는 해당 월의 익익월 8일경 공표되고 있으며, 확정치는 해당 월의 익익월 23일경 발표하고 있다. 예를 들어 2024년 2월분의 속보치는 2024년 4월 8일 발표되었고 확정치는 2024년 4월 23일 공표되었다.

③ 주요 내용 및 특징

일본의 매월근로통계조사는 매월 일본 내 고용, 급여 및 노동시간에 조사한다. 일본 전국단위 조사에서는 전국 차원의 변동을, 지방단위 조사에 있어서는 그 지자체별(도도부현별)의 변동을 파악함을 주 목적으로 하고 있다.

매월근로통계조사의 조사대상은 일본 표준산업분류에 근거한 16대 산업 중 상시 상용노동자 5인 이상을 고용하는 사업소를 대상으로 한다.

그림 21 | 일본의 명목임금주)

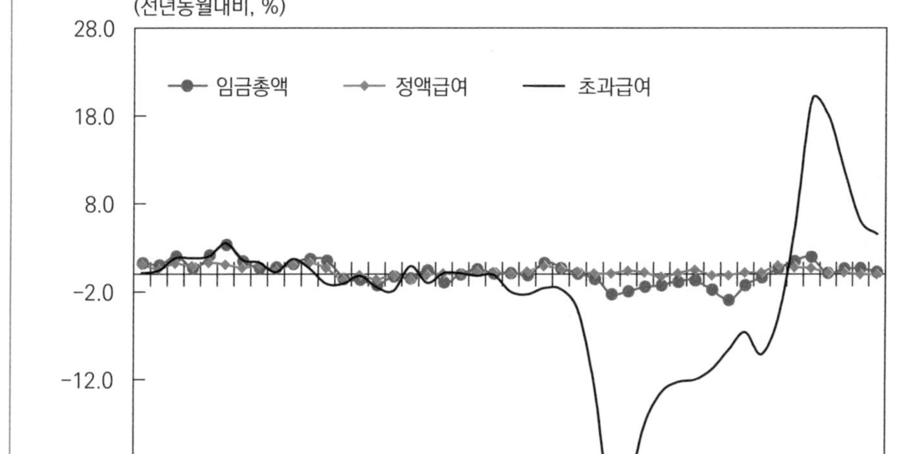

주: 5인 이상 사업장 대상
자료: 후생노동성

그림 22 | 일본의 실질임금주)

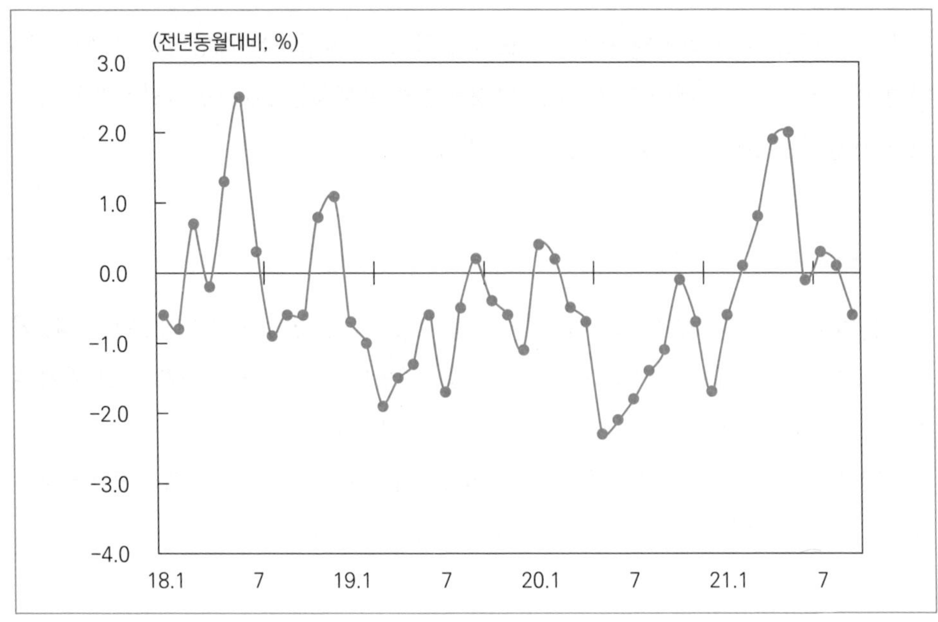

주: 5인 이상 사업장 대상
자료: 후생노동성

6. 물가 및 부동산시장

1 소비자물가

① 발표기관

일본 총무성 통계국(https://www.stat.go.jp)

② 공표시기

통계치는 해당 월의 익월 19~24일경 공표한다. 다만 속보치로 도쿄도 중심부만을 대상으로 조사한 통계를 해당월의 말일경에 발표하고 있다. 예를 들어 일본 전국

치의 2024년 2월분의 통계치는 2024년 3월 22일(오전 8시 30분) 발표하였고 도쿄 중심부를 대상으로 한 2024년 1월 속보치는 2024년 1월 26일(오전 8시 30분)에 발표하였다.

3 주요 내용 및 특징

소비자물가지수는 일본 전국가구가 구입하는 재화 및 서비스의 가격변동을 종합적으로 측정한 종합지수이다. 즉, 가계의 소비구조를 일정한 것으로 고정하고, 이에 소요되는 비용이 물가변동에 따라 어떻게 변화하는가를 지수값으로 나타낸 것이다. 이를 통해 물가변동을 시계열적으로 측정할 수 있다.

소비자물가지수는 가구의 소비생활에 미치는 물가의 변동을 측정하는 것이므로 가계의 소비지출을 대상으로 한다. 따라서 직접세나 사회보험료 등의 지출(비소비지출), 유가증권의 구입, 토지·주택 구입 등의 지출(저축 및 재산 구입을 위한 지출)은 지수의 대상에 포함시키지 않는다. 또한 소유자의 주택비용에 대해서는 '귀속 임대료 방식'에 의해 지수에 편입시킨다.

그림 23 | 일본의 소비자물가상승률

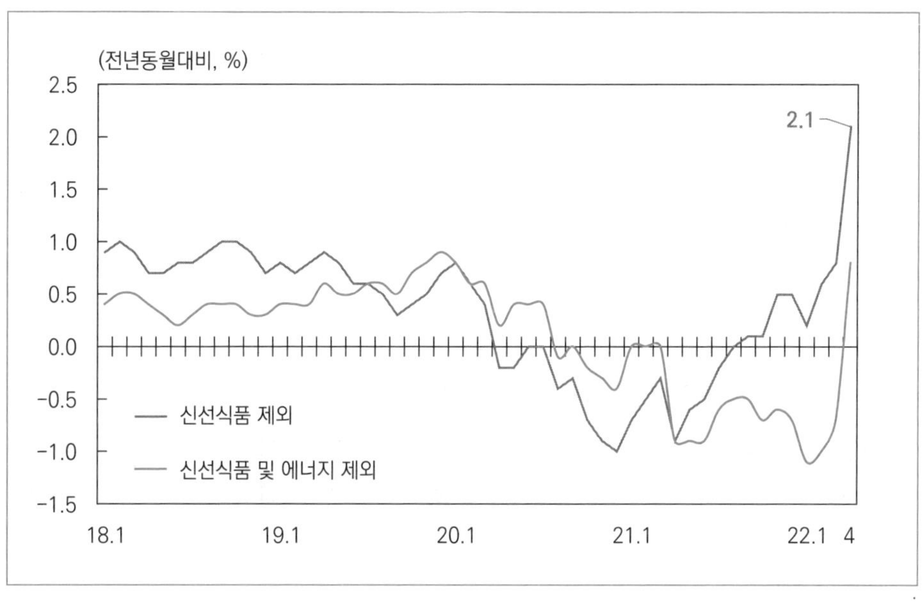

자료: 총무성

그림 24 | 주요 품목별 소비자물가상승률[주)]

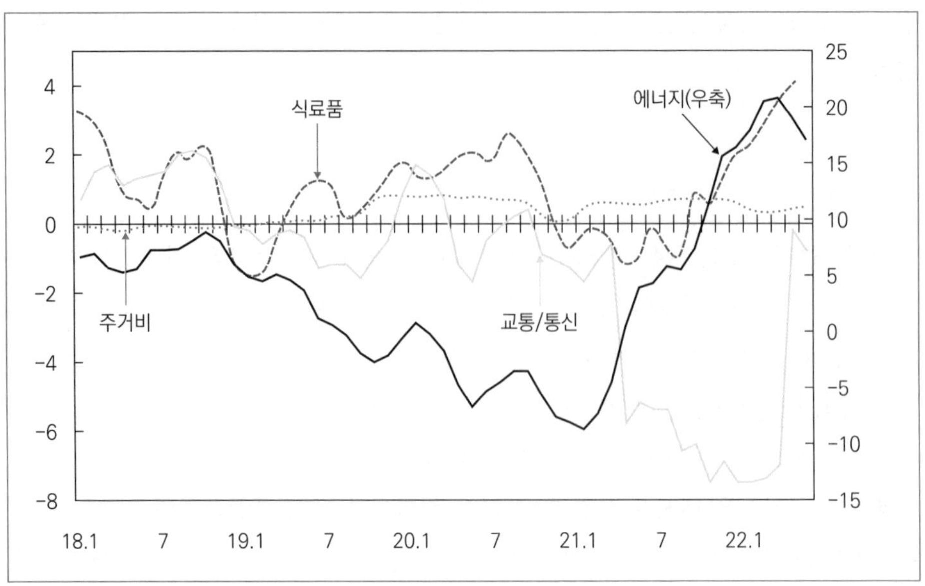

주: 전년동월대비(%)
자료: 총무성

2 주택가격

① 발표기관

일본 국토교통성(https://www.mlit.go.jp)
공익재단법인 동일본부동산유통기구(http://www.reins.or.jp)

② 공표시기

통계치는 해당 월의 익월 13일경 공표되고 있다.

확정치는 해당 월의 익익월 13~15일경 발표하고 있다. 예를 들어 2024년 2월분의 속보치는 2024년 3월 29일 발표되었고 확정치는 2024년 4월 15일 공표되었다.

③ 주요 내용 및 특징

국토교통부는 토지 등 부동산시장 동향을 빠르게 파악하기 위해 부동산 관련 데이터를 매월 수집·정리한 「부동산시장 동향 월간리포트」를 작성·공표하였다. 그러나 2019년 3월을 마지막으로 부동산시장 동향 월간리포트 작성을 중지하였다.

이를 대신하여 공익재단법인 동일본부동산유통기구가 관련 통계를 매월 편제하여 리포트로 발표하고 있다. 이 리포트는 공익재단법인 동일본부동산유통기구에 등록되어 있는 부동산 정보, 도쿄를 포함한 수도권(1도 3현)의 부동산시장 동향을 통계로 요약한 것이다.

이 리포트에는 기축 맨션·단독주택의 매매건수 및 매매가격 등이 수록되어 있어 수도권 전체 및 지역별 최신 동향을 파악할 수 있다.

그림 25 | 일본 수도권[주)] 기축 아파트 판매가격

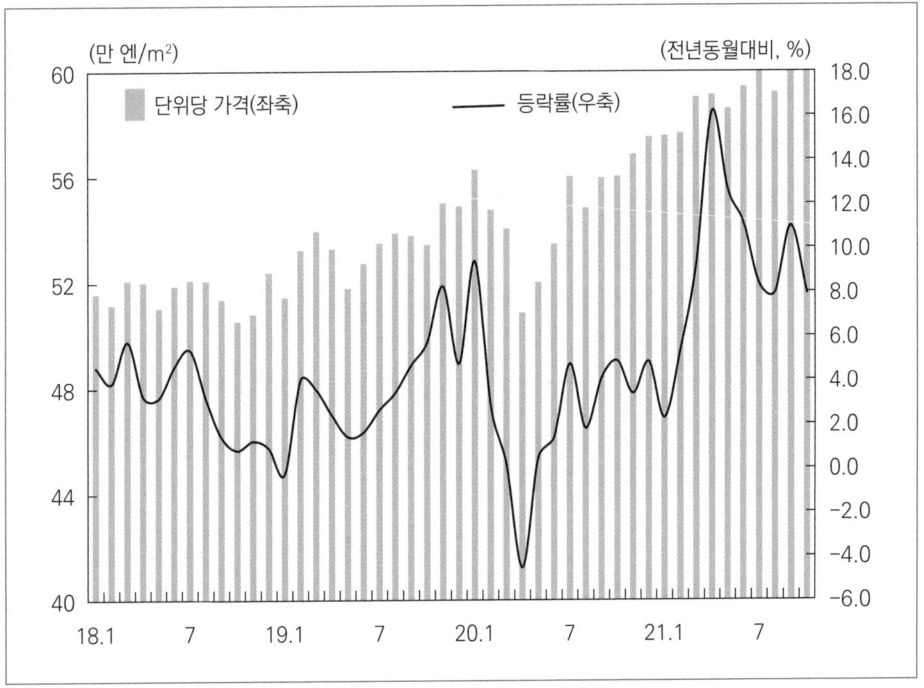

주: 도쿄도, 가나가와현, 사이타마현, 치바현
자료: 국토교통성, 동일본부동산유통기구

3 주택 매매 및 임대

① 발표기관

일본 공익재단법인 부동산유통추진센터(https://www.retpc.jp)

② 공표시기

통계치는 해당 월의 익월 20~22일경 공표되고 있다. 예를 들어 2024년 2월분의 통계치는 2024년 3월 21일 발표되었다.

③ 주요 내용 및 특징

일본 공익재단법인 부동산유통추진센터연구소는 「지정유통기구의 활용상황에 관하여」라는 리포트를 매월 발간하고 있다. 이 리포트 안에는 신규 매물 등록건수, 총 매물건수, 매매체결 건수 등의 통계가 분석되어 있다. 또한 신규등록건수, 매매체결건수, 총등록건수 세 가지로 유형화하여 매매와 임대로 구분하여 통계를 발표하고 있다. 매매된 부동산에 대해서도 맨션, 단독주택, 토지 등으로 유형화하고 지자체별 또는 광역지자체별로 통계를 발표하고 있다.

그림 26 | 일본 주택 매매 및 임대 거래 증감률

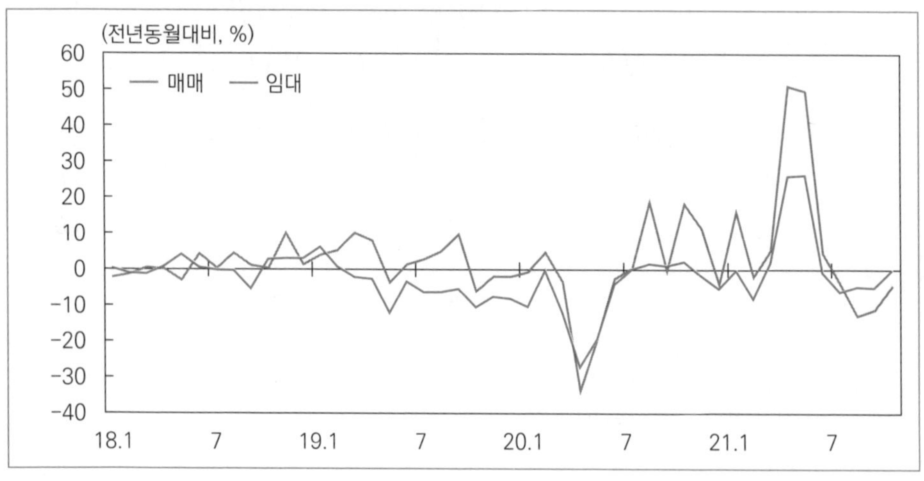

주: 전국 기준

자료: 부동산유통센터

7. 일본의 금융시장

1 주가

① 발표기관

도쿄증권거래소(https://www.jpx.co.jp)
일본경제신문사(https://indexes.nikkei.co.jp)

② 공표시기

매일 발표된다.

③ 주요 내용 및 특징

도쿄증권거래소는 주가지수와 주가평균 통계를 공표한다. 주가지수로는 TOPIX, 배당을 포함한 TOPIX, ㈠도쿄거래소시장 제1부지수, 상장시가총액가중TOPIX, 도쿄거래소프라임시장, 도쿄거래소스탠다드시장, 도쿄거래소Growth시장, JPX프라임150지수, 도쿄거래소Growth시장250지수, 도쿄거래소REIT지수, 도쿄거래소인프라펀드지수 등 총 11개 주가지수와 프라임시장, 스탠다드시장의 가중주가평균과 단순주가평균을 각각 발표하고 있다.

일본의 대표적 평균주가인 NIKKEI225는 도쿄증권거래소의 주요 주가 지수이다. 닛케이 225는 1950년 창간 이래 도쿄증권거래소에서 거래되는 일본 상위 225개 기업의 평균주가 지수로 일본경제신문에 의해 관리 및 공표된다. 이 지수는 전 세계 주요 미디어에 의해 매일 발표되며 전 세계적으로 일본 주식시장의 척도로 인정받고 있다. ikkei 225는 Toyota, Sony 등 주요 산업 부문의 대표자로 구성되어 있어 일본과 세계 경제 상황을 매우 민감하게 반영한다. 지수의 구성종목은 시장에서 활발하게 거래되는 주식 중에서 선택되며, 전통적인 대형주 외에도 유니클로 브랜드 제공업체인 패스트 리테일링이나 기업에 적극적으로 투자하는 소프트뱅크 그룹 등 빠르게 성장하는 기업이 포함된다.

그림 27 | 주가(닛케이 225)

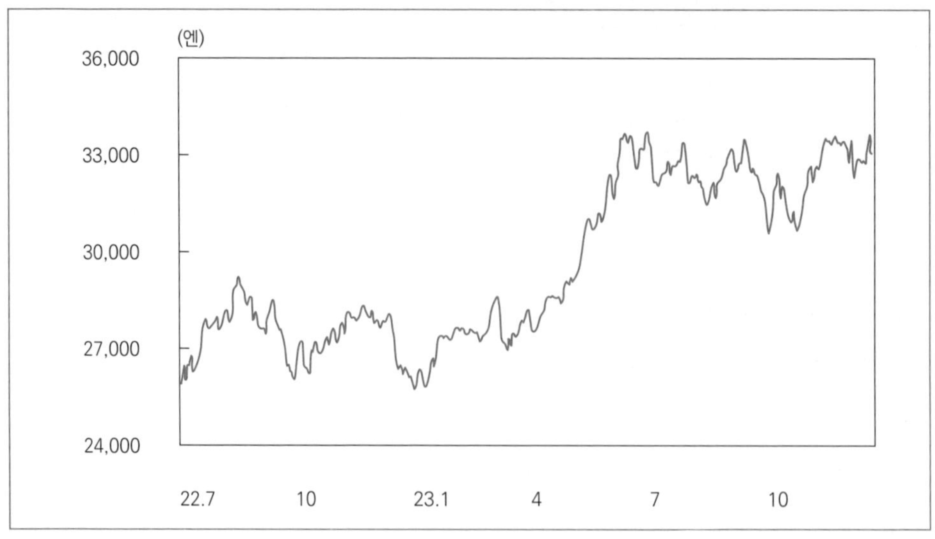

자료: Bloomberg

2 환율

❶ 발표기관

일본은행(https://www.stat-search.boj.or.jp)

❷ 공표시기

매일 발표한다. 일본은행 금융시장국은 매일 영업일 17시 50분경 인터넷 홈페이지를 통해 공표한다.

❸ 주요 내용 및 특징

일본은행에서는 2007년 1월 4일 이후 외환시황을 매영업일의 영업시간 종료 후에 홈페이지상에서 공표하고 있다.

여기에서 Spot rate란 매매가 체결되고 나서 2영업일째에 실제로 자금의 인도가 이루어지는 거래에 적용되는 환율이다.

그림 28 | 일본은행 발표 외환시장(2024년 4월 16일)

	달러/엔	유로/달러	유로/엔
스팟레이트	엔	달러	엔
9:00 시점	154.21-23	1.0624-25	163.84-88
17:00 시점	154.39-40	1.0617-19	163.92-96
레인지	154.60 | 154.14	1.0627 | 1.0603	
	〈중심환율〉 154.36		
전영업일 잔고	백만 달러	백만 달러	
스팟	4,703	930	
스왑	45,962	2,296	

자료: 일본은행

그림 29 | 환율(엔/달러)

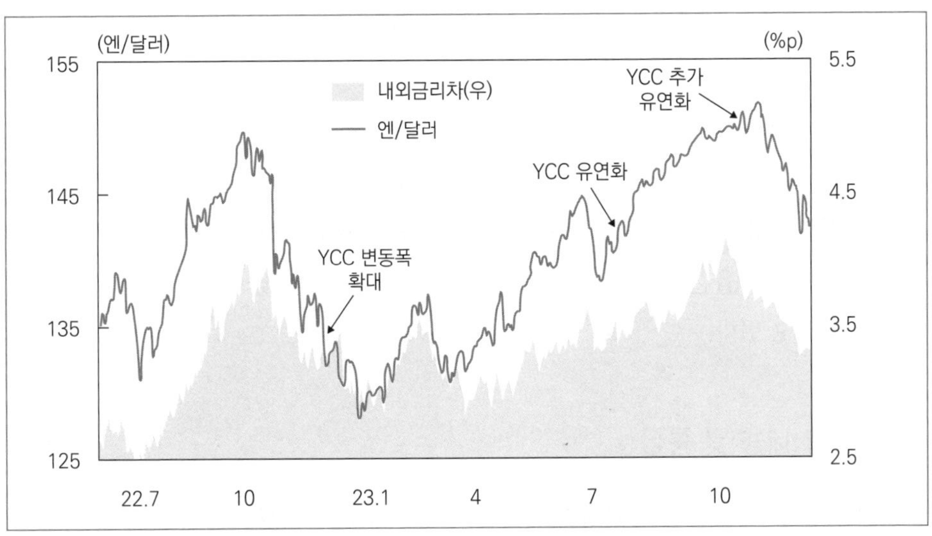

자료: Bloomberg

그림 30 | 실질실효환율

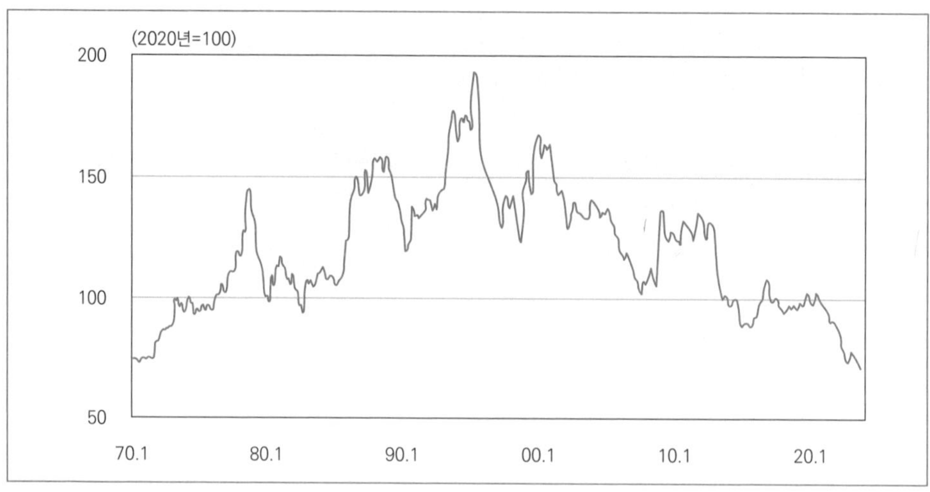

자료: 일본은행

3 통화 및 금리

① 발표기관

일본은행(https://www.stat-search.boj.or.jp/)

재무성(https://www.mof.go.jp)

② 공표시기

통화량은 해당 월 속보치가 익월 10~15일경 발표되고 예금종류별 점두표시 금리의 평균 연이자율은 1주일 간격으로 공표하고 있다. 국채금리는 일본 재무성에서 매일 발표하고 있다.

③ 주요 내용 및 특징

일본은행은 통화 관련 통화량(Money Stock)을 공표하고 있다. 통화량은 '일반법인, 개인, 지방공공단체 등의 통화보유주체가 보유한 현금통화나 예금통화 등의 통화량의 잔고'를 말한다. 통화량에 어떠한 금융상품을 포함할 것인가에 대해서는 국가나 시대에 따라 다를 수 있다. 일본은 통화 및 통화발행 주체의 범위에 따라 M1, M2, M3, 광의유동성의 4가지 지표를 작성·공표하고 있다.

국채 10년물 금리는 일본 재무성에서 매일 발표하고 있으며, 블룸버그 홈페이지나 민간 금융기관을 통해서도 실시간으로 확인할 수 있다.

그림 31 | 일본의 M1, M2, M3 증가율

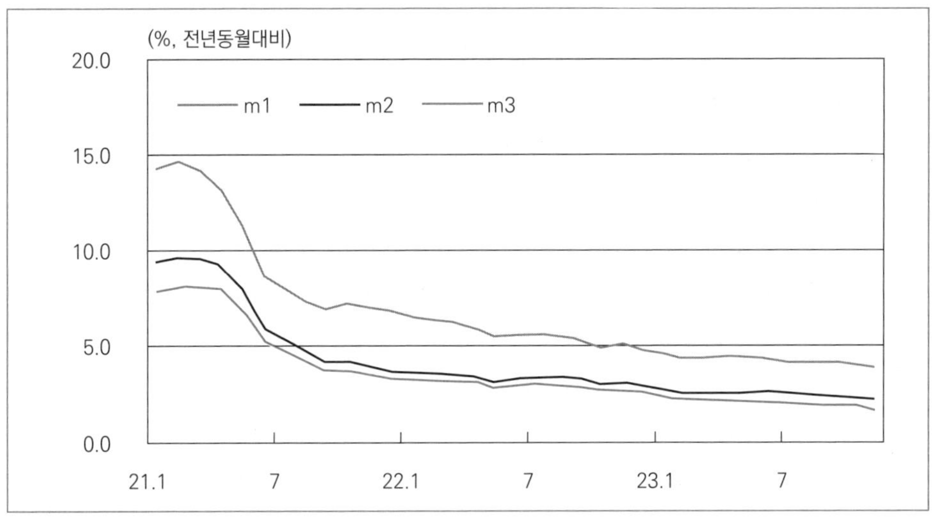

자료: 일본은행

그림 32 | 국채(10년물) 금리

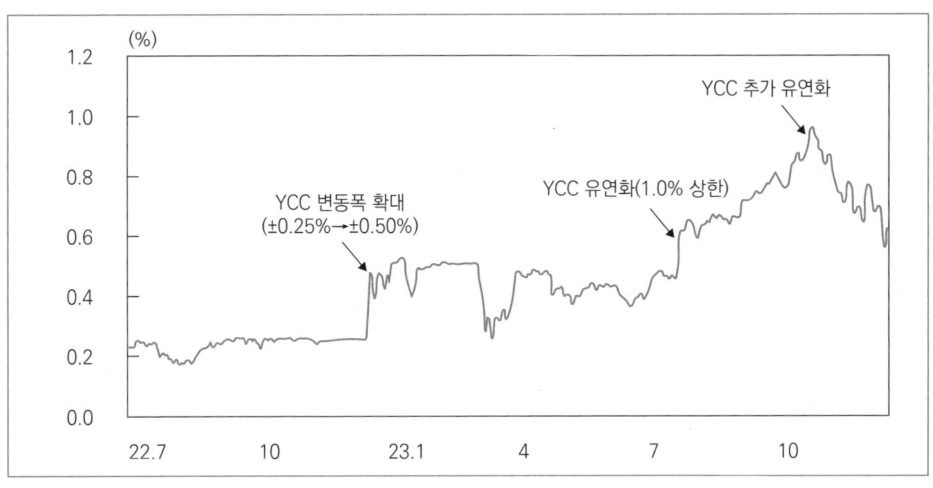

자료: 일본은행

쉬어가기

일본인에게 부동산이란?

우리는 아파트 문화가 익숙하고 일반적이다. 고층의 아파트단지를 여기저기서 쉽게 찾아볼 수 있다.

그러나 일본은 아파트 문화가 아니라 맨션이나 단독주택이 일반적이다. 아파트는 없는 건가? 일본도 아파트가 있다. 일본인들이 생각하는 아파트는 공영 아파트, 우리나라로 보면 주공아파트를 생각하곤 한다.

저자가 나고야에 있을 때 한국인 유학생 가족들이 나고야시가 운영하는 시영 주택(아파트)에 다수 살고 있었다. 시영 아파트는 소득조건에 따라 주거 사용료를 내는 구조였으며, 일반적으로 시영 아파트는 도시 외곽에 많이 위치하고 있다.

일본인들은 주택을 시세차익 목적으로 구매하기 보다는 실거주 목적으로 구입하는 경우가 많다. 디플레이션을 경험하면서 주택은 구입하게 되면 수선비 등이 발생하면서 가격이 하락할 것을 예상하는 사람이 많다. 물론 도쿄의 재개발 중심가나 바닷가 주변의 타워맨션, 관광지 주변의 주택은 시세가 상승하고 있다. 이와 같은 주택은 은행의 장기론을 통해 구입하고 있고 매월 월급에서 장기론을 변제해 나가고 있었다. 이를 통해 맨션을 구입하거나 단독주택을 구입하는 경우가 많다.

그러나 부동산 버블을 경험한 일본인들에게 주택구입은 필수가 아니고 선택이 된 것 같다. 대기업, 공공기관 등에서는 사택을 제공하고 있으며, 금융기관 등에서는 월세를 월급과는 별도로 지원해주고 있다. 이와 같은 다양한 주택지원제도로 주택을 구입하려는 수요가 한국만큼은 크지 않은 것 같다.

일본인들은 초품아, 대형평수, 대단위 아파트 구입을 통해 시세차익을 기대하는 우리를 어떻게 바라볼까?

참고문헌

국문자료

강동우, 2016, "지역 간 인구이동과 지역고용", 「정책연구 2016-01」, 한국노동연구원.

구형수 외, 2016, "저성장 시대의 축소도시 실태와 정책방안 연구", 「기본 16-12」, 국토연구원.

_________, 2017, "지방 인구절벽시대의 '축소도시'문제, 도시다이어트로 극복하자", 「국토정책Brief 2017.6.5.」, 국토연구원.

기술보증기금, 「각 연도 연차보고서」.

김대성 외 , 2016, "지방소멸 가능성에 따른 지역공공서비스 개선방안: 광주·전남 지역을 중심으로", 전남발전연구원.

김정은, 2008, "일본의 정책금융 개편반안", 「중소기업금융연구」, pp. 71~84.

김태헌 외, 2006, "코호트 요인법을 이용한 시군구별 장래인구추계", 「통계연구」, 11(2), pp. 1-40.

김현아 외, 2008, "수도권 인구집중과 재정정책", 「재정포럼 143권 0호」, 한국조세재정연구원.

마스다히로야 저, 김정환 역, 2015, 「지방소멸 - 인구감소로 연쇄붕괴하는 도시와 지방의 생존전략」, 와이즈베리.

미우라 아쓰시 저, 김중은·임화진 역, 2016, 「도쿄는 교외 지역부터 사라져간다」, 국토연구원.

민인식, 최필선, 2012, 「기초통계와 회귀분석 STATA」, 지필미디어.

박경훈, 2017, "고령화의 원인과 특징", 「한국은행 조사통계월보 2017.6월호」, 한국은행 경제연구원.

박만희, 2008, 「효율성과 생산성 분석」, 한국학술정보.

박승규 외, 2016, "저출산·고령화에 의한 소멸지역 분석", 「정책연구 2016-19」, 한국지방행정연구원.

서호준, 2013, "부트스트랩(Bootstrap-DEA)를 통한 신용보증기관의 효율성 평가에 관한 연구", 「국가정책연구」, pp. 95~127.

서호준·박창일, 2013, "동아시아 지역 신용보증기관의 최근 동향과 정책적 시사점", 「경영경제」, pp. 67~95.

서호준·박창일, 2013, “일본 신용보증기관의 효율성 분석: 부트스트랩 자료포락분석의 적용”, 「국제지역연구」, pp. 231~258.

신용보증기금(2012), 「세계의 신용보증제도」.

______________, 「각 연도 연차보고서」.

신용보증재단중앙회, 「각 연도 연차보고서」.

우석진, 2018, 「정책분석을 위한 STATA」, 지필미디어.

이삼식 외, 2005, “2005년도 전국 결혼 및 출산 동향조사”, 「연구보고서 2005-30(1)」, 한국보건사회연구원.

_________, 2015, “2015년 전국 출산력 및 가족보건·복지실태조사”, 「연구보고서 2015-31」, 한국보건사회연구원.

이상림, 2014, “시·도단위 인구이동 유형과 지역 고령화”, 「보건복지포럼 2014년 12월호」, 통권 제218호.

이상림 외, 2005, “H-P 기법을 이용한 기초자치단체의 장래인구추계”, 「한국인구학」, 제28권 제1호, pp. 149-172.

이상호, 2010, “저출산 고령화의 원인에 관한 연구”, 「금융경제연구 제445호」, 한국은행.

이상호, 2016, “지역 고용동향 심층분석 - 한국의 지방소멸에 관한 7가지 분석”, 「지역 고용동향 브리프」, 2016년 봄호, pp. 3-17.

______, 2017, “한국의 지방소멸 2: 2016. 7월 기준 소멸위험지역 현황”, 한국고용정보원 미간행 자료.

이찬영 외, 2016, “인구절벽시대 광주 · 전남 지역의 인구이동 현황분석과 정책과제”, 한국은행 광주전남본부.

장진희, 2014, “서울시 저출산 현황분석: 고용률과 주택구매력을 중심으로”, 「여성가족리포트 2014 제4호」, 서울시여성가족재단.

조일현, 2010, “일본 신용보증제도의 운영현황과 과제”, 「중소기업금융연구」, pp. 131~151.

통계청, 2017, “2016년 초·중·고 사교육비조사 결과”.

_____________, “2016년 12월 인구동향 조사”

해리 덴트 저, 권성희 역, 2014, 「2018년 인구절벽이 온다」, 청림출판.

한국은행 대전충남본부, 2017, “인구감소와 ‘지방소멸’의 리스크 점검 및 정책적 시사점”.

한국은행 동경사무소, 2019, “한·일 관계 악화 이후 방일 한국인 관광객 동향 및 향후 전망”.

___________________, 2020, “일본, 소비세 인상 이후 소비변화 및 평가”.

__________________, 2020, "최근 일본 부동산 가격하락 요인 및 평가".
__________________, 2020, "일본 중소기업의 신용보증 동향 및 특징".
__________________, 2021, "최근 일본의 대한국 수출입 동향 및 평가".
__________________, 2021, "일본 내 벤처 창업활동 부진 요인 및 한국에의 시사점".
__________________, 2022, "최근 일본의 저물가 상황에 대한 평가".
__________________, 2022, "일본의 실업률이 상대적으로 낮은 요인 및 평가".
한국은행 조사국, 2016, "최근 주요국의 경제정책 방향과 특징".
______________, 2016, "인구구조 시리즈[3]: 주요 선진국 베이비붐 세대의 은퇴 및 고령화에 따른 영향과 시사점".
______________, 「각 연도 해외경제포커스」.
_______강원본부, 2014, "일본 지자체의 저출산·고령화 대책 및 시사점".
황인국, 2008, "한국, 일본, 대만의 신용보증제도 비교", 「중소기업금융연구」, pp. 39~66.

일문자료

三菱総合研究所, 2016, "人口と経済の持続可能性に関する調査研究報告書".
増田寛也, 2016, "人口減少社会の設計図".
家森信善, 2017, 「最近の地域金融の動向を踏まえた信用補完制度の課題と方向性」, 日本政策金融公庫 中小企業事業本部 保険部門 講演会.
家森信善, 2019, 「信用保証制度を活用した創業支援」, 中央経済社.
Yamori, N.(2014), "Japanese SMEs and the Credit Guarantee System after the Global Financial Crisis", BOK International Conference 2014, Daejon & Chungnam Branch of BOK.
日本まち・ひと・しごと創生本部, 2014, "長期ビジョンと総合戦略".
日本各信用保証協会, 「各年度経営計画の評価」.
日本各信用保証協会, 「各年度財務諸表」.
日本全国信用保証協会連合会(2019), 「日本の信用保証制度」.
日本中小企業庁(2017), 「中小企業金融・信用補完制度の国際比較について」.
일본내각부, 국민경제추계, 분기별 GDP 속보, 각호.
__________, 경기동향, 각호.
__________, 소비동향, 각호.
__________, 분기별 법인기업경기예측, 각호.
__________, 경기동행지수 결과, 각호.

__________, 월례경제보고, 각호.
__________, 성장전략실행계획, 2019.6.
일본총무성, 노동력조사, 각호.
__________, 소비자물가지수, 각호.
__________, 인구추정조사 각호.
일본재무성, 무역통계, 수출입통계, 국제수지상황, 각호.
__________, 지역별 직접투자 및 증권투자잔액, 각호.
__________, "대외 및 대내 증권 매매 계약 등의 상황", 각호.
일본후생노동성, 노동통계조사, 각호.
______________, 고연령자 고용상황 조사, 각호.
일본은행, 통화량, 대출동향, 소비활동, 각호.
________, 금융정책결정회의 결과, 각호.
________, 머니터리 베이스와 일본은행의 거래, 각호.
________, 일본은행 보유국채의 종목별 잔액, 각호.
________, 경제물가 전망, 각호.
________, 수급갭과 잠재성장률, 2021.10.

영문자료

Andersen, P. & N. C. Petersen(1993), "A procedure for ranking efficient units in data envelopment analysis", *Management Science*, 39(10), pp. 1261~1264.

Banker, R. D., A. Charnes & W. W. Cooper(1984), "Some models for estimating technical and scale inefficiencies in data envelopment Analysis", *Management Science*, 30(9), pp. 1078~1092.

Berger, A. N. & D. B. Humphrey(1997), "Efficiency of financial institution: international survey and direction of future research", *European Journal of Operational Research*, 98, pp. 175~212.

Bessent, A. M. & E. W. Bessent(1980), "Determining the comparative efficiency of schools through data envelopment analysis", *Educational Administration Quarterly*, 16(2), pp. 57~75.

Sheel, H.(2000), "EMS: Efficiency measurement system user's manual".

Small & Medium Enterprise Credit Guarantee Fund of Taiwan, "Annual report".

Small and Medium Enterprise Administration, Ministry of Economic Affairs of Taiwan, "2019 White Paper on Small and Medium Enterprises in Taiwan".

URL

한국 금융위원회(http://index.go.kr)

한국 중소벤처기업부(www.mss.go.kr)

한국 전국신용보증재단중앙회(www.koreg.go.kr)

한국 통계청(https://kosis.kr/index/index.do)

한국은행(www.bok.or.kr)

日本中小企業庁(https://www.chusho.meti.go.jp/)

日本全国信用保証協会連合会(https://zenshinhoren.or.jp/)

日本銀行(www.boj.or.jp)

日本内閣府経済社会総合研究所(http://www.esri.go.jp/)

台湾信用保証協会(www.smeg.org.tw)

일본경제연구센터, "ESP 앙케이트 조사", 각호.

미국 상무부 무역통계, 수출입통계, 각호.

IMF, "Economic Outlook", 매년.

OECD, "Economic Outlook", 매년.

색인

책 추천

"이 책은 다수의 통계데이터를 이용하여 일본경제의 현상과 동향을 분석하고 있다. 일본경제를 다각적으로 이해하고 싶은 분들에게는 필독서이다. 일본경제와 한국경제에는 공통과제가 많기 때문에 일본의 성공과 실패를 아는 것은 한국경제의 미래를 고민할 때 유익하다"

– **야모리 노부요시**(고베대 경제학과 교수, 前일본금융청 심의위원)

"本書は、数々の統計データを駆使して日本経済の現状とその動向を分析しています。日本経済を多角的に理解したい方々にとって必読書です。日本経済と韓国経済には共通の課題が多いので、日本の成功や失敗を学ぶことは韓国経済の将来を考える上でも有益です。"

– 家森信善

"이 책은 일본경제 관련 주요 이슈를 통계에 기반하여 설명한 책이다. 일본은 저출산·고령화가 한국보다 먼저 진행되어 사회경제적 문제가 발생하고 있다. 이 책은 일본의 사례와 대책을 참고로 한국경제에 대한 시사점을 모색하고 있다. 일본경제를 연구하는 분이나 정책을 담당하는 분들에게 도움이 될 것으로 생각된다."

– 일본 금융1인자, **나이토 준이치**(前일본전국신용협동조합연합회 이사장, 前일본금융청 총무국장)

"この本は日本経済に関する主要イシューを統計に基づいて解説した本である。日本は韓国より少子化・高齢化が先に進んであり、社会・経済的な問題を抱えている。この本は日本の事例と対応策を踏まえ、韓国経済への示唆を探っている。日本経済を研究する方や政策を担当する方に役に立つと思う。"

日本の金融問題を語る第一人者ー全国信用協同組合連合会・顧問(前理事長、元金融庁総務企画局長) 内藤純一氏が高く評価！

– 内藤純

"해외 국가에 대해 조사할 경우, 단편적인 정보에 근거하거나 감정적인 관점에서 고찰하기 쉽지만, 저자는 이러한 리스크를 피하기 위해 다양한 분야의 통계에 초점을 두고 다양한 각도의 통계를 많이 소개함으로써 독자가 다각적으로 외국(일본)의 이미지를 파악할 수 있도록 하고 있다. 독자들은 이 책을 통해 주제별로 일본경제에 대해 깊고 정확한 이해를 할 수 있을 것이다."

– **가베 시게사브로**(후쿠이공대 경영정보학부 교수,
前일본경제신문사 주임연구원〈일본경제연구센터 주임연구원〉)

"海外の国について考える際、ともすれば、断片的な情報に基づいたり、感情的な視点から考察したりするといったことに陥りやすいが、著者はそうしたリスクを避けるため、多様な分野の統計に焦点を当て、様々な角度からの統計を数多く紹介することで、読者が多角的に外国（日本）のイメージを把握できるように工夫している。読者は興味のある分野のトピックを選び、解説と合わせて統計の図表を眺めることで、自分なりの"日本観"を持てるはずである。"

元・日経新聞社主任研究員（日本経済研究センター主任研究員）現・福井工大教授
– 可部繁三郎

"'수도권 일극 집중 현상'이 일본 인구 감소의 주요인이라는 분석은 한국에서도 타당하다. 이와 같이 일본의 변화를 통계라는 눈을 통해 본다면, 우리나라에서 일어나고 있는 움직임을 파악하고 대응책을 강구하는 데 매우 유용하다. 저자가 제시하는 풍부한 통계와 분석이 일본과 한국의 경제를 한층 더 잘 볼 수 있게 해줄 것이다."

– 대통령 직속 지방시대위원회 지방전략국장 **손웅기**

"일본에서 경험한 두 가지 지식 –형식지와 암묵지–가 이 책에 녹아있고, 우리가 나가야 할 방향도 잘 제시하고 있다."

– **최종인** 교수, 한밭대학교 융합경영학과, 39대 한국인사관리학회 회장

저자소개

김경근(金景根)

일본 문부성장학생으로 나고야대 경제학연구과 석사과정을 졸업하고 고베대 경제학 박사학위를 취득하였다. 신용보증기금을 거쳐 한국은행에 입행한 후 대전세종충남본부, 전북본부, 경제통계국, 동경사무소에 근무했다.
일본 내각부(경제사회종합연구소), IMF(워싱턴D.C), ILO(토리노), Manchester Uni. 등에서 GDP 등 국가통계, 벤처 혁신활동 등의 연수를 받았다.
일본의 저출산 고령화 진전에 따른 지방소멸, 지역경제활성화, 부동산, 노동시장 등을 조사·연구하고 있는 일본경제 및 지역경제 전문가이다. 현재 일본금융학회(日本金融学会) 정회원으로도 활동하고 있다.

저서)

「한국은행 지역본부 논문집」(공저)
「인구구조 고령화의 지역경제에 대한 영향과 정책과제」(공저)
「대전충남경제의 발전전략; 혁신과 포용의 길을 묻다」(공저)
「구조적 전환기 대전충남경제의 잠재리스크와 향후 진로」(공저)
「대전충남경제의 리스크와 발전방향; 불확실성을 넘어 상생 발전의 길로」(공저)
「중국경제의 뉴노멀화와 충남경제의 진로」(공저)
「한국은행 지역경제보고서」(공저)

약력)

일본 고베대 경제학연구과 경제학 박사
일본 나고야대 경제학연구과 경제학 석사(일본 문부성장학생)
충남대 경영학과 학사

한국은행 대전세종충남본부, 경제통계국 조사역
한국은행 대전세종충남본부 과장
한국은행 동경사무소 과장, 차장
한국은행 대전세종충남본부, 전북본부 팀장

Eye Love You; 통계로 보는 일본경제

초판발행 2024년 8월 30일

지은이 김경근
펴낸이 안종만 · 안상준

편 집 탁종민
기획/마케팅 정연환
표지디자인 BEN STORY
제 작 고철민 · 김원표

펴낸곳 (주) 박영사
서울특별시 금천구 가산디지털2로 53, 210호(가산동, 한라시그마밸리)
등록 1959.3.11. 제300-1959-1호(倫)
전 화 02)733-6771
f a x 02)736-4818
e-mail pys@pybook.co.kr
homepage www.pybook.co.kr
ISBN 979-11-303-2088-5 93320

정 가 20,000원